TRÊS PEÇAS

Retrato de Lessing por autor anônimo

GOTTHOLD EPHRAIM LESSING
TRÊS PEÇAS

MINNA VON BARNHELM
OU A FELICIDADE DO SOLDADO
Comédia em cinco atos
1763

....

EMILIA GALOTTI
Tragédia em cinco atos
1772

....

NATHAN, O SÁBIO
Poema dramático em cinco atos
1779

....

ORGANIZAÇÃO, TRADUÇÃO E POSFÁCIO
Marcelo Backes

Copyright da tradução © 2015 Marcelo Backes

EDITOR
José Mario Pereira

EDITORA ASSISTENTE
Christine Ajuz

REVISÃO
Gypsi Canetti

PRODUÇÃO
Mariângela Felix

CAPA
Miriam Lerner

IMAGEM DA CAPA
Retrato de Lessing por Anna Rosina de Gasc (circa 1767)

DIAGRAMAÇÃO
Arte das Letras

CIP-BRASIL CATALOGAÇÃO NA FONTE
SINDICATO NACIONAL DOS EDITORES DE LIVROS, RJ

L634t

    Lessing, Gotthold Ephraim, 1729-1781
    Três peças / Gotthold Ephraim Lessing; organização, tradução e posfácio Marcelo Backes. – 1ª ed. – Rio de Janeiro: Topbooks, 2015.
    509 p.; 23 cm.

    Tradução de: Minna von Barnhelm, Emilia Galotti, Nathan, Der Weise
    ISBN 978-85-7475-253-2

    1. Teatro alemão. I. Backes, Marcelo. II. Título.

15-25130   CDD: 832
                                                                 CDU: 821.112.2

TODOS OS DIREITOS RESERVADOS POR
Topbooks Editora e Distribuidora de Livros Ltda.
Rua Visconde de Inhaúma, 58 / gr. 203 – Centro
Rio de Janeiro – CEP: 20091-007
Telefax: (21) 2233-8718 e 2283-1039
topbooks@topbooks.com.br/www.topbooks.com.br
Estamos também no Facebook.

SUMÁRIO

MINNA VON BARNHELM ou A FELICIDADE DO SOLDADO
Comédia em cinco atos – 1763
- Primeiro ato 13
- Segundo ato 31
- Terceiro ato 50
- Quarto ato 72
- Quinto ato 94

EMILIA GALOTTI
Tragédia em cinco atos – 1772
- Primeiro ato 119
- Segundo ato 135
- Terceiro ato 153
- Quarto ato 167
- Quinto ato 186

NATHAN, O SÁBIO
Poema dramático em cinco atos – 1779
- Primeiro ato 207
- Segundo ato 265
- Terceiro ato 319
- Quarto ato 376
- Quinto ato 429

- Posfácio 483
- Cronologia biográfica resumida de Lessing 503
- Outras obras de Lessing 505
- Sobre o autor 506

MINNA VON BARNHELM
ou A FELICIDADE DO SOLDADO

Comédia em cinco atos

1763

Minna von Barnhelm,
oder
das Soldatenglück.

Ein Lustspiel in fünf Aufzügen,

von

Gotthold Ephraim Lessing.

Berlin,
bey Christian Friederich Voß.
1767.

Folha de rosto da edição de 1767

PERSONAGENS

MAJOR VON TELLHEIM, *na reserva.*
MINNA VON BARNHELM, *a senhorita.*
CONDE VON BRUCHSALL, *seu tio.*
FRANZISKA, *sua aia.*
JUST, *criado do major.*
PAUL WERNER, *antigo ordenança do major.*
O ESTALAJADEIRO.
UMA DAMA ENLUTADA.
UM MENSAGEIRO MILITAR
RICCAUT DE LA MARLINIÈRE

A cena é representada alternadamente na sala de uma estalagem
e em um de seus quartos contíguos.

PRIMEIRO ATO

PRIMEIRA CENA
Just.

JUST *(Sentado em um canto, dormita, e fala em meio ao sonho.)* – O patife do estalajadeiro! Tu, a nós? Isca, mano! Pega, mano! *(Levanta a mão para bater, e acorda com o movimento.)* Ahá, te peguei outra vez! Mal fecho os olhos e já estou me agarrando com ele. Se tivesse recebido apenas a metade de todos esses golpes! Mas vejam só, já é dia! Devo ir logo procurar meu pobre senhor. Por minha vontade, ele jamais voltará a pôr os pés nesta maldita casa. Onde terá passado a noite?

SEGUNDA CENA
O estalajadeiro. Just.

O ESTALAJADEIRO – Bom dia, senhor Just, bom dia! O quê, já de pé assim tão cedo? Ou devo dizer ainda de pé tão tarde?
JUST – Diga ele[1] o que quiser dizer.
O ESTALAJADEIRO – Eu não digo nada mais do que simplesmente bom dia, e isso bem que poderia merecer um muito obrigado do caro senhor Just em resposta!

---

[1] Uso peculiar de *Er* (ele), mesmo na presença do outro falante; revela distanciamento. A seguir, optou-se, de um modo geral, por usar "você" para traduzi-lo, uma alternativa entre o "tu" (*du*) e o "vós" (*Sie*). De resto, a mudança até repentina no tratamento pode ser vista em vários momentos nas peças de Lessing, mormente em *Emilia Galotti*, a seguir, e sempre revela uma mudança de postura: um aumento de intimidade, um distanciamento etc. (N. T.)

JUST – Muito obrigado!

O ESTALAJADEIRO – Fica-se de mau humor quando não se pode ter o descanso merecido. Aposto que o senhor major não voltou para casa e você ficou esperando por ele.

JUST – O que este homem não é capaz de adivinhar!

O ESTALAJADEIRO – Eu suponho, suponho.

JUST *(Dá meia-volta e quer ir embora.)* – Seu criado!

O ESTALAJADEIRO *(Segura-o.)* – Mas não, senhor Just!

JUST – Pois bem; então, não seu criado!

O ESTALAJADEIRO – Mas, senhor Just! Não quero ficar achando que você está aborrecido comigo pelo que que aconteceu ontem! Quem consegue persistir na cólera depois de uma noite?

JUST – Eu, e depois de todas as noites seguintes, inclusive.

O ESTALAJADEIRO – E isso por acaso é cristão?

JUST – Tão cristão quanto atirar um homem honesto para fora de casa, pondo-o na rua só porque não pode pagar logo a conta.

O ESTALAJADEIRO – Arre, quem poderia ser tão desalmado?

JUST – Um estalajadeiro cristão... E justo a meu senhor! Um homem desse quilate! Um oficial sem par!

O ESTALAJADEIRO – E eu o atirei para fora de casa? Eu o joguei na rua? Tenho demasiado respeito a um oficial, muita compaixão para com um homem que está na reserva para ser capaz de fazer uma coisa dessas! Tive de arrumar à força outro quarto para ele... Não pense mais nisso, senhor Just. *(Grita para dentro.)* Ei, alô! Vou remediar tudo de outra maneira. *(Chega um rapaz.)* Traga um copinho, o senhor Just quer tomar um copinho, e de alguma coisa que preste!

JUST – Não faça nenhum esforço por minha causa, senhor estalajadeiro. Que se transforme em veneno toda a gota de... Mas não, não quero praguejar, ainda estou em jejum!

O ESTALAJADEIRO *(Ao rapaz, que chega trazendo uma garrafa de licor e um copo.)* – Dê aqui, e vá-se embora! Bem, senhor Just, algo primoroso: forte, agradável, salutar. *(Enche e oferece a Just.)* Isso põe em ordem qualquer estômago tresnoitado!

JUST – Eu quase não deveria... Mas, por outro lado, por que deveria fazer minha saúde pagar pela grosseria dele? *(Pega e bebe.)*

O ESTALAJADEIRO – Bom proveito, senhor Just!

JUST *(Enquanto devolve o copinho.)* – Até que não é ruim... Mas, senhor estalajadeiro, você é mesmo um grosso!

O ESTALAJADEIRO – Nem de longe, nem de longe! Derrube mais um, sobre uma só perna ninguém se mantém em pé a gosto.

JUST *(Depois de ter bebido.)* – Não posso negá-lo, é bom, muito bom! Você mesmo que o fez, senhor estalajadeiro?

O ESTALAJADEIRO – Deus me livre! É um legítimo Danziger! Puríssimo licor duplo da destilaria Lachs![2]

JUST – Olha só, senhor estalajadeiro, se eu pudesse fingir, fingiria não duvidar de uma coisa dessas; mas eu não consigo, preciso deixar escapar... Você é mesmo um grosso, senhor estalajadeiro!

O ESTALAJADEIRO – Em minha vida toda ninguém ousou me dizer uma coisa dessas... E outra, senhor Just, todas as coisas boas são três.

JUST – Por mim! *(Bebe.)* Coisa boa, realmente uma coisa boa! Mas também a verdade é uma coisa boa... Senhor estalajadeiro, você é mesmo um grosso!

O ESTALAJADEIRO – Se eu o fosse, escutaria tudo isso sem fazer nada?

JUST – Claro que sim, pois a um grosso o fel raramente sobe ao pescoço.

O ESTALAJADEIRO – Não quer mais um, senhor Just? Um fio de quatro tranças aguenta tanto melhor.

JUST – Não, o que é demais é demais! E de que lhe serviria isso, senhor estalajadeiro? Até a última gota da garrafa, eu manteria o que já disse. Arre, senhor estalajadeiro, ter um licor de Danzig tão bom e tão más maneiras! Justo a um homem como meu senhor, que se hospedou anos a fio em sua casa, do qual você já arrancou um bom

---

[2] Licor elaborado na cidade de Danzig, na destilaria *Zum Lachs* ("Ao Salmão") que lhe dava o nome. (N. T.)

punhado de táleres, que jamais em sua vida toda ficou devendo um cêntimo a alguém; só porque ele de pronto não lhe pagou há alguns meses, só porque já não gasta mais tanto... Desalojá-lo de seu quarto em sua ausência?

O ESTALAJADEIRO – Mas o que fazer, se eu precisava urgentemente do quarto? Ademais eu supunha que o senhor major o havia desalojado de boa vontade, sabendo que esperaríamos por seu regresso! Deveria eu trancar a porta, deixando ir-se embora a senhorita desconhecida que nela batia? Deveria eu ter permitido que um lucro como esse caísse nas garras de outro estalajadeiro? E, ademais, não creio que ela teria encontrado alojamento em outro lugar. Todas as estalagens estão ocupadas nessa época. Devia deixar na rua uma dama tão jovem, tão bela, tão amável? Seu senhor é demasiado galante para permiti-lo! E o que ele perderia com isso? Não lhe arrumei, por acaso, outro quarto?

JUST – Sim, nos fundos, junto ao pombal, com vista para os muros corta-fogo do vizinho.

O ESTALAJADEIRO – A vista até que era bem bonita, antes de esse maldito vizinho destruí-la com o muro. No mais, o quarto é acolhedor, forrado de papel colorido e...

JUST – Era!

O ESTALAJADEIRO – De jeito nenhum, uma parede ainda está forrada. E a saleta contígua, senhor Just, o que falta à saleta? Tem uma lareira que, mesmo que solte um pouco de fumaça no inverno...

JUST – Mas que no verão não deixa de ser um enfeite bem agradável. Senhor, estou quase acreditando que você quer, ainda por cima, zombar de nós?

O ESTALAJADEIRO – Por favor senhor Just, senhor Just...

JUST – Não esquente a cabeça do senhor Just, ou então...

O ESTALAJADEIRO – Eu a esquento? É o licor de Danzig que a esquenta!

JUST – E tudo isso a um oficial como meu senhor! Ou você crê que um oficial da reserva não é também um oficial capaz de lhe quebrar o pescoço? Por que você se mostrava, então, tão dócil com ele durante a guerra, senhor estalajadeiro? Por que qualquer oficial era, então, um homem honrado, e qualquer soldado, um sujeito leal e valente? Esse pouquinho de paz já é capaz de deixá-lo tão insolente?

O ESTALAJADEIRO – Por que você se altera assim, senhor Just?

JUST – Porque quero me alterar...

TERCEIRA CENA
Von Tellheim. O estalajadeiro. Just.

VON TELLHEIM (*entrando*) – Just!

JUST (*Pensando que é o estalajadeiro que o chama.*) – Simplesmente Just? Somos por acaso tão íntimos?

VON TELLHEIM – Just!

JUST – Eu pensei que para você eu fosse o senhor Just!

O ESTALAJADEIRO (*Que o adverte sobre a presença do major.*) – Pst, pst! Senhor... senhor... senhor Just! Olhe, volte-se, é o seu senhorio...

VON TELLHEIM – Just, acho que você está brigando de novo? Que foi que ordenei a você?

O ESTALAJADEIRO – Oh, Vossa Excelência! Brigando? Deus me livre! O mais submisso de seus servidores poderia se atrever a brigar com alguém que tem a honra de também ser um dos vossos?

JUST – Se eu pudesse dar um bom de um sopapo nessa raposa...

O ESTALAJADEIRO – É verdade que o senhor Just fala em favor de seu senhor, e por vezes um pouco impetuosamente. Mas com isso apenas cumpre seu dever, e só o prezo ainda mais; por isso gosto dele...

JUST – E nem posso lhe dar uma nos dentes!

O ESTALAJADEIRO – É uma pena que se exalte por nada. Pois eu estou absolutamente certo de que Vossa Excelência não jogou sobre mim nenhum insulto por causa disso, porque... a necessidade... me obrigou a...

VON TELLHEIM – Mas isso já é um pouco demais, meu senhor! Estou em dívida com o senhor; e o senhor desarruma, em minha ausência, o meu quarto... Mas é claro que o senhor tem de ser pago por isso e eu tenho de buscar alojamento em outro lugar. Muito natural!

O ESTALAJADEIRO – Mas onde, então? Quereis vos mandar daqui, senhor? Pobre de mim! Desgraçado que sou! Não, jamais! Antes a dama deverá deixar o quarto. O senhor major não pode, não deve deixar-lhe seu quarto. O quarto é vosso... Ela tem de sair, não posso ajudá-la. Eu vou, senhor...

VON TELLHEIM – Amigo, por causa de uma tolice, não faça duas! A dama tem de ficar em seu quarto!

O ESTALAJADEIRO – E Vossa Excelência deverá acreditar que por desconfiança, por preocupação com meu pagamento... Como se eu não soubesse que Vossa Excelência pode me pagar tão logo quiser fazê-lo... A bolsinha selada... Quinhentos táleres Louisdor[3] dentro dela... que Vossa Excelência tinha na escrivaninha... é uma boa garantia de depósito... e está bem guardada...

VON TELLHEIM – É isso que espero, da mesma forma que o resto de minhas coisas. Just deve recolhê-las, logo que tiver pago a conta ao senhor.

O ESTALAJADEIRO – Realmente, levei um bom de um susto quando encontrei a bolsinha... Sempre considerei Vossa Excelência um homem metódico e precavido, que jamais esgota seus recursos de todo... Mas... Se eu pudesse supor que havia tanto dinheiro vivo na escrivaninha...

VON TELLHEIM – O senhor se conduziria de modo mais cortês comigo. Compreendo-o. Mas agora vá, meu senhor, deixe-me, tenho de conversar com meu criado...

---

[3] A moeda francesa *Louis d'or*, semelhante em forma e tamanho à *Pistole*, o dobrão de ouro espanhol, e à moeda prussiana chamada *Friedrichsdor* – perceba-se como o euro não é algo assim tão inédito – tinha, como estas, o valor de cinco táleres. Aqui, portanto, significa 100 *Louis d'or* que equivalem a 500 táleres. (N. T.)

O ESTALAJADEIRO – Mas, honrável senhor...

VON TELLHEIM – Venha comigo Just, este senhor não quer permitir que diga a você em sua casa o que você deve fazer...

O ESTALAJADEIRO – Já estou indo, honrável senhor! Toda minha casa está a vossa inteira disposição.

QUARTA CENA
Von Tellheim. Just.

JUST *(Que bate com o pé, e cospe atrás do estalajadeiro.)* – Arre!

VON TELLHEIM – O que está acontecendo?

JUST – Eu estou sufocando de tanta raiva.

VON TELLHEIM – Isso seria então uma congestão generalizada.[4]

JUST – E vós! Não vos reconheço mais, meu senhor. Que eu morra ante vossos olhos se vós não sois o anjo da guarda desse canalha malicioso e desapiedado! Apesar da forca e da espada, do suplício da roda, eu o teria... Eu o teria estrangulado com essas mãos, quereria destroçá-lo com estes dentes...

VON TELLHEIM – Besta!

JUST – Melhor ser besta do que um tipo como aquele!

VON TELLHEIM – Mas o que você está querendo?

JUST – Quero que vos deis conta de como fostes ofendido.

VON TELLHEIM – E daí?

JUST – Que vós vos vingueis... Não, mas o sujeito é desprezível demais para vós...

VON TELLHEIM – Portanto, deves estar querendo que eu te encarregue de me vingar? De início, era essa a minha ideia. Ele não teria voltado a pôr seus olhos em mim, e teria de receber seu pagamento

---

[4] No original *Vollblütigkeit*; pletora, que provoca a distensão anormal dos vasos sanguíneos. O detalhe é que *Vollblütigkeit* é um conceito original da patologia humoral e Lessing havia traduzido a obra de Huarte de San Juan, *Examen de ingenios*, uma das primeiras e mais importantes sobre o tema. (N. T.)

de tuas mãos. Sei bem que podes atirar um punhado de dinheiro aos pés de alguém com um gesto bastante desdenhoso.

JUST – Isso! Seria uma vingança primorosa!

VON TELLHEIM – Mas que, de qualquer forma, temos de recusar. Não tenho sequer um cêntimo em dinheiro vivo, nem tampouco sei como consegui-lo.

JUST – Nenhum dinheiro vivo? E que bolsinha é essa que contém quinhentos táleres Louisdor, que o estalajadeiro encontrou em vossa escrivaninha?

VON TELLHEIM – Isso é dinheiro que me entregaram sob custódia.

JUST – Mas com certeza não os cem dobrões de ouro que vos foram trazidos por vosso antigo ordenança há quatro ou cinco semanas?

VON TELLHEIM – Exatamente esses, os de Paul Werner. Por que não?

JUST – Vós não os usastes ainda, ou por acaso sim? Meu senhor, com eles vós podeis fazer o que quiserdes. Sob minha responsabilidade...

VON TELLHEIM – Realmente?

JUST – Contei a Werner o quanto vós sois burlado as petições à caixa geral da guerra. Ele ouviu...

VON TELLHEIM – Que eu certamente chegaria a me tornar um mendigo, se eu já não fosse um... Sou muito agradecido a ti, Just... E essa informação induziu Werner a compartilhar sua pouca miséria comigo... Ainda bem que o adivinhei... Escuta, Just, traz-me também logo a tua conta, e assim nós também estaremos quites.

JUST – Como? O quê?

VON TELLHEIM – Nem mais uma palavra, está vindo alguém...

QUINTA CENA

Uma dama enlutada. Von Tellheim. Just.

A DAMA – Eu peço perdão, meu senhor!

VON TELLHEIM – Quem estais procurando, madame?

A DAMA – Precisamente o digno senhor com quem tenho a honra de falar. Vós não me conheceis mais? Sou a viúva de vosso antigo chefe de esquadrão...

VON TELLHEIM – Pelo amor de Deus, senhora! Que mudança!

A DAMA – Estou convalescendo da enfermidade em que me jogou a dor pela perda de meu marido. E já tenho de vir incomodar-vos, senhor major. Vou-me para o campo, onde uma amiga bondosa, ainda que também infeliz, me ofereceu refúgio de momento...

VON TELLHEIM *(Para Just.)* – Vai-te, deixe-nos a sós.

SEXTA CENA
A dama. Von Tellheim.

VON TELLHEIM – Falai com toda liberdade, senhora! Ante mim não deveis sentir vergonha de vossa infelicidade. Em que posso vos ajudar?

A DAMA – Meu senhor major...

VON TELLHEIM – Lamento por vós, senhora! Em que posso vos servir? Vós sabeis que vosso marido era meu amigo... meu amigo, asseguro. E eu sempre me senti muito distinguido por este título.

A DAMA – Quem o sabe melhor do que eu, quão merecedor vós éreis de sua amizade e ele da vossa! Fostes seu último pensamento, vosso nome seria o último som de seus lábios moribundos, se a natureza não houvesse exigido com mais força este triste privilégio para seu infeliz filho, para sua infeliz esposa...

VON TELLHEIM – Chega, madame! Quisera chorar convosco, mas hoje não tenho lágrimas. Poupai-me disso! Vós me encontrais em um momento em que eu facilmente poderia ser induzido a resmungar contra a prudência. Oh, meu íntegro Marloff! Rápido, senhora, que tendes a ordenar? Se estiver em condições de vos servir, se estiver...

A DAMA – Não posso partir, sem cumprir a última vontade de meu marido. Pouco antes de seu fim, ele se recordou de que morria sendo vosso devedor e suplicou-me que liquidasse esta dívida o quanto antes. Vendi sua equipagem e venho saldar sua nota promissória...

VON TELLHEIM – Como, senhora? Viestes por causa disso?

A DAMA – Por causa disso. Permita-me contar o dinheiro.

VON TELLHEIM – De maneira nenhuma, madame! Marloff, devedor meu? Dificilmente poderia ser verdade. Mas deixai-me ver. (*Ele tira seu caderno de notas do bolso e procura.*) Não encontro nada.

A DAMA – Vós certamente extraviastes sua nota promissória, mas isso não importa... Permita-me...

VON TELLHEIM – Não, madame! Eu não costumo extraviar coisas assim. Se não a tenho comigo é uma prova de que nunca a tive, ou de que foi saldada e já foi, portanto, devolvida.

A DAMA – Senhor major!

VON TELLHEIM – Com certeza, senhora. Marloff não ficou me devendo nada. E também não consigo me lembrar de que um dia esteve me devendo alguma coisa. Não há dúvida, madame. Antes talvez tenha ele me deixado como seu devedor. Nunca pude fazer algo para recompensar ao homem que compartilhou comigo seis anos de felicidade e infelicidade, honra e perigo. Jamais esquecerei que deixou um filho. Ele haverá de ser filho meu, assim que eu puder ser seu pai. A confusão na qual me encontro agora...

A DAMA – Magnânimo senhor! Não fazei pouco de mim. Aceitai o dinheiro, senhor major; pelo menos assim fico tranquila.

VON TELLHEIM – Do que mais vós necessitais para vossa tranquilidade, do que da garantia de que esse dinheiro não me pertence? Ou quereis que eu roube o órfão menor de idade de meu amigo? Roubar, madame, seria exatamente esse o sentido do que eu estaria fazendo. É ao filho que pertence o que quereis me dar; guarde-o para ele.

A DAMA – Eu vos compreendo, perdoai-me o fato de ainda não saber como aceitar obras de caridade. Mas, como vós sabeis que uma mãe faz mais por seu filho que por sua própria vida? Eu vou...

VON TELLHEIM – Ide, madame, ide! Boa viagem! Não vos peço notícias vossas. Elas talvez chegassem até mim em um momento em que já não poderia mais atendê-las. Mas só mais uma coisa, senhora; quase ia me esquecendo do mais importante. Marloff ainda tem a receber da caixa de nosso antigo regimento. Suas exigências são tão corretas quanto as minhas. Se as minhas são atendidas, as suas também têm de ser pagas. Eu cuidarei disso.

A DAMA – Oh, meu senhor... Mas eu prefiro me calar... Preparar desse jeito futuras obras de caridade já é, para os céus, tê-las realizado. Recebei as bem-aventuranças dos céus e as minhas lágrimas! *(Sai.)*

SÉTIMA CENA
Von Tellheim.

VON TELLHEIM – Pobre e valente mulher! Não devo esquecer-me de destruir essa insignificância. *(Ele tira alguns documentos de seu caderno de notas e os rasga.)* Quem me garante que minha própria necessidade não poderá induzir-me a fazer uso deles algum dia?

OITAVA CENA
Just. Von Tellheim.

VON TELLHEIM – Estás aqui?
JUST *(Enquanto seca os olhos.)* – Sim!
VON TELLHEIM – Tu estavas chorando?
JUST – Fiz minha conta na cozinha e a cozinha está cheia de fumaça. Aqui está ela, meu senhor?
VON TELLHEIM – Dá aqui.
JUST – Tende compaixão de mim, meu senhor. Eu sei bem que os homens não têm nenhuma com o senhor, mas...
VON TELLHEIM – O que queres?
JUST – Eu presumiria antes minha morte que minha despedida.

VON TELLHEIM – Não posso te empregar por mais tempo; tenho de me virar sem criado. *(Abre a conta e lê.)* "O que me deve o senhor major: Três meses e meio de soldo, o mês a 6 táleres, perfaz 21 táleres. Desde o primeiro do corrente, desembolsado em pequenos gastos: 1 táler, 7 tostões e 9 fênigues. Soma total, 22 táleres, 7 tostões e 9 fênigues." Bem, e é tão barato que te conseguirei pagar tudo neste mesmo mês.

JUST – O outro lado, senhor major...

VON TELLHEIM – Algo mais? *(Lê.)* "O que eu devo ao senhor major: Ao cirurgião militar pagou por mim 25 táleres. Por cuidados e alimentação, durante meu tratamento, pagou por mim 39 táleres. Emprestados, a meu pedido, a meu pai, saqueado e com a casa queimada, sem contar os dois cavalos do botim de guerra que lhe deu de presente: 50 táleres. Soma total: 114 táleres. Subtraídos destes os anteriores 22 táleres, 7 tostões e 9 fênigues fico devendo ao senhor major 91 táleres, 16 tostões e 3 fênigues." Rapaz, tu estás louco!

JUST – Eu creio no entanto que vos custei bem mais que isso. Mas seria gastar tinta em vão aumentar a lista. Não posso vos pagar isso, nem sequer se vós me tomardes a libré que, nem mesmo ela, ganhei por completo com meu serviço... De modo que teria preferido que me tivésseis deixado morrer no hospital militar.

VON TELLHEIM – Por quem me tomas? Tu não me deves nada e eu te recomendarei a um de meus conhecidos, com o qual estarás bem melhor do que comigo.

JUST – Não vos devo nada e de qualquer forma quereis me despedir?

VON TELLHEIM – Porque não quero ficar te devendo nada.

JUST – Por isso? Só por isso? É tão certo que devo a vós, tão certo que vós não podeis estar devendo nada a mim, tão certo que não deveis me despedir... Fazei o que quiserdes, senhor major, mas eu ficarei covosco; eu tenho de ficar convosco...

VON TELLHEIM – E tua tenacidade, tua obstinação, teu modo de ser selvagem e impetuoso frente a todos aqueles que pensas que não têm nada a te dizer, tua pérfida malícia, tua ânsia de vingança...

JUST – Vós podeis pensar mal de mim tanto quanto quiserdes; nem por isso me considerarei pior do que a meu cachorro. No inverno passado, estava eu caminhando junto ao canal ao entardecer, quando ouvi algo gemer. Desci e estiquei a mão em direção à voz, acreditei estar salvando uma criança, e o que tirei de dentro da água foi um *poodle*. Bem, pois, pensei. O *poodle* me seguiu, mas eu não sou exatamente um simpatizante de *poodles*. Em vão tentei afugentá-lo, em vão tentei afastá-lo a porretadas. À noite, não o deixei entrar em meu quarto; ele ficou de fora, no umbral da porta. Quando ele chegava muito próximo de mim, lhe dava um pontapé; ele gemia, me olhava, e abanava o rabo. Ainda não havia ganho sequer um bocado de pão de minhas mãos, e mesmo assim era eu o único a quem ele obedecia e o único que podia tocá-lo. Ele saltava diante de mim e fazia suas artes sem que eu lhe desse uma ordem. É um cão feioso, mas muito bom. Se seguir desse modo, acabo por deixar de sentir antipatia pelos *poodles*.

VON TELLHEIM (*À parte.*) – Como eu a ele! Não, não existem pessoas totalmente desumanas! Just, nós seguiremos juntos.

JUST – Completamente certo! Queríeis vos virar sem criado? Esquecei-vos de vossas feridas, e de que só podeis vos servir de um dos braços. Não podeis nem vos vestir sozinho. Eu vos sou imprescindível e sou... modéstia à parte, senhor major... sou um criado que, na pior das hipóteses, pode até mendigar e roubar para seu senhor.

VON TELLHEIM – Just, nós seguiremos juntos.

JUST – Bom!

NONA CENA
Um criado. Von Tellheim. Just.

O CRIADO – Pst, camarada!

JUST – O que é que há?

O CRIADO – Não poderia você me indicar ao oficial que até ontem morava neste quarto? (*Assinala para um que fica do lado de onde veio.*)

JUST – Isso eu poderia fazer com a maior facilidade. Que você traz a ele?

O CRIADO – O que sempre trazemos, quando não trazemos nada: um cumprimento. Minha senhoria ouviu que por sua causa ele mudou de quarto. E minha senhoria, consciente disso, mandou-me pedir perdão a ele por isso.

JUST – Bom, então peça-lhe perdão; aí está ele.

O CRIADO – Quem é ele? Que tratamento se dá a ele?

VON TELLHEIM – Meu amigo, já ouvi qual é sua missão. É uma cortesia desnecessária da parte de vossa senhoria, que eu reconheço em seu justo valor. Mande-lhe minhas saudações. Como se chama vossa senhoria?

O CRIADO – Como ela se chama? Sempre a chamo de Senhorita.

VON TELLHEIM – E seu sobrenome?

O CRIADO – Este eu ainda não cheguei a ouvir, e perguntar por ele não faz parte de minhas atividades. Eu providencio para poder trocar de senhor aproximadamente a cada seis semanas. Que o diabo guarde todos os nomes deles!

JUST – Bravo, camarada!

O CRIADO – A serviço dessa senhoria faz poucos dias que entrei em Dresden. Creio que esteja procurando seu noivo por aqui.

VON TELLHEIM – Basta, meu amigo. Eu queria saber o nome de vossa senhoria, não seus segredos. Podes sair!

O CRIADO – Camarada, este não seria um bom senhor para mim!

DÉCIMA CENA
Von Tellheim. Just.

VON TELLHEIM – Anda, Just, anda, a fim de que possamos sair dessa casa! A cortesia dessa dama desconhecida me é mais desconfortável do que a impertinência do estalajadeiro. Toma este anel aqui, a única coisa valiosa que me resta e que jamais achei que teria um destino destes. Empenha-o! Que te deem oitenta *friedrichsdor* por ele; a conta do estalajadeiro não pode chegar a trinta. Pague-o e arrume minhas coisas... Sim, para onde vamos? Para onde tu quiseres. A estalagem mais barata é a melhor. Encontre-me logo aqui do lado, no café. Eu vou... E faz tuas coisas direito.

JUST – Não vos preocupeis, senhor major!

VON TELLHEIM (*Torna a voltar.*) – Antes de tudo, não te esqueças de minhas pistolas que estavam penduradas atrás da cama.

JUST – Não esquecerei de nada.

VON TELLHEIM (*Volta outra vez.*) – Mais uma coisa: leva também o teu *poodle* junto contigo, estás ouvindo, Just!

DÉCIMA PRIMEIRA CENA
Just.

JUST – O cachorro não haverá de ficar pra trás. Disto cuidarei eu mesmo... Hummm! Também este valioso anel possuía ainda o meu senhor? E o levava no bolso, em vez de trazê-lo no dedo?... Bom estalajadeiro, não estamos ainda tão pelados quanto parecemos estar. A ele, a ele mesmo vou te empenhar, belo anelzinho! E sei que ele ainda se incomodará por não ser todo consumido em sua própria casa... Ahá...

DÉCIMA SEGUNDA CENA
Paul Werner. Just.

JUST – Eis aí, Werner! Bom dia, Werner! Bem-vindo à cidade!

WERNER – A maldita aldeia! É impossível voltar a me acostumar com ela. Alegria, crianças, alegria, trago dinheiro fresquinho! Onde está o major?

JUST – Deve ter cruzado contigo, acabou de descer pela escada.

WERNER – Subi pela escada de trás. Bom, mas como ele está? Eu teria estado convosco semana passada, mas...

JUST – Sim? E o que te impediu?

WERNER – Just, ouviste sobre o príncipe Heraklius?[5]

JUST – Heraklius? Que eu saiba, não.

WERNER – Não conheces o grande herói do Oriente?

JUST – Conheço os Reis Magos do Oriente, que no ano novo correm por aí, seguindo as estrelas...

WERNER – Homem, eu creio que tu lês os jornais tão pouco quanto a Bíblia! Tu não conheces o príncipe Heraklius, o bravo homem que capturou a Pérsia inteira e que nos próximos dias derrubará a Porta Otomana?[6] Graças a Deus que ainda exista guerra em alguma parte do mundo! Esperei tempo suficiente para que a coisa voltasse a esquentar por aqui. Mas todos descansam e curam as feridas da guerra. Não, soldado eu fui, soldado eu tenho de ser novamente! Para resumir (*enquanto observa cautelosamente ao seu redor se alguém o escuta*), e em segredo, Just, me vou para a Pérsia, a fim de fazer um par de campanhas contra os turcos sob Sua Alteza Real, o príncipe Heraklius.

JUST – Tu?

WERNER – Eu, exatamente como aqui me vês! Nossos antepassados arremeteram diligentemente contra os turcos; e isso nós deveríamos continuar fazendo, se fôssemos sujeitos honrados e bons cristãos. Embora compreenda que uma campanha contra os turcos não possa ter a metade do sabor de uma contra os franceses;[7] mas

---

[5] Heraklius II, desde 1762 czar de Cacheti e Cartli, dois países que compreendiam a maior parte da Geórgia. Heraklius é conhecido por ter defendido a independência de seus domínios frente aos turcos e persas. Nas guerras russo-turcas (a primeira aconteceu entre 1768 e 1774) se aliou aos russos e combateu no Cáucaso contra os turcos. (N. T.)

[6] A Porta Otomana era a entrada principal do palácio imperial de Constantinopla, símbolo do domínio turco. (N. T.)

[7] Referência – explícita e irônica – à Batalha de Rossbach, em 5 de novembro de 1757, na qual Frederico II venceu o exército francês que tinha quase o dobro de homens e de peças de artilharia. Daí, também, toda a clássica pendenga entre alemães e franceses, que voltaram a ser derrotados mais tarde, quando eram liderados por Napoleão. (N. T.)

por outro lado tem de ser tanto mais pródiga em benefícios, tanto nesta quanto na outra vida. Os turcos têm todos seus sabres incrustados de diamantes...

JUST – Para deixar partir-me a cabeça por um sabre desses, não viajo sequer uma milha. Mas tu não serás louco a ponto de deixar tua bela corregedoria?

WERNER – Oh, não, levo-a junto! Percebes algo? O terreninho da corregedoria foi vendido...

JUST – Vendido?

WERNER – Pst! Aqui há cem ducados, que recebi ontem pela venda. Trago-os para o major...

JUST – E o que ele fará com eles?

WERNER – Ora, o que ele fará com eles? Gastá-los em comida, jogando, bebendo, co... como quiser. O homem necessita ter dinheiro, e já é suficientemente ruim que o façam suar pelo seu desta forma! Mas eu já sei o que eu faria se estivesse no lugar dele! Eu diria: que o diabo carregue todos vocês, e me iria com Paul Werner para a Pérsia! Raios... O príncipe Heraklius já deve ter ouvido falar do major Tellheim, no caso de não conhecer a seu antigo ordenança, Paul Werner. Nossa questão com Katzenhäuser...[8]

JUST – Queres que os conte a ti?

WERNER – Tu, a mim? Percebo direitinho que tens boa disposição, embora te falte o entendimento. Não quero jogar minhas pérolas aos porcos... Toma estes cem ducados, dá-os ao major. Diga-lhe que me guarde estes aqui também. Agora tenho de ir ao mercado, mandei vir dois quintais de centeio. O que eu ganhar com isso também estará à disposição dele...

JUST – Werner, tu o fazes de boa fé, mas não queremos teu dinheiro. Fica com teus ducados, e, quanto a teus cem dobrões de ouro, poderás recuperá-los intactos quando quiseres.

---

[8] Lugar junto a Katzenberg, perto de Meißen. Em 13 de novembro de 1759 ocorreu importante batalha entre Frederico II e Daun, da qual as tropas prussianas saíram vencedoras. Também em 1760, 1761 e 1762 houve combates nessa região. (N. T.)

WERNER – Deveras? Então o major ainda tem dinheiro?
JUST – Não.
WERNER – Ele tomou dinheiro emprestado em algum lugar?
JUST – Não.
WERNER – E do que estais vivendo, então?
JUST – Compramos fiado, e se não querem fiar-nos mais e nos expulsam de casa, empenhamos o que ainda temos e seguimos adiante. Ouve, Paul: nós teríamos de pregar uma peça ao estalajadeiro daqui.
WERNER – Ele pôs algum obstáculo no caminho do major? Pode contar comigo!
JUST – Que te parece se, à noite, quando ele voltar da taverna, o esperássemos e lhe déssemos uma boa duma surra?
WERNER – À noite? Esperássemos? Dois contra um? Não, isso não.
JUST – Ou se ateássemos fogo a sua casa com ele dentro?
WERNER – Botar fogo e queimar? Homem, já se vê que tu foste bagageiro e não soldado. Arre!
JUST – Ou se fizéssemos de sua filha uma prostituta. É verdade que é feia como uma condenada...
WERNER – Oh, ela já deve ser uma delas há tempo! Ademais, para isso não precisas de ajuda. Mas o que se passa contigo? O que há?
JUST – Venha, ficarás pasmado de ouvir!
Werner – Então quer dizer que o diabo anda, de fato, à solta por aí?
JUST – E como, venha só ver!
WERNER – Tanto melhor. Para a Pérsia, então, para a Pérsia!

Fim do primeiro ato

SEGUNDO ATO

PRIMEIRA CENA
(*A cena acontece no quarto da senhorita.*)

Minna von Barnhelm. Franziska.

A SENHORITA (*Vestindo negligé, olhando o relógio.*) – Franziska, levantamos bem cedo hoje. O tempo haverá de ser longo para nós.

FRANZISKA – Quem pode dormir nestas desesperantes cidades grandes? As carroças, os guardas-noturnos, os tambores, os gatos, os ordenanças... Tudo isso não para de matraquear, de gritar, de dobrar, de miar, de maldizer; exatamente como se descansar fosse a coisa menos importante que acontece à noite. Uma xícara de chá, senhorita?

A SENHORITA – O chá não tem sabor para mim.

FRANZISKA – Vou mandar que preparem os nossos chocolates.

A SENHORITA – Pode mandar... para ti!

FRANZISKA – Para mim? Beber só me faz tão pouco gosto quanto conversar sozinha. Assim, sim, é que o tempo será longo para nós. Para matar o aborrecimento, teremos de nos enfeitar e provar o vestido com o qual queremos enfrentar a primeira batalha.

A SENHORITA – Que estás tu a falar de batalhas, se eu apenas venho exigir que seja mantido o que foi pactuado?

FRANZISKA – E o senhor oficial, ao qual expulsamos do quarto e depois enviamos nossas escusas por isso, tampouco deve ter os mais finos modos de vida. Do contrário teria enviado algum recado pedindo permissão para nos oferecer seus respeitos.

A SENHORITA – Nem todos os oficiais são como Tellheim. Para dizer a verdade, apenas lhe enviei nossas escusas para ter ocasião de lhe perguntar por ele. Franziska, meu coração me diz que minha viagem será feliz, que haverei de encontrá-lo.

FRANZISKA – O coração, senhorita? Não se deve confiar em demasia no coração. O coração gosta de falar o que vai bem à boca. Se a boca tivesse a mesma inclinação de falar o que deseja o coração, há tempo existiria a moda de trazê-la trancada com um cadeado.

A SENHORITA – Rá, rá, rá! A tua boca trancada a cadeado! Me agradaria muito essa moda!

FRANZISKA – É melhor não mostrar jamais os belos dentes, do que ter de a todo momento deixar o coração pular através deles!

A SENHORITA – O quê? Tu és assim tão reservada?

FRANZISKA – Não, senhorita, mas bem que gostaria de sê-lo mais. Raramente se fala da virtude que se tem; mas amiúde se fala da que nos falta.

A SENHORITA – Vês, Franziska? Acabaste de fazer uma observação muito interessante.

FRANZISKA – Acabei de fazer? Por acaso se faz o que nos ocorre espontaneamente?

A SENHORITA – E tu sabes por que motivo, exatamente, acho essa observação muito boa? Porque tem uma grande relação com o meu Tellheim.

FRANZISKA – O que vós não relacionais a ele?

A SENHORITA – Seus amigos e seus inimigos dizem que ele é o mais valoroso homem do mundo. Mas quem já o ouviu falar alguma vez de valor? Tem o coração mais íntegro que existe, mas integridade e honradez são palavras que nunca chegam a seus lábios.

FRANZISKA – De que virtudes fala ele, então?

A SENHORITA – Ele não fala de nenhuma, pois não lhe falta nenhuma.

FRANZISKA – Era só isso que me faltava ouvir.

A SENHORITA – Espera, Franziska, deixa-me pensar. Ele fala amiúde de economia. Confidencialmente, Franziska, eu creio que esse homem é um perdulário.

FRANZISKA – Outra coisa, senhorita. Ouvi-o mencionar seguidamente sua fidelidade e constância para convosco. Como seria se esse senhor também fosse um tipo volúvel?

A SENHORITA – Infeliz que tu és! Mas pensas isso a sério, Franziska?

FRANZISKA – Há quanto tempo ele não vos escreve?

A SENHORITA – Ah! Desde que se firmou a paz, me escreveu apenas uma vez.

FRANZISKA – Mais um suspiro contra a paz! Maravilha! A paz só tinha de sanar o mal que havia causado a guerra, mas da mesma forma arruinou o bem que ela causou. A paz não deveria ser tão obstinada... E desde quando temos paz? O tempo parece violentamente longo quando há tão poucas novidades... Em vão, o correio volta a passar normalmente, sempre pontual. Ninguém escreve, pois ninguém tem algo a escrever.

A SENHORITA – É paz, ele me escreve, e eu me aproximo da completude de meus desejos. Mas, o fato de ter me escrito uma vez, só uma única vez...

FRANZISKA – Que nos obrigue a nos apressar em busca da completude dos desejos: isso haverá de nos pagar assim que o encontrarmos! E, se enquanto isso o homem tiver realizado alguns desejos, e nós nos inteirássemos por aqui de que...

A SENHORITA *(Angustiada e veemente.)* – De que estivesse morto?

FRANZISKA – Para vós, senhorita; nos braços de outra...

A SENHORITA – Importuna que és! Espere, Franziska, te arrependerás de dizer isso dele! Mas continua a falar bobagens, do contrário voltaremos a pegar no sono... Seu regimento foi dissolvido depois de a paz ser firmada. Quem sabe em que confusão de contas e comprovantes ele pode ter se metido? Quem sabe a que regimento, de não sei que província distante, ele foi transferido? Quem sabe quais circunstâncias... Alguém está batendo.

FRANZISKA – Entre!

SEGUNDA CENA
O estalajadeiro. Os anteriores.

O ESTALAJADEIRO *(Espichando o pescoço.)* – É permitido entrar, minha honorável senhoria?

FRANZISKA – Nosso senhor estalajadeiro? Pode acabar de entrar.

O ESTALAJADEIRO *(Com uma pena atrás da orelha, uma folha de papel e material de escrever na mão.)* – Venho, senhorita, para vos desejar humildemente um bom dia. *(Para Franziska.)* E também a vós, minha bela criança...

FRANZISKA – Que homem cortês!

A SENHORITA – Nós agradecemos.

FRANZISKA – E também desejamos a vós um bom dia.

O ESTALAJADEIRO – Me permitem o atrevimento de perguntar como Vossas Excelências passaram a primeira noite sob meu modesto teto?

FRANZISKA – O teto até que não é assim tão ruim, senhor estalajadeiro, mas as camas bem que poderiam ser melhores.

O ESTALAJADEIRO – O que estou ouvindo? Não descansaram satisfatoriamente? Talvez estavam por demais cansadas da viagem...

A SENHORITA – Pode ser.

O ESTALAJADEIRO – É certo! É certo! Pois do contrário... De qualquer maneira, se algo não estiver no total agrado de Vossa Excelência, só precisa Vossa Excelência ordenar.

FRANZISKA – Bem, senhor estalajadeiro, bem! Nós também não somos tímidas, e uma pessoa tem de ser ainda menos tímida nas estalagens. Nós já diremos como gostaríamos que a coisa fosse.

O ESTALAJADEIRO – Por outro lado, também vim para... *(Enquanto tira a pena de trás da orelha.)*

FRANZISKA – Sim?

O ESTALAJADEIRO – Sem dúvida Vossas Excelências já conhecem as sábias disposições de nossa polícia.

A SENHORITA – Nem a mais mínima parte delas, senhor estalajadeiro...

O ESTALAJADEIRO – Nós, os donos de estalagens, temos ordem de não hospedar nenhum estranho, de classe ou sexo que seja, por vinte e quatro horas, sem apresentar por escrito seu nome, origem, condição, assuntos a tratar por aqui, provável duração de sua estada e assim por diante, no lugar devidamente indicado.
A SENHORITA – Muito bem.
O ESTALAJADEIRO – Vossas Excelências terão de, portanto, permitir-me que... *(Enquanto se dirige a uma mesa, e logo fica pronto a escrever.)*
A SENHORITA – Com muito gosto. Eu me chamo...
O ESTALAJADEIRO – Só um instantinho de paciência! *(Ele escreve.)* "Data, 22 de agosto do ano em curso, chegadas ao 'Rei de Espanha'"... Bem, vosso nome, senhorita?
A SENHORITA – Senhorita von Barnhelm.
O ESTALAJADEIRO *(Escreve.)* – "Von Barnhelm." De onde viestes, senhorita.
A SENHORITA – De minha propriedade, na Saxônia.
O ESTALAJADEIRO *(Escreve.)* – "Propriedade na Saxônia." Da Saxônia! É mesmo da Saxônia, senhorita? Da Saxônia?
FRANZISKA – Então, por que não? Não haverá de ser pecado nestas terras o fato de alguém ser da Saxônia?
O ESTALAJADEIRO – Pecado? Por Deus! Seria um pecado dos mais novos! Da Saxônia, pois? Ai, ai, ai, da Saxônia, a querida Saxônia! Mas, se me permite, senhorita, a Saxônia não é pequena e tem muitos... como devo chamá-los?... distritos, províncias. Nossa polícia é assaz exata, senhorita.
A SENHORITA – Eu compreendo: de minhas propriedades na Turíngia, pois.
O ESTALAJADEIRO – Da Turíngia! Sim, assim está melhor, senhorita, é mais exato. *(Escreve e lê.)* "A senhorita von Barnhelm, vinda de suas propriedades na Turíngia, junto com uma dama de companhia e dois criados."
FRANZISKA – Uma dama de companhia? Está se referindo a mim?
O ESTALAJADEIRO – Sim, minha bela criança.

FRANZISKA – Pois, senhor estalajadeiro, em vez de dama de companhia tenha a bondade de escrever: donzela de companhia. Ouço que a polícia é assaz exata. Isso haveria de causar um mal-entendido e poderia provocar discussão ao se publicarem meus proclames. Já que de fato sou solteira, e me chamo Franziska, e tenho o sobrenome de Willig: Franziska Willig. Também sou da Turíngia. Meu pai era moleiro em uma das propriedades da senhorita, que se chama Klein Rammsdorf. O moinho pertence agora a meu irmão. Bem cedo entrei na corte e fui educada junto com a senhorita. Somos da mesma idade; na próxima Candelária...[9] vinte e um anos. Aprendi tudo o que a senhorita aprendeu. Há de me fazer muito gosto que a polícia me conheça com exatidão.

O ESTALAJADEIRO – Bem, minha bela criança, levarei isso em conta depois de mais algumas perguntas... Mas prossigamos, senhorita, vossas ocupações por aqui?

A SENHORITA – Minhas ocupações?

O ESTALAJADEIRO – Tendes algo a tratar com Sua Majestade, o Rei?

A SENHORITA – Oh, não!

O ESTALAJADEIRO – Ou com nosso alto colegiado judicial?

A SENHORITA – Também não.

O ESTALAJADEIRO – Ou...

A SENHORITA – Não, não. Estou aqui unicamente por questões pessoais.

O ESTALAJADEIRO – Muito bem, senhorita, mas como são chamadas essas questões pessoais?

A SENHORITA – Elas se chamam... Franziska, creio que estamos sendo interrogadas.

FRANZISKA – Senhor estalajadeiro, a polícia não pretenderá saber os segredos de uma dama?

O ESTALAJADEIRO – Absolutamente tudo, minha bela criança. A polícia quer saber tudo, tudo mesmo, especialmente segredos.

---

[9] Festa da Purificação da Virgem Maria, em 2 de fevereiro. (N. T.)

FRANZISKA – Pois bem, senhorita, que haveremos de fazer? Pois escute, senhor estalajadeiro, mas que fique entre nós e a polícia!

A SENHORITA – Que haverá de lhe dizer, essa doida?

FRANZISKA – Viemos para sequestrar um oficial do rei...

O ESTALAJADEIRO – Como? O quê? Minha criança, minha criança!

FRANZISKA – Ou nos deixar sequestrar por ele. Dá no mesmo.

A SENHORITA – Franziska, estás louca? Senhor estalajadeiro, a petulante está passando um trote no senhor.

O ESTALAJADEIRO – Espero que não seja assim! Claro que com minha modesta pessoa se pode brincar tanto quanto se quiser, mas com uma polícia tão respeitável...

A SENHORITA – Sabeis de uma coisa, senhor estalajadeiro? Não sei como me portar nesse assunto. Pensei que vós deixaríeis toda essa escrevinhação para a chegada de meu tio. Já vos disse ontem por que ele não chegou comigo. Teve um acidente, a duas milhas daqui, com seu coche, e não quis de modo algum que esse contratempo me custasse mais uma noite. Por isso tive de seguir adiante. Ele chegará no máximo vinte e quatro horas depois de mim.

O ESTALAJADEIRO – Pois sim, senhorita, então vamos esperá-lo.

A SENHORITA – Ele poderá responder melhor vossas perguntas. Também saberá em quem e até que ponto pode confiar, o que deve mostrar de seus negócios e o que deve calar sobre eles.

O ESTALAJADEIRO – Tanto melhor! Realmente, realmente não se pode exigir de uma jovenzinha *(olhando Franziska com expressão significativa)* que trate seriamente um assunto sério com pessoas sérias...

A SENHORITA – E o quarto para ele já está preparado, senhor estalajadeiro?

O ESTALAJADEIRO – Totalmente, senhorita, totalmente. Tão só um...

FRANZISKA – Do qual vós, talvez, havereis de desalojar um homem de bem?

O ESTALAJADEIRO – As donzelas de companhia da Saxônia, senhorita, são bem compassivas.

A SENHORITA – Certamente, senhor estalajadeiro; não agistes bem ao fazer uma coisa dessas. Melhor teria sido nem ter nos aceitado.

O ESTALAJADEIRO – Como assim, senhorita, como assim?

A SENHORITA – Ouvi que o oficial que foi desalojado por nossa causa...

O ESTALAJADEIRO – É apenas um oficial da reserva, senhorita...

A SENHORITA – Ainda assim!

O ESTALAJADEIRO – Que já se encontra no fim da linha...

A SENHORITA – Tanto pior! Deve ser um homem de grandes méritos.

O ESTALAJADEIRO – Já lhe disse que está na reserva.

A SENHORITA – O rei não pode conhecer todos os homens de mérito.

O ESTALAJADEIRO – Oh, certamente que os conhece. Ele conhece a todos.

A SENHORITA – Mesmo assim não consegue recompensar a todos.

O ESTALAJADEIRO – Já estariam todos recompensados se tivessem vivido de forma a pensar nisso. Mas esses senhores viveram durante a guerra como se a guerra fosse durar eternamente, como se o Teu e o Meu estivessem para sempre abolidos. Agora todas as estalagens e hospedarias estão cheias deles. E um estalajadeiro deve ter muito cuidado com isso. Mas com este a coisa até que andou bastante bem. Quando acabou seu dinheiro, ainda tinha objetos de valor. Teria podido hospedá-lo perfeitamente durante mais dois ou três meses. Mas se agora se vai, tanto melhor. A propósito, senhorita, vós entendeis de joias?

A SENHORITA – Não muito.

O ESTALAJADEIRO – De que Vossa Excelência não entenderá? Tenho de vos mostrar um anel, um anel valioso. E vós, senhorita, tendes um belo anel no dedo e, quanto mais o considero, mais fico assombrado pela semelhança com o meu. Oh! Vede-o, vós mesma, vede-o! *(Enquanto o tira do estojo e o apresenta à senhorita.)* Que fulgor! Só o brilhante do centro pesa mais de cinco quilates.

A SENHORITA *(Observando-o.)* – Onde estou? O que vejo? Este anel...

O ESTALAJADEIRO – Entre irmãos vale seus mil e quinhentos táleres.

A SENHORITA – Franziska! Olha só!

O ESTALAJADEIRO – Não tive de refletir sequer um momento para empenhá-lo por oitenta dobrões de ouro.

A SENHORITA – Não o reconheces, Franziska?

FRANZISKA – O mesmo! Senhor estalajadeiro, de onde vós tirastes esse anel?

O ESTALAJADEIRO – Sim, minha criança? Mas vós certamente não tendes nenhum direito sobre ele?

FRANZISKA – Nós, nenhum direito sobre este anel? Do lado de dentro deve estar gravado o nome da senhorita. Mostre a ele, senhorita.

A SENHORITA – É ele, é ele! Como vós conseguistes esse anel, senhor estalajadeiro?

O ESTALAJADEIRO – Eu? Da maneira mais honrada deste mundo. Senhorita, senhorita... Vós não ireis querer me colocar em prejuízo e me trazer má sorte? Que sei eu, onde está efetivamente inscrito esse anel? Durante a guerra muitas coisas mudam de dono, com ou sem o conhecimento prévio deste. E guerra é guerra. Mais anéis da Saxônia haverão de ter passado pela fronteira. Devolvei-me o anel, senhorita, quero-o de volta!

FRANZISKA – Primeiro respondei: de quem vós tendes esse anel?

O ESTALAJADEIRO – De um homem, de quem não posso desconfiar. De um homem que eu sempre conheci como sendo bom...

A SENHORITA – Do melhor homem que caminha sob o sol deste mundo, se é que foi dado por seu verdadeiro dono. Trazei-me rapidamente esse homem! Se não é ele mesmo, pelo menos o conhecerá.

O ESTALAJADEIRO – Quem, então? Quem, senhorita?

FRANZISKA – Vós estais surdo? O nosso major.

O ESTALAJADEIRO – Major? Pois sim, é major aquele que ocupou este quarto antes de vocês e que me deu o anel.

A SENHORITA – Major von Tellheim?

O ESTALAJADEIRO – Von Tellheim, sim! Vós o conheceis?

A SENHORITA – Se eu o conheço? Ele está aqui? Tellheim está aqui? Ele, ele ocupou este quarto? Ele, ele vos empenhou este anel?

Como pode o homem ter chegado a essa situação? Onde está ele? Está vos devendo? Franziska, para cá o cofrinho! Abre-o! *(Enquanto Franziska o coloca sobre a mesa e o abre.)* O que ele está vos devendo? A quem mais ele está devendo? Trazei-me todos os seus credores. Aqui há dinheiro. Aqui há letras. Tudo é dele!

O ESTALAJADEIRO – O que estou ouvindo?

A SENHORITA – Onde está ele? Onde está ele?

O ESTALAJADEIRO – Há uma hora, ainda, estava aqui.

A SENHORITA – Homem insolente, como pudestes ser tão descortês, tão duro, tão cruel com ele?

O ESTALAJADEIRO – Perdoe, Vossa Excelência...

A SENHORITA – Rápido, traga-o para cá sem tardança.

O ESTALAJADEIRO – Seu criado talvez ainda esteja aqui. Quer Vossa Excelência que ele vá buscá-lo?

A SENHORITA – Se eu quero? Ide rápido, correi. Só por este serviço esquecerei quão mal vos portastes com ele.

FRANZISKA – Vamos, senhor estalajadeiro, depressa, já atrás dele! *(Empurra-o para fora.)*

TERCEIRA CENA
A senhorita. Franziska.

A SENHORITA – Eis que volto a tê-lo, Franziska! Vês, eis que volto a tê-lo! Nem sei direito onde estou, tanta é a alegria! Alegra-te comigo, querida Franziska. Mas, naturalmente, por que tu, Franziska? Por que tu deves... Porque tu tens de te alegrar comigo. Vem, querida, quero te presentear com algo, para que possas te alegrar comigo. Fala, Franziska, o que eu poderia te dar? O que, dentre minhas coisas, te agrada? O que tu gostarias de ter? Pega o que quiseres, mas, por favor, alegra-te. Já vejo bem que não queres pegar nada para ti. Espera! *(Põe a mão dentro do pequeno cofre.)* Aqui, querida Franziska *(e lhe dá dinheiro)*, compra o que tu gostarias de ter. Peça mais, se não for suficiente. Mas por favor alegra-te comigo. É tão triste alegrar-se sozinha. Toma, pois, aceita-o...

FRANZISKA – Seria como roubá-lo de vós, senhorita. Estais embriagada, embriagada de alegria.

A SENHORITA – Menina, e é uma embriaguez das mais bulhentas, toma, ou... *(Põe o dinheiro à força em suas mãos.)* E não te atreves a me agradecer! Espera, é bom que eu pense nisso. *(Ela põe novamente a mão no pequeno cofre em busca de dinheiro.)* Isto, querida Franziska, guarda-o à parte para o primeiro soldado pobre e ferido que nos pedir.

QUARTA CENA
O estalajadeiro. A senhorita. Franziska.

A SENHORITA – E então? Será que ele virá?
O ESTALAJADEIRO – Esse sujeito repugnante e bruto!
A SENHORITA – Quem?
O ESTALAJADEIRO – O criado do major. Se nega a ir ao encontro dele.
FRANZISKA – Trazei-nos para cá esse maganão. Devo conhecer todos os criados do major. Qual será esse?
A SENHORITA – Trazei-o imediatamente para cá. Quando nos vir, haverá de ir em seguida. *(O estalajadeiro sai.)*

QUINTA CENA
A senhorita. Franziska.

A SENHORITA – Já não aguento mais esperar pelo momento do encontro. Mas, Franziska, tu ainda continuas tão fria? Não queres mesmo alegrar-te comigo?
FRANZISKA – Eu quereria de todo o coração. Se apenas...

A SENHORITA – Se apenas?

FRANZISKA – Nós voltássemos a encontrar o homem! Mas como voltaremos a encontrá-lo? Por tudo aquilo que ouvimos dele, a coisa deve estar bem mal com ele. Deve estar completamente infeliz. E isso me atormenta.

A SENHORITA – Te atormenta? Deixa que eu te abrace por isso, minha querida companheira! Isso eu jamais esquecerei! Eu apenas estou enamorada, ao passo que tu és boa.

SEXTA CENA

O estalajadeiro. Just. Os anteriores.

O ESTALAJADEIRO – A duras penas consegui trazê-lo.

FRANZISKA – Um rosto estranho! Eu não o conheço.

A SENHORITA – Meu amigo, você está junto do major von Tellheim?

JUST – Sim.

A SENHORITA – Onde está seu senhor?

JUST – Não aqui.

A SENHORITA – Mas você sabe onde encontrá-lo?

JUST – Sim.

A SENHORITA – E não quer ir buscá-lo agora mesmo?

JUST – Não.

A SENHORITA – Me prestaria um grande favor.

JUST – É?

A SENHORITA – E a seu senhor um serviço.

JUST – Ou talvez não.

A SENHORITA – Por que você o supõe?

JUST – Vós sois a estranha senhoria que esta manhã lhe enviou um cumprimento?

A SENHORITA – Sim.

JUST – Então eu tinha razão.

A SENHORITA – Sabe seu senhor o meu nome?

JUST – Não, mas as damas demasiado corteses lhe desagradam tanto quanto os donos de taverna demasiado grosseiros.

O ESTALAJADEIRO – Isso certamente é dirigido a mim?

JUST – Sim.

O ESTALAJADEIRO – Mas então não faça pagar a senhorita por isso e traga-o imediatamente para cá.

A SENHORITA *(Para Franziska.)* – Franziska, dá-lhe alguma coisa...

FRANZISKA *(Que quer colocar dinheiro à força nas mãos de Just.)* – Não estamos lhe pedindo um serviço gratuito.

JUST – Nem eu o vosso dinheiro sem um serviço.

FRANZISKA – Um pelo outro.

JUST – Não posso. Meu senhor me ordenou que arrume o quarto. Vou fazer isso agora, e, por isso, peço que não continuem a me impedir de fazê-lo. Quando eu estiver pronto, então sim haverei de lhe dizer que pode vir. Ele está aqui ao lado, no café, e, se não achar nada melhor que fazer, logo deverá estar aqui. *(Quer sair.)*

FRANZISKA – Espere um momento. A senhorita é a... irmã do major.

A SENHORITA – Sim, sim, sua irmã.

JUST – Como se eu não soubesse que o major não tem irmã. Ele me mandou duas vezes à Curlândia com recados para sua família. Claro que há certos tipos de irmãs...

FRANZISKA – Desavergonhado!

JUST – Não se tem de sê-lo para que as pessoas permitam que vamos embora? *(Sai.)*

FRANZISKA – É um maroto, esse sujeito!

O ESTALAJADEIRO – Eu já o disse. Mas deixai-o ir! Agora já sei bem onde está seu senhor. Eu mesmo vou buscá-lo, já... Apenas peço-vos humildemente, senhorita, que me desculpeis com o senhor major pelo desacerto que cometi, contra a minha vontade, com um homem de seus méritos...

A SENHORITA – Podeis ir, mas rápido, senhor estalajadeiro. O resto eu haverei de remediar. *(O estalajadeiro sai, e logo.)* Franziska, corre atrás dele: ele não deve mencionar meu nome! *(Franziska sai atrás do estalajadeiro.)*

SÉTIMA CENA

A senhorita, e pouco depois Franziska.

A SENHORITA – Voltei a tê-lo! Estou só? Não quero ficar sozinha em vão. *(Ela junta as mãos.)* Mas nem sequer estou só! *(E olha para cima.)* Um único pensamento de agradecimento ao céu já é a oração mais completa... Eu o tenho! Eu o tenho! *(De braços abertos.)* Eu sou venturosa! E feliz! O que pode ser melhor para o criador do que a alegria de sua criatura! *(Franziska chega.)* Já está novamente aqui, Franziska? Ele te atormenta? A mim, ele não atormenta. A infelicidade também é boa. Talvez o céu tenha lhe tirado tudo para tudo lhe devolver através de mim.

FRANZISKA – Ele pode chegar a qualquer momento... Vós ainda estais usando vosso *negligé*, senhorita. Que tal se vos vestísseis rapidamente?

A SENHORITA – Vá! Eu te peço. A partir de hoje ele me verá mais assim do que ataviada.

FRANZISKA – Oh, vós vos conheceis bem, minha senhorita.

A SENHORITA *(Depois de uma breve reflexão.)* – Verdadeiramente, menina, outra vez acertaste em cheio.

FRANZISKA – Se somos bonitas, somos ainda mais bonitas quando não ataviadas.

A SENHORITA – Devemos, pois, ser bonitas? Talvez até não, mas que nós mesmas nos acreditemos bonitas talvez seja necessário. Não, basta que eu seja bela para ele, só para ele! Franziska, se todas as moças são como estou me sentindo agora, somos de fato... coisas fantásticas. Carinhosas e orgulhosas, virtuosas e vaidosas, voluptuosas e devotadas. Talvez não me compreendas. Eu mesma não me compreendo. A alegria me altera, me faz delirar.

FRANZISKA – Controlai-vos, minha senhorita, ouço passos....

A SENHORITA – Me controlar? Deveria recebê-lo de modo tranquilo?

OITAVA CENA
Von Tellheim. O estalajadeiro. Os anteriores.

VON TELLHEIM *(Entra, e, ao vê-la, corre em direção a ela.)* – Ah! Minha Minna!

A SENHORITA *(Correndo ao seu encontro.)* – Ah! Meu Tellheim!

VON TELLHEIM *(Para de repente, e em seguida caminha, retrocedendo.)* – Perdoai-me, senhorita... encontrar aqui a senhorita von Barnhelm...

A SENHORITA – Mas isso não pode ser para vós assim tão inesperado. *(Ao acercar-se dele, ele retrocede ainda mais.)* Devo perdoar-vos por ser ainda a vossa Minna? Perdoe-vos antes o céu por eu ainda ser a senhorita von Barnhelm!

VON TELLHEIM – Senhorita... *(Olha fixamente para o estalajadeiro e dá de ombros.)*

A SENHORITA *(Repara na presença do estalajadeiro e faz um sinal para Franziska.)* – Meu senhor...

VON TELLHEIM – Se não nos equivocamos...

FRANZISKA – Mas, senhor estalajadeiro, quem nos trouxestes aí? Vinde rapidamente, vamos procurar o verdadeiro.

O ESTALAJADEIRO – Não é o verdadeiro? Claro que é!

FRANZISKA – Não é não! Vinde rapidamente, ainda não dei bom dia a sua jovem filha.

O ESTALAJADEIRO – Oh! É muita honra! ... *(Mas sem se mover do lugar.)*

FRANZISKA *(Agarra-o.)* – Vinde, vamos fazer a lista de compras. Deixai-me ver o que ainda temos aí...

O ESTALAJADEIRO – Pois vós tereis, em primeiro lugar...

FRANZISKA – Silêncio, sim, silêncio! Se a senhorita souber agora o que deverá comer no almoço, perderá o apetite. Vinde, isso vós tendes de dizer só a mim. *(Faz com que ele saia à força.)*

NONA CENA
Von Tellheim. A senhorita.

A SENHORITA – Pois bem? Ainda nos equivocamos?

VON TELLHEIM – Que o céu o permitisse! Mas há apenas uma, e vós a sois.

A SENHORITA – Quanta cerimônia! O que nós temos a nos dizer qualquer um pode ouvir.

VON TELLHEIM – Vós aqui? Que estais procurando aqui, senhorita?

A SENHORITA – Já não procuro mais nada. *(Dirigindo-se a ele de braços abertos.)* Tudo o que eu procurava, encontrei.

VON TELLHEIM *(Esquivando-se.)* – Vós procuráveis um venturoso, um homem nobre, merecedor de vosso amor. E encontrais... um desgraçado.

A SENHORITA – De modo que já não me amais? E amais outra?

VON TELLHEIM – Ah! Aquele que pode amar outra depois de ter vos amado, nunca vos amou, minha senhorita.

A SENHORITA – Vós arrancais apenas um espinho de minha alma. Se perdi vosso coração, que importa que seja por indiferença ou por uns atrativos mais poderosos? Vós já não me amais: e não amais a nenhuma outra? Homem infeliz se já não amais!

VON TELLHEIM – Certo, senhorita. O infeliz não deve amar. Ele merece sua infelicidade, se não sabe alcançar este triunfo sobre si mesmo, se pode admitir que aqueles a quem ama participem de sua infelicidade. Que difícil é esse triunfo! Desde que a razão e a necessidade me ordenaram que esquecesse Minna von Barnhelm, quantos esforços não me hão custado! E agora que começava a acreditar que estes esforços não seriam eternamente vãos... vós apareceis, minha senhorita!

A SENHORITA – Será que estou vos entendendo bem? Um momento, meu senhor, deixai-me tomar ciência exata de onde estamos antes de seguirmos nos equivocando! Podeis me responder apenas uma perguntinha?

VON TELLHEIM – Todas elas, minha senhorita.

A SENHORITA – Podeis me responder sem voltas nem rodeios? Sem outra palavra que um não ou um sim, secos?

VON TELLHEIM – Eu o farei... se puder.

A SENHORITA – Vós podeis. Bem: deixando de lado os esforços que fizestes para me esquecer, ainda me amais, Tellheim?

VON TELLHEIM – Minha senhorita, essa pergunta...

A SENHORITA – Vós prometestes responder com nada mais que um sim ou um não.

VON TELLHEIM – E acrescentei: se eu puder.

A SENHORITA – Vós podeis; deveis saber o que se passa em vosso coração. Ainda me amais, Tellheim? Sim, ou não.

VON TELLHEIM – Se meu coração...

A SENHORITA – Sim ou não!

VON TELLHEIM – Pois, sim!

A SENHORITA – Sim?

VON TELLHEIM – Sim, sim! Apenas que...

A SENHORITA – Paciência! Vós ainda me amais e é o que basta para mim. Em que tom cheguei a falar convosco! Um tom adverso, melancólico, contagioso. Voltarei ao meu tom normal. Bem, meu querido infeliz, vós ainda me amais, ainda tendes vossa Minna e sois infeliz? Mas ouvi antes como vossa Minna foi, é... uma criatura presumida e tola. Ela sonhava, sonha... que toda vossa felicidade é ela... Vamos, contai-lhe todas as vossas desventuras. Ela vai ver quantas delas pode aliviar. Pois bem?

VON TELLHEIM – Minha senhorita, não estou acostumado a me queixar.

A SENHORITA – Muito bem. Eu também não saberia dizer o que me agrada menos em um soldado, se as vanglórias ou os queixumes. Mas há um certo modo frio, descontraído, de falar de seu próprio valor e de sua própria infelicidade...

VON TELLHEIM – Que no fundo é igualmente se queixar ou se vangloriar.

A SENHORITA – Oh, sempre hás de ter razão... Mas, se é assim, não tendes nenhuma razão em vos declarar infeliz. Ou vos calais totalmente ou contai tudo de uma vez! Uma razão, uma necessidade que vos ordena esquecer-me? Sou uma grande amante da razão, e tenho grande respeito pela necessidade. Mas deixai-me ouvir quão razoável é essa razão, quão necessária é essa necessidade.

VON TELLHEIM – Pois bem, então escutai, senhorita. Vós me chamais de Tellheim; o nome acerta em cheio. Mas vós pensais que eu seja o Tellheim que vós conhecestes em vosso país; o homem na flor da idade, cheio de pretensões, cheio de ânsias por glória; aquele que era dono de seu corpo e de sua alma inteiros; ante o qual estavam abertas as portas da honra e da felicidade; aquele que, mesmo não sendo digno de vosso coração e de vossa mão, podia alimentar cada dia a esperança de chegar a sê-lo um dia... Hoje em dia tenho tão pouco deste antigo Tellheim... tanto quanto tenho de meu pai. Ambos foram... Eu sou Tellheim, o licenciado, aquele cuja honra puseram em dúvida, o mutilado, o mendigo. A aquele, minha senhorita, foi que vós vos prometestes... Quereis manter vossa palavra com este?

A SENHORITA – Isso soa bastante trágico! De qualquer forma, meu senhor, até que eu volte a encontrar aquele... Estou louca pelos Tellheims... Este já haverá de me ajudar a sair dos apuros em que me encontro. Tua mão, querido mendigo! *(E segura-o pela mão.)*

VON TELLHEIM *(Cobrindo o rosto com o chapéu que traz na outra mão e se afastando dela.)* – Isso é demais! Onde estou! Deixai-me, senhorita! Vossa bondade me tortura! Deixai-me!

A SENHORITA – Que está acontecendo convosco? Onde quereis ir?

VON TELLHEIM – Para longe de vós!

A SENHORITA – De mim? *(Enquanto puxa a mão dele para seu peito.)* Sonhador!

VON TELLHEIM – O desespero haverá de me arrojar morto ante vossos pés.

A SENHORITA – Longe de mim?

VON TELLHEIM – Longe de vós. Jamais, jamais voltar a vos ver. Ou tão decidido, tão firmemente decidido... a não cometer nenhuma indignidade... nem deixar que vós cometais nenhuma imprudência. Deixai-me, Minna! *(Livra-se dela e sai.)*
A SENHORITA *(Indo atrás dele.)* – Minna vos deixar? Tellheim! Tellheim!

Fim do segundo ato

TERCEIRO ATO

⁂

PRIMEIRA CENA
(O cenário: a sala.)
Just.

JUST *(Com uma carta na mão.)* – Tenho de ir de fato mais uma vez a essa maldita casa? Uma cartinha de meu senhor à senhorita, que se diz sua irmã. Que pelo menos não se trame nada com isso! Do contrário, esse leva e traz de cartas nunca vai ter fim. Já gostaria de ter acabado com isso, mas não me faz nenhum gosto entrar assim no quarto. A mulherada faz tantas perguntas; não me agrada dar respostas. Ah, a porta se abre. Como se atendesse meu pedido! A gazela de companhia![10]

SEGUNDA CENA
Franziska. Just.

FRANZISKA *(Entrando pela porta da qual saiu.)* – Não vos preocupeis; ficarei vigiando. Vede! *(Ao dar-se conta da presença de Just.)* Quase me ocorria algo interessante. Mas com esse animal não se pode fazer nada.
JUST – Vosso criado...
FRANZISKA – Eu não quereria um criado desses...

---

[10] Trocadilho, em vez de donzela de companhia. No original, *Kammerkätzchen* (gatinha de companhia) em vez de *Kammermädchen* (donzela de companhia). (N. T.)

JUST – Pois bem, pois bem, perdoai-me esse modo de falar! Trago uma cartinha de meu senhor a vossa senhoria, a honrada senhorita... irmã. Não era isso, irmã?

FRANZISKA – Passe para cá! *(Arranca-lhe a carta das mãos.)*

JUST – Meu senhor roga que ela tenha a bondade de aceitá-la. Depois roga que tenha a bondade... Mas que não penseis que eu esteja pedindo algo!

FRANZISKA – Pois sim?

JUST – Meu senhor compreende como são as coisas. Ele sabe que o caminho para a senhorita passa pela donzela de companhia: eu fico a imaginar! Então tende a bondade, é o que meu senhor roga... Dizer a ele se ele não poderia ter o prazer de falar com a donzela por quinze minutinhos.

FRANZISKA – Comigo?

JUST – Perdoai-me, se vos dou um título inadequado. Sim, convosco! Só por quinze minutinhos; mas a sós, completamente a sós, em segredo, sob quatro olhos, apenas. Ele teria de vos dizer uma coisa de grande importância.

FRANZISKA – Bem, eu também tenho muita coisa a lhe dizer! Ele pode vir, estarei às suas ordens.

JUST – Mas e quando poderá vir? Quando vos será mais oportuno, donzela? No crepúsculo, ao anoitecer?

FRANZISKA – O que você está querendo dizer com isso? Seu senhor pode chegar quando quiser; e com isso você pode ir embora!

JUST – De todo o coração! *(Quer ir-se.)*

FRANZISKA – Ouve, só mais uma palavra. Onde estão, pois, os outros criados do major?

JUST – Os outros? Por aqui, por ali, por toda parte.

FRANZISKA – Onde está Wilhelm?

JUST – O criado de quarto? Esse o major deixou viajar.

FRANZISKA – Pois, sim? E Philipp, onde está ele?

JUST – O caçador? Esse o senhor deu em custódia.

FRANZISKA – Porque agora não há caça, sem dúvida. Mas e Martin?

JUST – O cocheiro? Esse se foi a cavalo.

FRANZISKA – E Fritz?

JUST – O mensageiro? Esse seguiu em frente.

FRANZISKA – Onde estava você, então, quando o major se instalou em nossos quartéis de inverno, na Turíngia? Você não estava com ele nessa ocasião ?

JUST – Oh, sim, eu era seu palafreneiro, mas estava no hospital de campanha.

FRANZISKA – Palafreneiro? E agora você é?

JUST – De tudo um pouco: criado de quarto e caçador, mensageiro e palafreneiro.

FRANZISKA – Francamente! Prescindir de tantos bons criados e ficar justamente com o pior deles! Eu gostaria de saber o que seu senhor achou em você!

JUST – Talvez ache que eu seja um sujeito honrado.

FRANZISKA – Oh, mas um homem é desesperadamente pouco, se não é nada mais que honrado. Wilhelm era outro tipo de gente! E o seu senhor o deixou viajar?

JUST – Sim, ele o deixou... porque não pôde impedi-lo.

FRANZISKA – Como?

JUST – Oh, Wilhelm haverá de achar para si todas as honras em suas viagens. Leva todo o vestuário do senhor.

FRANZISKA – O quê? Não haverá de ter se mandado com ele?

JUST – Isso não se pode dizer, exatamente. Mas quando saímos de Nuremberg, ele não veio atrás de nós com o vestuário.

FRANZISKA – Oh, o ladrão!

JUST – Ele era um homem completo! Sabia pentear, barbear, enfeitar... lisonjear. Não é verdade?

FRANZISKA – Assim sendo, eu jamais dispensaria o caçador se eu fosse o major. Mesmo que já não pudesse lhe ser útil como caçador, era, de qualquer forma, um moço muito hábil. A quem ele o deu em custódia?

JUST – Ao comandante de Spandau.

FRANZISKA – Da fortaleza de Spandau? Mas a caça também não pode ser muito grande dentro das trincheiras.

JUST – Oh, Philipp não está lá para caçar.

FRANZISKA – O que ele faz lá, então?

JUST – Trabalhos forçados.

FRANZISKA – Trabalhos forçados?

JUST – Mas só por três anos. Ele organizou um pequeno motim na companhia do senhor, e quis passar seis homens através do posto da guarda.

FRANZISKA – Fico assombrada. Que malvado!

JUST – Oh, é um sujeito muito hábil! Um caçador que, em um raio de cinquenta milhas, conhece todas as veredas e atalhos dos bosques e pântanos. E como sabe atirar!

FRANZISKA – Menos mal que o comandante ainda tenha o valente cocheiro!

JUST – Ele ainda o tem?

FRANZISKA – Assim penso. Você disse que Martin se foi a cavalo? Assim sendo, suponho que ele voltará?

JUST – Pensais assim?

FRANZISKA – Para onde ele cavalgou?

JUST – Faz quase dez semanas que se foi com o único e último cavalo de montaria que sobrava ao senhor... para a cervejaria.

FRANZISKA – E ainda não voltou? Oh, não vale mesmo a corda de sua forca!

JUST – A cervejaria bem que pode ter bebido o bravo cocheiro! Realmente era um cocheiro dos bons! Em Viena, conduziu durante dez anos. Um dessa qualidade o senhor certamente não voltará a ter. Quando os cavalos iam a todo galope, só tinha de fazer: ôôôôôôhh! Num só repente, eles ficavam quietos como estátuas. E, ademais, era uma veterinário de primeira!

FRANZISKA – Agora já estou temendo pelo mensageiro que seguiu adiante.

JUST – Não, não, isso até que não tem razão de ser. Tornou-se tambor em um regimento de guarnição.

FRANZISKA – Bem que imaginei!

JUST – Fritz se fez amigo de um tipo degenerado, e à noite já não voltava para casa. Fazia dívidas em nome do major por todos os lugares, e milhares de malandragens infames. Curto e grosso, o major viu que ele queria subir a todo custo *(imitando, com gestos, um enforcamento)* e guiou-o pelo bom caminho.

FRANZISKA – Pobre rapaz!

JUST – Mas que é um excelente mensageiro, isso é, com certeza. Se o major o deixava se adiantar cinquenta passos, não poderia alcançá-lo nem com seu melhor cavalo. Fritz, ao contrário, podia dar mil passos de vantagem à forca, e aposto minha vida que a alcançaria. Todos eles eram seus bons amigos, donzela? Wilhelm e Philipp, Martin e Fritz? Pois bem, Just apresenta seus respeitos! *(Sai.)*

TERCEIRA CENA
Franziska e depois o estalajadeiro.

FRANZISKA *(Seguindo-o com os olhos, séria.)* – Eu bem que mereço a dentada... Eu lhe agradeço, Just. Valorizava muito pouco a honradez. Não haverei de esquecer a lição. Ah! O infeliz homem! *(Volta-se e quer ir em direção ao quarto da senhorita, quando aparece o estalajadeiro.)*

O ESTALAJADEIRO – Esperai um pouquinho, minha bela criança.

FRANZISKA – Agora não tenho tempo, senhor estalajadeiro...

O ESTALAJADEIRO – Só um momentinho! Nenhuma notícia, ainda, do senhor major? Aquilo não poderia ser, de jeito nenhum, sua despedida!

FRANZISKA – O quê, exatamente?

O ESTALAJADEIRO – A senhorita não vos contou nada? Quando vos deixei lá embaixo, na cozinha, minha bela criança, voltei aqui para a sala, assim meio por acaso...

FRANZISKA – Por acaso... com a intenção de escutar um pouco.

O ESTALAJADEIRO – Pois, minha criança, como podeis pensar uma coisa dessas de mim? O pior vício de um estalajadeiro é a curiosidade. Não fazia muito que estava por aqui, quando, de repente, a porta do quarto da senhorita se abriu com violência. O major saiu precipitadamente e a senhorita atrás dele; os dois em um só passo, com uns olhares, com umas atitudes... só mesmo vendo. Ela o segurou; ele se livrou dela; ela voltou a segurá-lo. "Tellheim!" "Senhorita, deixe-me ir!" "Para onde?" Assim ele a arrastou até a escadaria. Eu já estava temendo que a arrastasse consigo para baixo. Mas então conseguiu se livrar dela. A senhorita se deixou ficar no último degrau, seguindo-o com os olhos, chamou-o, retorceu as mãos. De repente se voltou, correu para a janela, da janela outra vez para a escadaria, da escadaria para a sala, e ali ficou andando de um lado a outro. Eu estava aqui e ela passou três vezes junto de mim sem me ver. Finalmente pareceu-me que estava me vendo, mas – Deus esteja conosco! – a senhorita me confundiu convosco, minha criança. "Franziska", ela chamou com os olhos dirigidos a mim, "sou feliz agora?" Logo olhou fixamente para o teto e disse outra vez: "Sou feliz agora?" Depois secou as lágrimas dos olhos, sorriu e voltou a me perguntar: "Franziska, sou feliz agora?" Realmente, eu não sabia o que estava se passando comigo. Até que ela correu para a porta, e ali se voltou mais uma vez para mim: "Sendo assim, venha, Franziska; quem te atormenta, pois?" E se foi para dentro.

FRANZISKA – Oh, senhor estalajadeiro, isso vós deveis ter sonhado.

O ESTALAJADEIRO – Sonhado? Não, minha bela criança, não se sonha com tantos detalhes. Sim, não sei o que daria para... Eu não sou curioso, mas não sei, mas não sei o que daria por ter nesse momento a chave...

FRANZISKA – A chave? De nossa porta? Senhor estalajadeiro, ela está por dentro da porta. À noite nós a colocamos por dentro; nós somos medrosas.

O ESTALAJADEIRO – Não me refiro a essa chave; quero dizer, minha criança, a chave... a interpretação disso, por assim dizer, as causas reais daquilo que vi.

FRANZISKA – Ah, bom. Pois então, adeus, senhor estalajadeiro. Será que vamos comer logo, senhor estalajadeiro?

O ESTALAJADEIRO – Minha bela criança, porém não esqueçamos daquilo que eu queria dizer.

FRANZISKA – Pois sim? Mas seja breve...

O ESTALAJADEIRO – A senhorita ainda tem meu anel. Eu chamo-o de meu...

FRANZISKA – Ele não será perdido, senhor.

O ESTALAJADEIRO – Não me preocupo com isso; apenas quero lembrar que é assim. E vede, sequer quero tê-lo de volta. Já posso vê-lo tão claro quanto a palma da minha própria mão, donde ela conhece o anel e por que era tão parecido com o dela. Em suas mãos é o melhor lugar onde ele poderia estar. Eu já nem o quero mais e vou pôr na conta da senhorita os cem dobrões de ouro que dei por ele. Não está bem assim, minha bela criança?

QUARTA CENA
Paul Werner. O estalajadeiro. Franziska.

WERNER – Aí está ele!

FRANZISKA – Cem dobrões de ouro? Pensava que eram apenas oitenta.

O ESTALAJADEIRO – É verdade, apenas noventa, apenas noventa. Assim o farei, minha bela criança, assim o farei.

FRANZISKA – Tudo isso ficará arranjado, senhor estalajadeiro.

WERNER *(Que se aproxima de Franziska por trás, e de repente lhe dá uma palmada nos ombros.)* – A mocinha! A mocinha!

FRANZISKA *(Se assusta.)* – Ai!

WERNER – Não vos assusteis! Mocinha, mocinha, vejo que sois bonita e assim um tanto estranha... E pessoas bonitas e estranhas têm de ser alertadas... Mocinha, mocinha, tende cuidado com esse homem! *(Apontando para o estalajadeiro.)*

O ESTALAJADEIRO – Ei, que prazer inesperado! Senhor Paul Werner! Bem-vindo até nós, bem-vindo! Ah, continua sendo o mesmo engraçado, zombeteiro e honrado Werner! Vós tendes de ter cuidado comigo, minha bela criança! Rá, rá, rá!

WERNER – Não cruzai o caminho dele!

O ESTALAJADEIRO – O meu! O meu! Sou, por acaso, assim tão perigoso? Rá, rá, rá! Estais ouvindo, minha bela criança! Que tal lhe parece a piada?

WERNER – Que ainda haja gente que tome por piada o que se lhes diz a sério!

O ESTALAJADEIRO – A sério! Rá, rá, rá! Mas isso está cada vez melhor, não é verdade minha bela criança! Esse homem sabe fazer piadas! Eu, perigoso? Eu? Há vinte anos talvez isso fizesse algum sentido. Sim, sim, minha bela criança, aí eu era perigoso. Não poucas poderiam falar a respeito disso; mas hoje...

WERNER – Oh, o velho doido!

O ESTALAJADEIRO – Aí está a questão! Quando ficamos velhos, nossa periculosidade se esfuma. E convosco não há de ser diferente, senhor Werner!

WERNER – Com a breca, isso não terá mais fim! Mocinha, vós admitireis que tenho suficiente juízo para não me referir a esse tipo de periculosidade. Esse demônio até abandonou o corpo do estalajadeiro, mas em compensação outros sete entraram nele...

O ESTALAJADEIRO – Oh, ouvi-o, ouvi-o! Como sabe dar voltas na questão! Uma piada atrás da outra, e sempre uma coisa nova! Oh, é de fato um homem magnífico, o senhor Paul Werner! *(A Franziska, como se lhe falasse ao ouvido.)* Um homem endinheirado e ainda solteiro. A três milhas daqui tem uma bonita corregedoria. Ele fez butim na guerra... E é amigo de nosso senhor major! É um amigo que se deixaria abater por ele!

WERNER – Sim, e este é um amigo de meu major! Este é um amigo... ao qual o major deveria mandar abater.

O ESTALAJADEIRO – Como? O quê? Não, senhor Werner, isso não é uma boa piada. Eu não ser amigo do senhor major? Não, essa piada eu não posso compreender.

WERNER – Just me contou algumas, e das boas.

O ESTALAJADEIRO – Just? Bem que eu pensava ouvir Just através de vossa fala. Just é um homem malicioso e infame. Mas aqui se trata dessa bela criança, que pode falar, que pode dizer bem se eu não sou amigo do senhor major! Se não lhe prestei bons serviços! E por que não deveria ser seu amigo? Não é um homem de mérito? É verdade que teve a infelicidade de ser mandado à reserva, mas que há de mais nisso? O rei não pode conhecer todos os homens de mérito. E mesmo que conhecesse todos eles, não poderia pagar a todos eles.

WERNER – Isto é Deus quem lhe inspira! Mas Just... Não há de fato nada assim tão especial em Just, mas um mentiroso ele não é. E se fosse verdade o que ele me contou...

O ESTALAJADEIRO – Não quero saber nada de Just! Como eu disse: é essa bela criança que pode falar! *(Ao ouvido dela.)* Vós sabeis, minha criança, o anel! Explicai-o ao senhor Werner. Então ele haverá de me conhecer melhor. E para que não fique parecendo que falais apenas para me agradar, nem quererei estar presente quando falardes. Não quererei estar presente. Me vou, mas vós me direis, senhor Werner, mas vós ainda me direis se Just é ou não um caluniador infame.

QUINTA CENA
Paul Werner. Franziska.

WERNER – Mocinha, conheceis então o meu major?

FRANZISKA – O major von Tellheim? Mas é claro que conheço esse bravo homem.

WERNER – Não é um bravo homem? Quereis bem a ele?

FRANZISKA – Do fundo do meu coração.

WERNER – Deveras? Vede, mocinha, agora vós me pareceis ainda mais bonita. Mas em que consistem então esses serviços que o estalajadeiro diz ter prestado a nosso major?

FRANZISKA – Não tinha a menor ideia até há pouco, a não ser que queira atribuir a si os méritos de algo que, afortunadamente, aconteceu em virtude de seu comportamento indigno.

WERNER – De modo que é verdade tudo o que Just me disse? *(Para o lado por onde saiu o estalajadeiro.)* Sorte tua que tenhas ido! Ele desarrumou de fato o quarto do major? Pregar uma peça dessas a um homem como ele, e só porque o cabeça de asno imaginava que não tinha mais dinheiro! O major não ter dinheiro?

FRANZISKA – Mas por acaso o major tem dinheiro?

WERNER – Como feno. Ele não sabe quanto tem. Ele não sabe quem lhe deve. Até mesmo eu estou lhe devendo e lhe trago o restinho de uma velha conta. Vede, mocinha, aqui nessa bolsinha *(que tira de um dos bolsos)* há cem Louisdor, e neste rolinho *(que tira do outro)* cem ducados. É tudo dinheiro dele!

FRANZISKA – De verdade? Mas então por que o major está penhorando tudo? Até já penhorou um anel...

WERNER – Penhorando! Não acreditai em uma história dessas! Talvez quisesse se livrar da bagatela.

FRANZISKA – Não é nenhuma bagatela! É um anel muito valioso, e que ele ademais recebeu de mãos queridas.

WERNER – Talvez até seja possível. De mãos queridas! Sim, sim! Coisas assim nos fazem recordar aquilo que já não gostamos mais de recordar. Por isso queremos afastá-las para longe de nossos olhos.

FRANZISKA – Como?

WERNER – Com os soldados as coisas se passam maravilhosamente nos quartéis de inverno. Não têm nada que fazer, se cuidam muito bem e, por aborrecimento, fazem amizades que, segundo eles, só hão de durar um inverno, mas que, segundo o bom coração com o qual as atou, hão de durar a vida toda. Às vezes, alguém se encontra com um anel no dedo que nem sabe direito de onde saiu. E não poucas vezes daria o dedo inteiro se pudesse se livrar dele.

FRANZISKA – Opa! E com o major a coisa também teria se passado assim?

WERNER – Com certeza. Especialmente na Saxônia. Se ele tivesse dez dedos em cada uma das mãos, todos os vinte estariam carregados de anéis.

FRANZISKA *(A parte.)* – Isso soa bem estranho, e merece ser investigado. Senhor corregedor... ou então, senhor ordenança...

WERNER – Mocinha, se não vos importais, me agrada mais ser chamado de senhor ordenança.

FRANZISKA – Pois bem, senhor ordenança, aqui tenho uma cartinha do senhor major a minha senhoria. Vou entregá-la rapidamente e logo estarei de volta. Será que você terá a bondade de esperar tanto tempo por mim? Me faria muito gosto continuar conversando com você.

WERNER – Gostais de papear, mocinha? Por mim, podeis ir. Também gosto de conversar e ficarei esperando.

FRANZISKA – Oh, espere só um momento! *(Sai.)*

SEXTA CENA
Paul Werner.

WERNER – Até que é simpática a mocinha! Mas não deveria ter lhe prometido que a esperaria. Mais importante seria ir em busca do major. Ele não quer o meu dinheiro e prefere penhorar suas coisas? Eu o conheço muito bem. Eis que me ocorre uma ideia. Quando eu estava na cidade, há duas semanas, fui ver a viúva do capitão Marloff. A pobre mulher estava enferma e se lamentava de que seu marido ficara devendo quatrocentos táleres ao major, que ela não sabia como pagar. Hoje eu queria voltar a visitá-la... Queria lhe dizer que quando recebesse o dinheiro da venda do terreninho, eu poderia lhe emprestar quinhentos táleres. Tenho de garantir um pouco disso para mim, pois se a coisa da Pérsia não der certo... Mas ela havia desaparecido. E com certeza não pôde pagar o major... Sim, então eu é que vou fazê-lo, e quanto antes melhor. A mocinha não haverá de me levar a mal, mas não posso esperar. *(Sai pensativo e quase tropeça no major, que vem ao seu encontro.)*

SÉTIMA CENA
Von Tellheim. Paul Werner.

VON TELLHEIM – Tão pensativo, Werner?

WERNER – Aí estais. Exatamente agora queria ir visitá-lo em seu novo alojamento, senhor major.

VON TELLHEIM – Para encher os ouvidos do estalajadeiro do antigo, só por minha causa. Nem pense nisso.

WERNER – Isso eu teria feito também, sim. Mas precisamente só queria vos dar graças por vossa amabilidade em ter guardado os cem Louisdor. Just os devolveu a mim. Seria ainda melhor para mim, no entanto, se vós pudésseis guardá-los por mais tempo. Mas mudastes para um alojamento que nem vós, nem eu conhecemos direito. Quem sabe como a coisa vai andar por lá. Ali eles poderiam vos ser roubados, e teríeis de restituí-los a mim, não haveria outro remédio. Ou seja, realmente não posso cedê-los a vós.

VON TELLHEIM *(Sorrindo.)* – Desde quando és tão precavido, Werner?

WERNER – Com o tempo se aprende. Hoje em dia, nunca se é precavido o suficiente com o próprio dinheiro... Por outro lado, trago um recado para vós, senhor major. É da viúva do capitão Marloff, venho precisamente de sua casa. Seu marido ficou vos devendo quatrocentos táleres... Aqui ela vos manda cem ducados de adiantamento. O restante ela vos enviará na próxima semana. Eu mesmo tenho um pouco de culpa por não vos mandar ela a soma inteira, já que a mim também devia uns oitenta táleres, e por ter pensado que eu havia ido para reclamá-los... como de fato reconheço que fui... deu-os a mim e os sacou precisamente do rolinho que havia preparado para vós... Vós podeis precisar mais facilmente de vossos cem táleres em uma semana do que eu do meu punhado de tostões. Tomai-os! *(Estende-lhe o rolo de ducados.)*

VON TELLHEIM – Werner!

WERNER – Pois não? Por que me olhais com tanta dureza? Tomai-os, então, senhor major!

VON TELLHEIM – Werner!

WERNER – Que vos falta? Que vos incomoda?

VON TELLHEIM *(Amargo, dando-se uma palmada na fronte e batendo com o pé no chão.)* – Que não sejam... os quatrocentos táleres inteiros.

WERNER – Pois bem, pois bem, major! Não me entendestes, então?

VON TELLHEIM – É precisamente porque vos entendi bem! Que as melhores pessoas tenham de, justamente hoje, torturar-me tanto assim!

WERNER – Que estais querendo dizer?

VON TELLHEIM – A vós só corresponde a metade do que eu disse! Ide, Werner! *(Enquanto afasta com violência a mão com a qual Werner lhe estendia os ducados.)*

WERNER – Logo que conseguir me livrar disso!

VON TELLHEIM – Werner, e se eu te dissesse que a viúva de Marloff veio esta manhã ter comigo?

WERNER – Ah, sim?

VON TELLHEIM – Que já não me deve mais nada?

WERNER – Realmente?

VON TELLHEIM – Que me pagou até o último cêntimo? O que dirias disso?

WERNER *(Que reflete por um momento.)* – Diria que menti e que isso de mentir é uma cachorrada, pela qual se pode ser pego em flagrante.

VON TELLHEIM – E te envergonharias?

WERNER – Mas e aquele que me obriga a mentir assim, o que aconteceria com ele? Não deveria se envergonhar também? Vede, senhor major, se eu vos dissesse que vosso comportamento não me aborrece teria mentido mais uma vez, e não quero mais mentir...

VON TELLHEIM – Não te aborreças, Werner! Reconheço teu coração e teu amor para comigo. Mas não preciso do teu dinheiro.

WERNER – Não precisais dele? E preferis vender, preferis penhorar vossas coisas e vos empenhais, vós mesmo, em chegar à boca do povo?

VON TELLHEIM – As pessoas podem bem saber que eu já não tenho mais nada. Não se deve querer aparentar ser mais rico do que se é de verdade.

WERNER – Mas por que mais pobre? Enquanto nosso amigo tiver, teremos.

VON TELLHEIM – Não é conveniente que eu seja teu devedor.

WERNER – Não é conveniente? Quando, em um dia quente, que o sol e o inimigo faziam ser ainda mais quente, vosso lacaio havia se extraviado com os cantis, e vós viestes a mim e dissestes: "Werner, não tens nada para beber?" e eu vos alcancei meu cantil, não é verdade que vós o aceitastes e bebestes? Isso era conveniente? Por minha pobre alma, se um trago daquela água podre não tinha muito mais valor que toda essa bobagem *(enquanto saca a bolsa com os Louisdor e a dá junto com a outra.)* Tomai, major. Imaginai que seja apenas água. Também isso Deus criou para todos.

VON TELLHEIM – Tu me martirizas. Já te disse que não quero ser teu devedor.

WERNER – Antes não era conveniente, agora não quereis? Sim, isso é bem outra coisa. *(Algo incomodado.)* Não quereis ser meu devedor? E se já o fôsseis, senhor major? Ou não deveis nada ao homem que uma vez aparou o golpe que deveria partir vossa cabeça, e outra vez separou do tronco o braço que estava a ponto de disparar a bala que teria vos atravessado o peito? Que mais poderíeis dever a esse homem? Ou meu pescoço é menos importante que minha bolsa? Se é assim que a coisa é, por minha pobre alma que é de muito mau gosto.

VON TELLHEIM – Com quem estás falando desse jeito, Werner? Estamos sós, agora posso dizê-lo. Se um terceiro nos ouvisse, seria uma petulância. Reconheço com prazer que por duas vezes te devo a vida. Mas, amigo, que faltaria a mim para que, em uma ocasião semelhante, tivesse feito exatamente o mesmo por ti? Hein?

WERNER – Apenas a ocasião! Quem duvidou disso, senhor major? Não vos vi arriscar cem vezes vossa vida pelo soldado mais modesto, quando ele estava em apuros?

VON TELLHEIM – Pois então?

WERNER – Mas...

VON TELLHEIM – Por que tu não me entendes? Te digo: não é conveniente que eu seja teu devedor; não quero ser teu devedor. Especialmente nas circunstâncias em que me encontro no momento.

WERNER – Então é assim! Quereis esperar por tempos melhores. Em outra ocasião, me pedireis dinheiro, quando não mais necessitareis dele, quando vós mesmo o tiverdes e eu talvez não o tiver mais.

VON TELLHEIM – Não se pode pedir emprestado quando não se sabe se um dia se poderá devolver.

WERNER – A um homem como vós não haverá de faltar para sempre.

VON TELLHEIM – Conheces o mundo! A quem menos há que se pedir dinheiro é àquele que necessita dele.

WERNER – Oh, sim, sou um desses! E para que precisaria dele? Onde um ordenança se faz necessário, também se lhe dá o necessário para viver.

VON TELLHEIM – Necessitas dele para chegar a ser algo mais que ordenança; para abrir-te um caminho mais amplo, no qual nem o mais digno pode prescindir de dinheiro.

WERNER – Ser mais do que ordenança? Nem penso nisso. Sou um bom ordenança, e facilmente poderia chegar a ser um mau chefe de esquadrão, e seguramente um general ainda pior. Temos experiências que o comprovam.

VON TELLHEIM – Não me faças pensar algo incorreto a teu respeito, Werner! Não gostei de ter ouvido o que Just me contou. Vendeste teu terreno e queres voltar a guerrear por aí. Não me faças crer que mais que o ofício, o que te agrada é a forma de vida selvagem e descuidada, o modo ao qual infelizmente a guerra está ligada. Deve-se ser soldado por sua pátria, ou por amor à causa pela qual se luta. Servir sem objetivos, hoje aqui, amanhã acolá, não é mais que andar por aí como um aprendiz de carniceiro.

WERNER – Pois, claro que sim, senhor comandante. Seguirei vosso conselho. Vós sabeis melhor do que eu o que é conveniente. Quero ficar convosco. Mas, caro major, aceitai, de qualquer forma, esse dinheiro. De um momento para outro, os vossos problemas haverão de estar resolvidos. Havereis de receber dinheiro à beça. Então o devolvereis com juros. Eu também só o estou fazendo pelos juros.

VON TELLHEIM – Cala-te sobre isso!

WERNER – Por minha pobre alma, eu só o estou fazendo por causa dos juros! E por isso eu às vezes pensava: o que se fará de ti quando fores velho? E quando tu estiveres sendo maltratado? Quando não te sobrar nada? Quando tu tiveres de mendigar? Logo voltava a me dizer que não, não irás mendigar, tu irás ter com o major Tellheim, ele irá partilhar contigo seu último cêntimo, ele te manterá até a morte, com ele poderás morrer como uma pessoa honrada.

VON TELLHEIM *(Enquanto pega a mão de Werner.)* – E agora, camarada, não pensas mais assim?

WERNER – Não, não penso mais assim. Aquele que não aceita nada de mim quando o necessita e eu o tenho, tampouco quererá me dar algo quando ele o tiver e eu o necessitar. Está bem assim! *(Quer sair.)*

VON TELLHEIM – Homem, não me faças ficar furioso! Onde queres chegar? *(Retém-no.)* Se te asseguro por minha honra que ainda tenho dinheiro; se te juro por minha honra que te direi quando não mais o tiver, que serás o primeiro e o único ao qual eu pedirei algo... estarás então satisfeito?

WERNER – E por que não haveria de estar? Fechemos o trato com um aperto de mãos, senhor major.

VON TELLHEIM – Aí está a minha, Paul! Mas agora chega disso. Eu vinha aqui para falar com uma certa menina...

OITAVA CENA

Franziska (saindo do quarto da senhorita). Von Tellheim. Paul Werner.

FRANZISKA *(Ao sair.)* – Estais ainda por aqui, senhor ordenança? *(Ao notar a presença de Tellheim.)* E vós também estais aqui, senhor major? No momento estou a vossa inteira disposição. *(Volta a entrar rapidamente no quarto.)*

NONA CENA

Von Tellheim. Paul Werner.

VON TELLHEIM – Aquela era ela! Mas eu vejo que tu já a conheces, Werner.

WERNER – Sim, eu conheço a mocinha...

VON TELLHEIM – De modo que, se é que me lembro bem, quando estive nos quartéis de inverno da Turíngia, tu não estavas comigo.

WERNER – Não, naquela ocasião eu providenciava peças de uniforme em Leipzig.

VON TELLHEIM – De onde a conheces, então?

WERNER – Nossa relação é ainda bastante nova. Nasceu apenas hoje. Mas relação recente é sempre quente.

VON TELLHEIM – De forma que também já viste sua senhoria?

WERNER – É sua senhoria uma senhorita? Ela me disse que vós conhecíeis a senhoria dela.

VON TELLHEIM – Por acaso tu não ouves bem? Da Turíngia, eu já disse.

WERNER – A senhorita é jovem?
VON TELLHEIM – Sim.
WERNER – Bonita?
VON TELLHEIM – Muito bonita.
WERNER – Rica?
VON TELLHEIM – Muito rica.
WERNER – E a senhorita vos faz tanto gosto quanto a criada? Isso seria maravilhoso.
VON TELLHEIM – Que estás querendo dizer?

DÉCIMA CENA
Franziska (que volta a sair, com uma carta na mão).

Von Tellheim. Paul Werner.

FRANZISKA – Senhor Major...
VON TELLHEIM – Querida Franziska, ainda não pude te saudar devidamente.
FRANZISKA – Mas em pensamentos já havereis de tê-lo feito. Eu sei, vós me apreciais, como eu a vós. Mas não é nada bom que atemorizeis as pessoas que vos apreciam.
WERNER *(Para si.)* – Ahá, finalmente percebo. Está certo!
VON TELLHEIM – É meu destino, Franziska! Lhe deste a carta?
FRANZISKA – Sim, e aqui a devolvo. *(Alcança-lhe a carta.)*
VON TELLHEIM – Uma resposta?
FRANZISKA – Não, vossa própria carta.
VON TELLHEIM – O quê? Ela não quer lê-la?
FRANZISKA – Ela até queria, mas... não sabemos ler muito bem um escrito.
VON TELLHEIM – Gozadora!
FRANZISKA – E nós pensamos que o ato de escrever cartas não foi inventado para os que podem se falar diretamente assim que quiserem.

VON TELLHEIM – Que pretexto! Ela tem de lê-la. Contém minha justificativa, todos os motivos e as causas...

FRANZISKA – Tudo isso ela quer ouvir de vossa própria boca, não lê-lo.

VON TELLHEIM – Ouvir de mim mesmo? Para que cada palavra, cada gesto seu me perturbe; para que eu sinta em cada um de seus olhares toda a grandeza da minha perda?

FRANZISKA – Sem compaixão! Tomai! *(Ela lhe dá a carta.)* Ela vos espera às três horas. Quer sair no coche para visitar a cidade. Quer que vós a acompanheis.

VON TELLHEIM – Acompanhá-la?

FRANZISKA – E o que vós me dareis se eu vos deixar ir completamente sós? Aí ficarei em casa.

VON TELLHEIM – Completamente sós?

FRANZISKA – Em um coche bonito e trancado.

VON TELLHEIM – Impossível!

FRANZISKA – Sim, sim, no coche o major terá de segurar a barra, ali não poderá nos escapar. É exatamente por isso que a coisa foi planejada assim. Curto e grosso, vós vindes, senhor major, e às três em ponto. Pois não? Vós queríeis falar comigo a sós. Que tendes então a me dizer? Ah, sim, não estamos sós... *(enquanto fixa os olhos em Werner.)*

VON TELLHEIM – Mas é como se estivéssemos, Franziska. No entanto, como a senhorita não leu a carta, não tenho, ainda, nada a dizer.

FRANZISKA – Então é assim? Como se estivéssemos sós? Não tendes nenhum segredo para com o senhor ordenança?

VON TELLHEIM – Não, nenhum.

FRANZISKA – De qualquer forma, me parece que deveria lhe guardar algum.

VON TELLHEIM – Como assim?

WERNER – Por que isso, mocinha?

FRANZISKA – Especialmente segredos de um certo tipo... Nos vinte dedos, senhor ordenança? *(Enquanto levanta para o alto as duas mãos com os dedos eretos).*

WERNER – Psst! Psst! Mocinha, mocinha!

VON TELLHEIM – Que significa isso?

FRANZISKA – Zás-trás e está no dedo, senhor ordenança? *(Como se pusesse um anel rapidamente.)*

VON TELLHEIM – Que há convosco?

WERNER – Mocinha, mocinha, não entendes uma brincadeira?

VON TELLHEIM – Werner, tu não terás esquecido o que te disse tantas vezes, que não se deve brincar com as mulheres a partir de determinado ponto?

WERNER – Por minha pobre alma, que posso tê-lo esquecido! Mocinha, eu peço....

FRANZISKA – Bom, se é que era brincadeira, desta vez vos perdoo.

VON TELLHEIM – Se é que devo de fato ir, Franziska, faz pelo menos com que a senhorita leia a carta antes disso. Isso me poupará o tormento de pensar outra vez e repetir coisas que eu bem preferiria esquecer. Toma, dê a carta a ela! *(Ao voltar-se com a carta nas mãos para alcançá-la a Franziska, se dá conta de que ela está aberta.)* Mas, estou vendo bem? A carta, Franziska, já está aberta.

FRANZISKA – Isso é bem possível. *(Olha-a.)* Realmente, está aberta. Quem deve tê-la aberto? Mas ler, nós realmente não a lemos, senhor major, realmente não. E tampouco queremos lê-la, uma vez que o autor virá mesmo. Vinde, sim, e sabeis de uma coisa, senhor major? Não vinde assim como estais aqui, de botas e mal penteado. É verdade que o senhor deve ser desculpado pelo fato de não pensar que iria nos encontrar. Vinde de sapatos e vos deixeis pentear de novo... Assim tendes um aspecto demasiado selvagem, demasiado prussiano!

VON TELLHEIM – Eu te agradeço, Franziska.

FRANZISKA – O senhor parece ter acampado a noite passada.

VON TELLHEIM – Pode ser que tu o adivinhaste.

FRANZISKA – Nós também nos arrumaremos logo, para depois comer. Até gostaríamos de convidar-vos para comer conosco, mas vossa presença talvez nos perturbasse. E vede, não estamos tão enamoradas a ponto de não sentir fome.

VON TELLHEIM – Eu já me vou! Franziska, prepara-a de qualquer forma um pouco, a fim de que eu não pareça desprezível ante seus e ante meus próprios olhos. Vem, Werner, tu comerás comigo.

WERNER – Aqui, na mesa desta casa? Aqui nenhum bocado me agradaria.

VON TELLHEIM – Em meu quarto.

WERNER – Sendo assim, logo vos seguirei. Só quero trocar mais uma palavra com a mocinha.

VON TELLHEIM – Isso até que não me desagrada! *(Sai.)*

DÉCIMA PRIMEIRA CENA
Paul Werner. Franziska.

FRANZISKA – Então, senhor ordenança...

WERNER – Mocinha, se eu tornar a vir devo vir também mais bem arrumado?

FRANZISKA – Venha como você quiser vir, senhor ordenança; meus olhos não terão nada contra você. Mas meus ouvidos deverão estar tanto mais alertas. Vinte dedos, e todos eles cheios de anéis! Ai, ai, ai, senhor ordenança!

WERNER – Não, mocinha. Exatamente isso eu queria ainda vos dizer: a coisa apenas me escapou assim, mas não há nada de mais nela. Com um só anel já se tem o bastante. E centenas de vezes ouvi o major dizer: tem de ser um canalha o soldado capaz de enganar uma menina! Eu também penso assim, mocinha. Podeis confiar nisso! Tenho de me mandar para ir atrás dele. Bom apetite, mocinha! *(Sai.)*

FRANZISKA – Igualmente, senhor ordenança! Creio que esse homem me agrada! *(Quando está pronta a entrar, a senhorita sai ao seu encontro.)*

DÉCIMA SEGUNDA CENA
A senhorita. Franziska.

A SENHORITA – O major já voltou a ir embora? Franziska, creio que agora torno a estar tranquila o suficiente a ponto de conseguir mantê-lo aqui.

FRANZISKA – E eu haverei de deixá-la ainda mais tranquila.

A SENHORITA – Tanto melhor! A carta dele, oh, a carta dele! Cada linha revelava o homem honrado, o homem nobre que ele é. Cada renúncia de me possuir, mais me encarecia seu amor... Ele deve ter notado que lemos sua carta. Tanto faz, contanto que venha. É certo que virá, não? Apenas me parece que há um pouco demais de orgulho no comportamento dele, Franziska. Pois não querer ter de agradecer a sua amada sua própria felicidade é orgulho, imperdoável orgulho! E se ele fizer com que eu o sinta demasiado, Franziska...

FRANZISKA – Então vós renunciaríeis a ele?

A SENHORITA – Ah, e tu com essa! Ele não te causou pena certa vez? Não, minha tontinha, por causa de um erro não se renuncia a um homem. Não, mas me ocorreu um ardil para martirizá-lo, por causa de seu orgulho, com um orgulho parecido.

FRANZISKA – Pois então deveis ficar completamente tranquila, minha senhorita, se vos voltam a ocorrer ardis.

A SENHORITA – Sim, eu de fato já estou tranquila. Podes vir. Também terás teu papel a desempenhar no que estou planejando. *(Elas entram.)*

Fim do terceiro ato

QUARTO ATO

⚜

PRIMEIRA CENA
(O cenário é o quarto da senhorita.)

A senhorita (vestida completa e ricamente, mas com apuro.) Franziska. (Ambas se levantam da mesa, que um criado está tirando.)

FRANZISKA – É impossível que já estejais satisfeita, senhorita.

A SENHORITA – Pensas assim, Franziska? Talvez eu não estivesse faminta quando me sentei.

FRANZISKA – Combinamos não mencionar o nome dele enquanto comíamos. Mas também deveríamos ter nos proposto a não pensar nele.

A SENHORITA – Certamente. Eu não pensei em nada a não ser nele.

FRANZISKA – Eu me dei conta disso. Comecei a falar de cem coisas diferentes, e a todas elas respondestes errado, trocando as coisas. *(Um outro criado traz café.)* Aí vem um alimento que facilmente pode produzir caprichos. O querido e melancólico café!

A SENHORITA – Caprichos? Isso não é um capricho. Só estou pensando na lição que quero dar a ele. Compreendeste bem o que estou querendo dizer, Franziska?

FRANZISKA – Oh, sim! Mas melhor seria se ele nos tivesse poupado de dar a lição.

A SENHORITA – Verás que eu o conheço a fundo. O homem que agora me recusa com todas as minhas riquezas haverá de correr o mundo para me conquistar assim que souber que estou infeliz e desamparada.

FRANZISKA *(Muito séria.)* – E uma coisa dessas deve fazer cócegas eternas no mais fino amor-próprio.

A SENHORITA – Que moralista! Olha só! Há pouco me apanhou em vaidade, agora em amor próprio. Pois bem, deixa-me, Franziska. Que tu também possas fazer o que queiras com teu ordenança.

FRANZISKA – Com meu ordenança?

A SENHORITA – Sim, e se o negas tão redondamente, é porque acabas de confirmá-lo. Eu ainda não o vi, mas em cada palavra que me disseste sobre ele, eu profetizo nele o teu noivo.

SEGUNDA CENA

Riccaut de la Marlinière. A senhorita. Franziska.

RICCAUT *(Ainda nos bastidores.)* – *Est-il permis, Monsieur le Major?*[11]

FRANZISKA – Mas o que é isso? Será conosco a coisa? *(Indo em direção à porta.)*

RICCAUT – *Parbleu!* Eu tô equivocadô. Mas non... Eu não tô equivocadô... *C'est sa chambre...*[12]

FRANZISKA – Com certeza, senhorita, este senhor acredita que ainda encontrará o Major von Tellheim por aqui.

RICCAUT – Ma enton é isso! *Le Major de Tellheim; juste, ma belle enfant, c'est lui que je cherche. Où est-il?*[13]

FRANZISKA – Ele não mora mais aqui.

RICCAUT – *Comment?* Ma ante de vintiquatrô horrá ele inda tava aqui. E agora não tá mais aqui? Aônd tá enton?

A SENHORITA *(Que vai até ele.)* – Meu senhor...

RICCAUT – Ah, madame... *mademoiselle*... Perdoai-me Vossexcelência...

---

[11] Em francês, no original. "Permita-me, senhor major?". (N. T.)
[12] Idem, e assim daqui por diante, todas as falas em itálico. Lógico! (...) Este é seu quarto... Quando em português, tentamos imitar o alemão macarrônico e cheio de sotaque de Riccaut. (N. T.)
[13] Justo, minha bela criança, é ele que eu procuro. Onde está? (N. T.)

A SENHORITA – Meu senhor, vosso equívoco é fácil de ser entendido e vosso assombro, muito natural. O senhor major teve a bondade de me ceder seu quarto, pois sou forasteira e não tinha onde me alojar.

RICCAUT – *Ah, voilà de ses politesses! C'est un très-galant-homme que ce Major!*[14]

A SENHORITA – Para onde se mudou... Realmente, tenho de me envergonhar por não sabê-lo.

RICCAUT – Vossexcelência non sabe? *C'est dommage; j'en suis fâché.*[15]

A SENHORITA – De qualquer forma deveria ter me informado acerca disso. Seguramente seus amigos o procurarão por aqui.

RICCAUT – Eu sô muitô su amigue, Vossexcelência...

A SENHORITA – Franziska, tu por acaso não sabes?

FRANZISKA – Não, honorável senhorita.

RICCAUT – Eu tinha que falá com ele muitô urgentê. Trouxê uma novidad parra ele, pela qual ele ia se alegrá muitô.

A SENHORITA – Então só me resta lamentar ainda mais. De qualquer forma, espero poder falar com ele, talvez em pouco tempo. Se não for importante de que boca ele receba essa boa notícia, me ofereço, meu senhor...

RICCAUT – Eu comprendô. *Mademoiselle parle français? Mais sans doute; telle que je la vois! La demande était bien impolie; Vous me pardonnerez, Mademoiselle.*[16]

A SENHORITA – Meu senhor...

RICCAUT – Non, vós non fales frrancê, Vossexcelência?

A SENHORITA – Meu senhor, na França eu até tentaria falá-lo! Mas por que aqui? Já vejo que vós me entendeis, meu senhor. E eu, meu senhor, também haverei de entendê-lo; falai como melhor vos aprouver.

---

[14] Ah, sempre polido! É um homem muito gentil este major! (N. T.)
[15] É pena, isto me deixa desconsolado. (N. T.)
[16] A senhorita fala francês? Mas, sem dúvida, não poderia ser diferente! O pedido é bem indelicado; vós me perdoareis, senhorita. (N. T.)

RICCAUT – Boom, booom! Também podo me ekspressar em alemon. *Sachez donc, Mademoiselle...*[17] Vossexcelência deve saber, pois, que eu cabo de vir da mesa do ministrô... do ministrô de... ministrô de... como se chama o ministrô de aqui? Lá de estrada comprida? Na praça larga?

A SENHORITA – Eu ainda não conheço nada por aqui.

RICCAUT – Bem, a ministrô do departamento de Guerra. Foi ali que eu almocei de tarde. Aliás eu almoço *à l'ordinaire* com ele, e foi enton que chegamo a falar do major de Tellheim; *et le Ministre m'a dit en confidence, car Son Excellence est de mes amis, et il n' y a point de mystéres entre nous...*[18] Sua Excelência, quero dizer, me confiô que a queston de nosso comandanta está em pontô de acabar, e acabar bem. Ele disse que fez um envio ao rei, e o rei tomô uma resolvida diante disso, *tout-à-fait en faveur du Major. Monsieur, m'a dit Son Excellence, Vous comprenez bien, que tout depend de la manière, dont on fait envisager les choses au Roi, et Vous me connaissez. Cela fait un très-joli garçon que ce Tellheim et ne sais-je pas que Vous l'aimes? Les amis de mes amis sont aussi les miens. Il coute un peu cher au Roi ce Tellheim, mais est-ce que l'on sert les Rois pour rien? Il faut s'entr'aider en ce monde; et quand il s'agit de pertes, que ce soit le Roi, qui en fasse, et non pas un honnêt-homme de nous autres. Voilà le principe, dont je ne me dépars jamais...* Que pensa Vossexcelência disso? *Non é verdadê*, que é um homem bravô? *Ah que Son Excellence a le coeur bien placé!*[19] Por certo me assegurô

---

[17] Saiba, portanto, senhorita... (N. do T).

[18] E o ministro me disse confidencialmente, porque sua excelência é um de meus amigos, e não existe nenhum segredo entre nós... (N. T.)

[19] Inteiramente em favor do major. Senhor, me disse Sua Excelência, vós compreendeis bem que tudo depende da maneira como se faz o rei considerar as coisas, e vós me conheceis. Isso faz deste Tellheim um rapaz muito interessante, e eu nem sei se vós o amais? Os amigos de meus amigos são também meus amigos. Custa um pouco caro ao rei este Tellheim, mas por acaso os reis são servidos para nada? É necessário ajudar-se mutuamente neste mundo; e quando se trata de perdas, que seja o rei que as reponha, e não um cidadão como nós. Eis aqui o princípio do qual não quero abdicar jamais. (...) Ah, Sua Excelência tem de fato um bom coração! (N. T.)

de que se o major já não recebeu una *Lettre de la main*... una cédula real, que hoje ele *infailliblement* receberá uma.

A SENHORITA – Certamente, meu senhor, essa notícia haverá de ser sumamente agradável ao major von Tellheim. Eu apenas desejaria poder dizer-lhe o nome do amigo que tanto se interessa por sua felicidade...

RICCAUT – Meu nome desejá Vossexcelência sabê? *Vous voyez en moi...* Vossexcelência vê em mim le Chevalier Riccaut de la Marlinière, *Seigneur de Pret-au-vol, de la Branche de Prensd'or.* Vossexcelência fica surpresa escutar que sou de une ton grandê, grandê família, *qui est veritablement du sang Royal. Il faut le dire; je suis sans doute le Cadet le plus aventureux, que la maison a jamais eu.* Já sirvo desde meus onze anos. Um *Affaire d'honneur* me fez voar. Desde enton servi a Sua Santidadê o papá, à República de San Marinô, à Coroa da Polônia e ao governô dos Países Baixos, até que fui transladadô para aqui. Ah, Mademoiselle, *que je le voudrais n'avoir jamais vu ce pays-là!*[20] Se me tivessem deixadô a servir o governo dos Países Baixos, eu seriá hoje pelo menos coronel. Mas aqui fiquei sempre e para sempre Capiton, e o pior é que hoje sou um capiton da reservá...

A SENHORITA – Isso é muita falta de sorte.

RICCAUT – *Oui, Mademoisellle, me voilà reformé, et par-là mis sur le pavé!*[21]

A SENHORITA – Eu lamento muito.

RICCAUT – *Vous êtes bien bonne, Mademoiselle...* Non, qui non se reconhece os méritôs de ninguém. Um homem como meu, já na reservá! Um homem que ainda se arruinô nesse serviço. Perdi bem mais que vinte mil librás. E agorá, que me sobrô? *Tranchons le mot; je l'ai pas le sou, et me voilà exactement vis-à-vis du rien...*[22]

---

[20] Vós vedes em mim... (...) o cavaleiro Riccault de la Marlinière, Senhor de Pret-au-vol, do ramo de Prensd'or. (...) que é verdadeiramente de sangue real. É necessário dizê-lo; eu sou sem dúvida o cadete mais aventuroso que o quartel jamais teve... (...) Ah, senhorita, eu desejaria não ter visto jamais aquele país! (N. T.)

[21] Sim, senhorita, eis-me aqui na reforma, aqui posto na rua! (N. T.)

[22] Vós sois muito boa, senhorita... (...) Questão resolvida, sem soldo e frente a frente com o nada. (N. T.)

A SENHORITA – É inimaginável como o sinto.

RICCAUT – *Vous êtes bien bonne, Mademoiselle.* Mas é como se diz, uma desgraça nunca vem só; *qu'un malheur ne vient jamais seul:* e assim foi comigô. Que outro recursô resta a um *Honnêt-homme* de minha categoriá, senon o jogo? Pois bem, eu sempre tive a sort do meu ladô no jogô, quando não precisavá dela. E agora que necessitavá dela, *Mademoiselle, je joue avec un guignon, qui surpasse toute croyance.* Desde faz quinze dias non passou um que não me ganharám todas as apostas. Ainda ontem me ganharám treis vezes. *Je sais bien, qu'il y avoit quelque chose de plus que le jeu. Car parmi mes pontes se trouvoient certaines Dames...* Non quero segui falandô disso... A gente tem de ser galantê com as damas. Também hoje me convidarám para me conceder a revanchê; mais... *Vous m'entendez, Mademoiselle...*²³ primero tem de se sabê de que vivê; antes de ter alguma coisa para se jogá...

A SENHORITA – Não espero, meu senhor, que...

RICCAUT – *Vous êtes bien bonne, Mademoiselle...*

A SENHORITA (*Levando Franziska para o lado.*) – Franziska, a sério que esse homem me causa pena. Crês que ele levaria a mal se eu lhe oferecesse algo?

FRANZISKA – Não me parece ser do seu feitio.

A SENHORITA – Bom! Meu senhor... Eu ouço que vós jogais, que levais a banca, sem dúvida em lugares em que há alguma coisa a ganhar. Tenho de vos confessar que eu... também aprecio muito o jogo...

RICCAUT – *Tant mieux, Mademoiselle, tant mieux! Tous les gens d'esprit aiment le jeu à la fureur.*²⁴

A SENHORITA – Que me faz muito gosto ganhar e que me faz gosto apostar meu dinheiro com um homem que... saiba jogar. Estaríeis

---

²³ Vós sois muito boa, senhorita. (...) uma desgraça nunca vem só (...) eu jogo com um azar que ultrapassa qualquer crença. (...) Eu seis bem, que havia qualquer coisa a mais que o jogo. Pois entre meus pontos se encontravam algumas damas... (...) vós me entendeis, senhorita (...). (N. T.)

²⁴ Tanto melhor, senhorita, tanto melhor! Todas as pessoas de espírito amam o jogo impetuosamente. (N. T.)

disposto, meu senhor, a me levar em vossa companhia? Me concederíeis uma parte em sua banca?

RICCAUT – *Comment, Mademoiselle, Vous voulez être de moitié avec moi? De tout mon coeur.*[25]

A SENHORITA – Para começar, só com um pouquinho... *(Vai e saca dinheiro de seu pequeno cofre.)*

RICCAUT – *Ah, Mademoiselle, que vous êtes charmante!*[26]

A SENHORITA – Aqui eu tenho aquilo que, não faz muito, ganhei no jogo; dez dobrões de ouro... Deveria me envergonhar, é tão pouco...

RICCAUT – *Donnez toujours, Mademoiselle, donnez.*[27] *(Pega-os.)*

A SENHORITA – É fora de dúvida que sua banca, meu senhor, seja muito respeitável...

RICCAUT – Mas é clarô, muito respeitável. Dez dobrãos? Vossexcelência tem participaçon de um terçô na minha bancá, *pour les tiers*. Realmente para um terço deveria ser... um poco mais. Mas com ton belá damá, não se pode levar as coisas tão assim, tintim por tintim. Me congratulô de que com isto tenha encontradô uma *liaison* com Vossexcelência, *et de ce moment je recommence à bien augurer de ma fortune.*[28]

A SENHORITA – Porém não poderei estar presente quando jogardes, meu senhor.

RICCAUT – Mas por que teriá de vossexcelência estar presentê? Nós os jogadorês somos pessoa honrada entre nós.

A SENHORITA – Se tivermos sorte, meu senhor, haverá de me trazer a minha parte. Mas se tivermos azar...

RICCAUT – Então venhô buscar os reforçô. Non é verdade, Vossexcelência?

A SENHORITA – Ao longo do tempo pode ser que faltem os reforços. Defendei, portanto, o nosso dinheiro, meu senhor.

---

[25] Como, senhorita, vós quereis tomar parte no meu jogo? De todo meu coração. (N. T.)
[26] Ah, senhorita, como vós sois encantadora! (N. T.)
[27] Dê-o sempre, senhorita, sempre. (N. T.)
[28] E deste momento em diante, recomeçam os bons augúrios de minha fortuna. (N. T.)

RICCAUT – Por que me toma enton Vossexcelência? Por um ingênuo? Por um tontô?

A SENHORITA – Perdoai-me....

RICCAUT – *Je suis des Bons, Mademoisele. Savez-vous ce que cela veut dire?*[29] Eu sou dos entendidos...

A SENHORITA – Mas de qualquer forma, meu senhor...

RICCAUT – *Je sais monteur un coup...*[30]

A SENHORITA (*Estranhada.*) – Seríeis capaz?

RICCAUT – *Je file la carte avec une adresse...*[31]

A SENHORITA – Oh, nunca!

RICCAUT – *Je fais sauter la coupe avec une dextérité...*[32]

A SENHORITA – Não o faríeis de fato, meu senhor?

RICCAUT – O que, non? Vossexcelência, o que non? *Donnez-moi un pigeonneau à plumer, et...*[33]

A SENHORITA – Jogar sujo? Enganar?

RICCAUT – *Comment, Mademoiselle? Vous appellez cela* enganar*? Corriger la fortune, l'enchaîner sous ses doigts, être sûr de son fait,*[34] a isso chamam os alemãos de enganá? Enganá! Oh, como a línguá alemã é uma língua pobrê! Uma línguá tosca!

A SENHORITA – Não, meu senhor, se vós pensais assim...

RICCAUT – *Laissez-moi faire, Mademoiselle,* e fique tranquila! Que vos importa como eu vô jogá? Basta, ou venho amanhã com cem dobrão de orô, ou não me verá nunca jamais... *Votre très-humble, Mademoiselle, votre très-humble...* [35](*Se vai rapidamente.*)

A SENHORITA (*Seguindo-o com a vista, sobressaltada e desgostosa.*) – Desejo que aconteça o último, meu senhor, o último!

---

[29] Eu sou dos bons, senhorita (...) Vós sabeis o que eu estou dizendo, não? (N. T.)
[30] Eu sei enganar bem... (N. T.)
[31] Eu jogo com cartas marcadas... (N. T.)
[32] Eu sei fazer as coisas com uma destreza... (N. T.)
[33] Dê-me um borracho para depenar, e... (N. T.)
[34] Como, senhorita? Vós chamais isso de (...). Corrigir a fortuna, acorrentar seus dedos, estar seguro de sua ação, (...). (N. T.)
[35] Deixai-me fazer, senhorita (...) Vosso humilde criado, senhorita, vosso humilde criado. (N. T.)

TERCEIRA CENA
A senhorita. Franziska.

FRANZISKA *(Amargurada.)* – Posso falar alguma coisa agora? Que bonito! Que bonito!

A SENHORITA – Pode fazer chacotas, eu as mereço. *(Depois de um pouco de reflexão, um pouco mais tranquila.)* Não faça chacotas, não, Franziska. Não as mereço.

FRANZISKA – Magnífico! Fizestes algo soberbamente encantador. Ajudastes um ladrãozinho a se levantar.

A SENHORITA – Eu pensei que era um infeliz.

FRANZISKA – E o que é melhor nisso tudo: o tipo vos considera como a uma de suas iguais. Oh, tenho de ir atrás dele e tirar-lhe o dinheiro novamente. *(Quer ir embora.)*

A SENHORITA – Franziska, não deixe o café ficar completamente frio; sirva-o.

FRANZISKA – Ele tem de vos devolver o dinheiro. Vós refletiste e já não quereis mais jogar em sociedade com ele. Dez dobrões de ouro! Vós já ouvistes, senhorita, que ele era mendigo! *(Enquanto isso, a senhorita serve-se sozinha...)* Quem poderia dar tanto a um mendigo? E ainda tentar poupá-lo da humilhação de pedir? Ao caritativo que por generosidade ignora o mendigo, o mendigo por sua vez também ignora. E estará bem empregado, senhorita, se ele toma seu donativo, e eu não sei bem para quê. *(... E estende uma xícara para Franziska.)* Quereis fazer ferver o meu sangue ainda mais? Não tenho vontade de tomá-lo. *(A senhorita volta a deixar a xícara de lado.)* ... "*Parbleau*, Vossexcelência, aqui non se reconhecê os méritô de ninguém." *(No tom do francês.)* Naturalmente que não se deixa que os ladrõezinhos circulem assim no mais por aí.

A SENHORITA *(Fria e reflexiva, enquanto bebe o café.)* – Menina, tu entendes tão bem de boas pessoas; mas quando haverás de aprender a suportar as más? Elas também ainda são pessoas... e muitas vezes não são nem de longe pessoas tão más quanto aparentam... Só temos de procurar seu lado bom... Eu imagino, cá comigo, que esse francês não é nada a não ser vaidoso. Unicamente por vaidade se apresenta como um jogador trapaceiro; não quer demonstrar que está ligado a mim; quer poupar-se de me agradecer. Talvez ele apenas vá, pague suas pequenas dívidas, e viva do resto tranquila e sobriamente, enquanto dure, sem pensar no jogo. E se for assim, Franziska, deixa que venha buscar reforços, se quiser. *(Lhe dá a xícara.)* Toma, pega-a!... Mas diga-me, Tellheim já não deveria estar aqui?

FRANZISKA – Não, honorável senhorita, não posso fazer nenhuma das duas coisas. Nem procurar o lado bom de uma pessoa má, nem o lado mau de uma pessoa boa.

A SENHORITA – É certo que ele virá, não?

FRANZISKA – Melhor seria que não viesse! Só porque vê nele, justo nele, o melhor homem do mundo, um pouco de orgulho, quereis lhe aprontar uma brincadeira tão pesada?

A SENHORITA – E tu vens outra vez com essas coisas? Cala-te, eu quero fazer tudo exatamente como disse. E tu não haverás de me estragar o prazer; tu farás e dirás exatamente o que nós o combinamos! Já te deixarei logo a sós com ele, e então... Mas agora parece que ele está vindo.

QUARTA CENA

Paul Werner (que entra, mantendo uma postura severa, como se estivesse a serviço.)

A senhorita. Franziska.

FRANZISKA – Não, é apenas seu querido ordenança.

A SENHORITA – Querido ordenança? E a quem se refere esse querido?

FRANZISKA – Honorável senhorita, não desconcertai esse homem diante de mim. A vosso inteiro dispor, senhor ordenança; que trazeis para nós?

WERNER *(Vai até a senhorita, sem dar atenção a Franziska.)* – O major von Tellheim apresenta, através de mim, o ordenança Werner, seu súdito respeito à senhorita von Barnhelm, e anuncia que estará aqui em seguida.

A SENHORITA – Onde está ele?

WERNER – Vossa Excelência haverá de perdoar. Já antes de bater as três horas saímos do alojamento, mas no caminho nos encontramos com o contador militar e, já que entre esses senhores a conversa não acaba nunca, o comandante me deu um sinal para que viesse informar à senhorita o sucedido.

A SENHORITA – Muito bem, senhor ordenança. Espero apenas que o chefe da contabilidade tenha algo agradável a dizer ao major.

WERNER – Raras vezes estes senhores têm algo agradável a dizer a seus oficiais. Tem Vossa Excelência algo a ordenar? *(Com a intenção de retirar-se.)*

FRANZISKA – Mas para onde já quer ir novamente, senhor ordenança? Não teríamos nada a conversar, nós dois?

WERNER *(Com calma e seriedade para Franziska.)* – Não aqui, mocinha. É contra o respeito, contra as leis da subordinação. Senhorita...

A SENHORITA – Eu agradeço sua diligência, senhor ordenança. Prezei muito em conhecê-lo. Franziska me falou muito bem de vós. *(Werner faz uma reverência cerimoniosa, e sai.)*

QUINTA CENA
A senhorita. Franziska.

A SENHORITA – Então é esse o teu ordenança, Franziska?

FRANZISKA – Em razão de teu tom chacoteador, não tenho tempo de discutir novamente esse "teu"... Sim, honorável senhorita, é esse o meu ordenança. Vós o achais, sem dúvida, um pouco rígido e seco. A mim ele agora também pareceu assim. Mas ele já me explicou que acreditava que, diante de Vossa Excelência, tinha de se comportar como em um desfile. E quando os soldados desfilam... realmente parecem mais bonecos de madeira do que homens. Mas vós deveríeis vê-lo e ouvi-lo quando está bem a seu gosto.

A SENHORITA – Pois creio que deveria vê-lo assim!

FRANZISKA – Mas ele ainda estará nesta sala. Não posso ir e falar um pouco com ele?

A SENHORITA – Sinto ter de te privar desse prazer. Tu tens de ficar aqui, Franziska. Tens de estar presente em nossa entrevista. E me ocorre ainda uma coisa. *(Ela tira o anel de seu dedo.)* Aqui, toma meu anel, guarda-o e me dá o do comandante.

FRANZISKA – Por que isso?

A SENHORITA *(Enquanto Franziska vai buscar o outro anel.)* – Nem eu mesma o sei muito bem, mas parece que adivinho em que ocasião poderei utilizá-lo. Alguém bate... Rápido, dá-o aqui! *(Ela o enfia no dedo.)* É ele!

SEXTA CENA

Von Tellheim (nas mesmas roupas, mas, afora isso, exatamente como Franziska havia solicitado.) A senhorita. Franziska.

VON TELLHEIM – Senhorita, vós havereis de perdoar minha demora...

A SENHORITA – Oh, senhor major, entre, nós não veremos as coisas assim tão militarmente. Vós estais aqui! E esperar um prazer, também é um prazer... E então? *(Enquanto olha sorrindo para seu rosto.)* Querido Tellheim, não fomos crianças há pouco?

VON TELLHEIM – Sim, é verdade, crianças, senhorita. Crianças que se trancam onde deveriam seguir livres.

A SENHORITA – Mas agora vamos passear, querido major... olhar um pouco a cidade, e depois encontrar meu tio.

VON TELLHEIM – Como?

A SENHORITA – Vede, ainda não pudemos nos dizer nem o mais importante um ao outro. Sim, ainda hoje meu tio chegará aqui. É culpa de um acaso que eu tenha chegado um dia antes, e sem ele.

VON TELLHEIM – O conde von Bruchsall? Ele está de volta?

A SENHORITA – As desordens da guerra o afugentaram para a Itália, a paz o trouxe de volta. Não vos preocupeis com isso, Tellheim. Já faz tempo que superamos o maior obstáculo à nossa relação da parte dele...

VON TELLHEIM – Nossa relação?

A SENHORITA – Ele é vosso amigo. Já ouviu muita, muita coisa boa sobre vós de muitas pessoas para não sê-lo. Na verdade, queima por conhecer pessoalmente o homem eleito por sua única herdeira. Vem como tio, como tutor e como pai para me entregar a vós.

VON TELLHEIM – Ah, senhorita, por que não lestes minha carta? Por que não a quisestes ler?

A SENHORITA – Vossa carta? Sim, eu me lembro, vós me mandastes uma. Mas que é feito dessa carta, Franziska? Nós a lemos, ou não a lemos? Que vós me escrevestes então, querido Tellheim?

VON TELLHEIM – Nada mais do que a minha honra ordenou.

A SENHORITA – Ou seja, não deixar plantada a uma moça honrada que vos ama. Normalmente é isso o que ordena a honra. Claro, eu deveria ter lido vossa carta. Mas o que eu não li, poderei ouvir agora, não?

VON TELLHEIM – Sim, vós o ouvireis...

A SENHORITA – Não, nem sequer preciso ouvi-lo. É evidente. Seríeis capazes de cometer uma brincadeira tão horrível como a de não me querer mais? Sabeis que eu seria insultada pelo resto de minha vida? Minhas conterrâneas me apontariam o dedo. "Essa é aquela", diriam, "aquela senhorita von Barnhelm que imaginava, só por ser rica, conseguir casar com o brioso Tellheim: como se os homens briosos pudessem ser conseguidos à custa de dinheiro!" É o que diriam, pois todas minhas conterrâneas me invejam. Que eu seja rica, elas não podem negar; mas não querem nem saber que, afora isso, eu sou uma moça muito boa, digna de seu homem. Não é verdade, Tellheim?

VON TELLHEIM – Sim, sim, senhorita... Conheço vossas conterrâneas. Com certeza vos invejariam um oficial da reserva, manchado em sua honra, um mutilado, um pedinte.

A SENHORITA – E vós sois, por acaso, tudo isso? Se não me engano, ouvi algo parecido ainda hoje ao meio-dia. É uma mescla de coisas boas e ruins. Vamos estudá-las mais detidamente, cada uma em separado. Vós dissestes que fostes despedido? Foi isso o que ouvi. Eu acreditava que vosso regimento só havia sido dividido entre outros regimentos. O que sucedeu para que não hajam mantido um homem de vosso merecimento com eles?

VON TELLHEIM – Sucedeu o que tinha de ter sucedido. Os do alto comando se convenceram de que um soldado faz muito pouco por vocação e não muito mais por obrigação, mas que tudo faz por sua própria honra. Que podem então crer que lhe devem? A paz lhes permitiu prescindir de vários iguais a mim; e, ao final das contas, ninguém lhes é, de fato, imprescindível.

A SENHORITA – Vós falais como um homem para quem os do alto comando são, da mesma forma, prescindíveis deve falar. E nunca o foram tanto quanto agora. Asseguro ao alto comando meus mais elevados agradecimentos por ter renunciado a seus direitos sobre um homem que eu muito a contragosto teria compartilhado com eles. Eu sou vossa soberana, Tellheim, e não precisais mais de nenhum outro senhor. Encontrá-lo na reserva é uma fortuna com a qual eu sequer me permitia sonhar! Mas vós não estais apenas na reserva. Vós sois ainda algo mais. Que mais vós sois? Um mutilado, dissestes? Pois bem *(enquanto o observa de cima a baixo)*, o mutilado até que ainda está bem inteirinho e conservado; aparenta estar bastante são e forte... Querido Tellheim, se pensais em ir esmolar pela perda de vossos membros sãos, eu profetizo desde logo que pouquíssimas portas se abrirão para vos dar algo, à exceção das portas de meninas de bom coração como eu.

VON TELLHEIM – Agora só ouço a moça petulante, querida Minna.

A SENHORITA – E de sua repreensão eu ouço apenas a "querida Minna"... Não quero seguir sendo petulante. Pois recordo que vós sois realmente um pequeno mutilado. Um tiro fez vosso braço direito ficar um pouco paralisado. Mas, se pesarmos bem as coisas, nem isso é assim tão ruim. Tanto mais segura eu ficarei diante de vossas pancadas.

VON TELLHEIM – Senhorita!

A SENHORITA – Quereis falar; ainda menos seguros vós estareis diante das minhas. Bem, bem, Tellheim, tenho esperança de que não deixareis a coisa chegar a tal ponto.

VON TELLHEIM – Vós quereis rir, minha senhorita. Só lamento que eu não possa vos acompanhar no riso.

A SENHORITA – Por que não? Que tendes contra o riso? Não se pode por acaso ser muito sério quando se está rindo? Querido major, o riso nos mantém mais razoáveis do que a aflição.[36] A prova está diante de nós. Vossa risonha namorada analisa vossa situação muito melhor do que vós mesmos. Por estardes na reserva, considerai-vos ofendido na honra; porque levastes um tiro no braço, fazei-vos de mutilado. E isso é correto? Não é exagero uma coisa dessas? Acaso é culpa minha que todos os exageros sejam adequados à ridicularização? Aposto que se agora examinasse o mendigo que vós afirmais ser, tampouco esse defeito aguentaria o tranco. Vós talvez perdestes vossos apetrechos uma, duas, ou até três vezes. Também com este ou aquele banqueiro aconteceu de verem seu capital diminuído. É possível que não exista esperança de perceberdes alguns dos benefícios que vos correspondiam por vosso serviço, mas só por isso seríeis um mendigo? Mesmo que não vos tivesse sobrado nada mais do que meu tio vos traz...

VON TELLHEIM – Vosso tio, senhorita, não trará nada para mim.

---

[36] Tese que aparece, quase *ipsis litteris*, em *Hamburgische Dramaturgie* (Dramaturgia Hamburguesa), evidenciando uma vez mais que Lessing realizava na prática o que estipulava em teoria. (N. T.)

A SENHORITA – Nada, a não ser os dois mil dobrões de ouro que vós tão magnanimamente antecipastes a nossas corporações.

VON TELLHEIM – Se apenas tivésseis lido minha carta, senhorita!

A SENHORITA – Pois bem, eu a li. Mas o que li a respeito desse ponto é para mim um verdadeiro enigma. É impossível que alguém pretenda converter em delito vossa nobre ação. Esclarecei-me de uma vez por todas, querido major...

VON TELLHEIM – Vós vos recordais, senhorita, que eu tinha ordens de arrecadar os tributos das circunscrições de vossa região com o maior rigor. Eu queria me poupar desse rigor e adiantei a quantidade que faltava...

A SENHORITA – Sim, eu o recordo perfeitamente. Eu vos amei por esse ato, mesmo antes de vos ter visto.

VON TELLHEIM – As corporações me entregaram um documento de crédito que, ao firmar-se a paz, eu queria fazer registrar na lista de dívidas de guerra. O documento foi reconhecido como válido, mas se discutiu a minha propriedade sobre ele. Torceram os beiços ironicamente quando eu assegurei que havia adiantado a soma em metal. Foi considerado como um suborno, como uma recompensa das corporações, porque eu havia acedido tão rapidamente a baixar os tributos ao mínimo que eu estava autorizado, porém apenas em caso de extrema necessidade. Dessa forma, o documento saiu de minhas mãos, e, se ele for pago, certamente não é a mim que será pago. Por isso, minha senhorita, considero manchada minha honra. Não pela reserva, que eu até teria solicitado se não ma tivessem dado. Vós estais tão séria, minha senhorita? Por que não rides? Rá, rá, rá! Agora sou eu quem rio.

A SENHORITA – Oh, engoli esse riso, Tellheim! Eu vos rogo! É o riso mais terrível da misantropia! Não, vós não sois esse homem que se arrepende de uma boa ação, porque ela tem más consequências para ele. Não, não é possível que estas más consequências possam durar. A verdade deve vir à tona. O testemunho de meu tio, de todas as nossas corporações...

VON TELLHEIM – De vosso tio! De vossas corporações! Rá, rá, rá!

A SENHORITA – Vosso riso me mata, Tellheim! Se vós acreditais na virtude e na previdência, Tellheim, não rides assim! Nunca ouvi uma blasfêmia tão horrível quanto esse riso... Vamos supor o pior. Se aqui não se quer reconhecer de nenhum modo vosso valor, junto de nós ninguém o desconhece. Não, nós não podemos e nem haveremos de desconhecê-lo, Tellheim. E se é que nossas corporações têm um mínimo sentido da honra, sei desde logo o que hão de fazer. Mas eu não estou me mostrando inteligente, por que isso seria necessário? Imaginai, Tellheim, que perdestes os dois mil dobrões de ouro em uma noite desgraçada. O rei foi uma carta desafortunada para vós: a dama *(apontando para si)* vos será tanto mais favorável. A previdência, acreditai em mim, conserva sempre indene ao homem honrado, e amiúde já por antecipação. A ação, que vos fez perder os dois mil dobrões de ouro, foi a mesma que me ganhou para vós. Sem essa ação, nunca haveria ansiado por vos conhecer. Vós recordareis que fui, sem haver sido convidada, à primeira festa da sociedade na qual acreditava poder vos encontrar. E fui unicamente por vós. Fui com o firme propósito de vos amar – porém já vos amava! – com o firme propósito de vos possuir, mesmo que vos encontrasse tão feio e negro como o mouro de Veneza. E vós não sois tão negro e feio, e tampouco sereis tão zeloso. Mas Tellheim, Tellheim... Vós ainda tendes muitas semelhanças com ele! Oh, os homens indômitos e inflexíveis, cujo olhar fixo não se aparta do fantasma da honra! Que se endurecem para qualquer outro sentimento! Para aqui, vossos olhos! Sobre mim, Tellheim! *(Que até agora olhava, absorto e imóvel, com os olhos fixos sempre em um mesmo lugar.)* Em que vós pensais? Não estais me ouvindo?

VON TELLHEIM *(Distraído.)* – Oh, sim! Porém dizei-me, minha senhorita, como foi que entrou o mouro a serviço de Veneza? Não tinha pátria, o mouro? Por que alugou seu braço e seu sangue a um Estado estrangeiro?

A SENHORITA *(Assustada.)* – Onde chegastes, Tellheim? Pois bem, é hora de mudar de assunto... Vinde! *(Pegando o pela mão.)* Franziska, manda vir o coche.

VON TELLHEIM *(Que se solta da senhorita e vai atrás de Franziska.)* – Não, Franziska. Não posso ter a honra de acompanhar a senhorita. Minha senhorita, deixai-me ainda hoje em meu são juízo e permiti que me retire. Estais a ponto de me fazer perdê-lo. Me controlo tanto quanto posso... Mas apenas porque ainda estou em meu juízo: escutai, senhorita, o que decidi firmemente e do que nada no mundo poderá me dissuadir... A não ser que esteja preparado para mim um golpe decisivo de sorte no jogo, a não ser que se vire definitivamente a página, a não ser...

A SENHORITA – Tenho de vos cortar a palavra, senhor major. Devíamos tê-lo dito logo a ele, Franziska. Tu, também, não és capaz de me lembrar de nada. Nossa conversa teria sido bem diferente, Tellheim, se eu tivesse começado com a boa notícia que há pouco vos trouxe o Cavaleiro de la Marlinière.

VON TELLHEIM – O Cavaleiro de la Marlinière? Quem é ele?

FRANZISKA – Parece um homem bastante bom, senhor major, unicamente...

A SENHORITA – Cala-te, Franziska! É igualmente um oficial da reserva que esteve a serviço da Holanda e...

VON TELLHEIM – Ahá! O tenente Riccaut!

A SENHORITA – Ele assegurou que é vosso amigo...

VON TELLHEIM – Eu asseguro que não sou amigo dele.

A SENHORITA – E que não sei que ministro lhe confiou que vossa questão está a ponto de ser resolvida da forma mais venturosa. E que já deve estar a caminho uma cédula real endereçada a vós...

VON TELLHEIM – Como se reuniriam Riccaut e um ministro? Realmente deve ter sucedido algo com meu assunto, pois o chefe da contabilidade acaba de me dizer que o rei anulou tudo o que já havia sido tramitado contra mim e eu poderia retirar minha palavra de honra, dada por escrito, de que não me iria daqui até que não me houvessem livrado totalmente da culpa. Mas isso também haverá de ser tudo. Querem me fazer marchar. Mas se equivocam, não irei. Antes deverá me consumir por aqui a miséria mais absoluta, ante os olhos daqueles que me caluniaram...

A SENHORITA – Que homem obstinado!

VON TELLHEIM – Não necessito de clemência, quero justiça. Minha honra...

A SENHORITA – A honra de um homem como vós...

VON TELLHEIM (*Veemente.*) – Não, minha senhorita, vossos juízos acerca de todas as coisas são bastante corretos, unicamente nesta não o são. A honra não é a voz da nossa consciência, nem o testemunho de uns poucos íntegros...

A SENHORITA – Não, não, eu sei disso muito bem. A honra... é a honra.

VON TELLHEIM – Curto e grosso, minha senhorita... Vós não me deixastes terminar... Eu queria dizer que se alguém retém o que é meu de forma tão injuriosa, se minha honra não recebe um desagravo total, não posso ser vosso, minha senhorita, pois aos olhos do mundo não vos merecerei. A senhorita von Barnhelm merece um homem irrepreensível. É um amor desprezível aquele que não vacila em expor ao desprezo a pessoa amada. É um homem desprezível aquele que não se envergonha de dever toda sua felicidade a uma mulher, cujo cego afeto...

A SENHORITA – E isso é sério para vós, senhor major? (*Dando-lhe as costas repentinamente.*) Franziska!

VON TELLHEIM – Não vos irriteis, minha senhorita.

A SENHORITA (*A parte, para Franziska.*) – Chegou a hora! Que me aconselhas, Franziska?

FRANZISKA – Eu não aconselho nada. Mas, realmente, ele carrega um pouco nas cores...

VON TELLHEIM (*Que vem para interrompê-las.*) – Vos irritastes, minha senhorita...

A SENHORITA *(Irônica.)* – Eu? Nem um pouquinho.

VON TELLHEIM – Se eu vos amasse menos, minha senhorita...

A SENHORITA *(Ainda no mesmo tom.)* – Oh, com certeza, seria minha infelicidade! E notai bem, senhor major, eu também não quero vossa infelicidade... É preciso sempre amar desinteressadamente. Precisamente por isso me alegro de não ter sido mais sincera! Talvez vossa compaixão me tivesse concedido o que vosso amor me nega. *(Enquanto tira lentamente o anel do dedo.)*

VON TELLHEIM – Que quereis dizer com isso, senhorita?

A SENHORITA – Não, nenhum dos dois deve fazer o outro nem mais feliz, nem mais infeliz. Assim o quer o verdadeiro amor! Eu creio em vós, senhor major. E tendes honra demais para compreender erroneamente o amor.

VON TELLHEIM – Estais chacoteando, minha senhorita?

A SENHORITA – Aqui. Tomai de volta o anel por meio do qual me prometestes vossa fidelidade. *(Lhe entrega o anel.)* Está feito! Façamos como se não tivéssemos nos conhecido!

VON TELLHEIM – Que estais dizendo?

A SENHORITA – E isto vos estranha? Tomai, meu senhor. Certamente não era apenas fingimento o que vinha de vós?

VON TELLHEIM *(Enquanto toma o anel de sua mão.)* – Meu Deus! Então é assim que Minna pode falar!

A SENHORITA – Vós não podeis ser meu em um caso, eu não posso ser vossa em nenhum caso. Vossa infelicidade é provável, a minha é certa... Adeus, pois! *(Quer ir embora.)*

VON TELLHEIM – Para onde, queridíssima Minna?

A SENHORITA – Meu senhor, agora estais me insultando com este tratamento tão íntimo.

VON TELLHEIM – Que há convosco, minha senhorita? Para onde?

A SENHORITA – Deixai-me ocultar minhas lágrimas diante de vós, traidor! *(Sai.)*

SÉTIMA CENA
Von Tellheim. Franziska.

VON TELLHEIM – Vossas lágrimas? E eu deveria vos abandonar? *(Quer ir atrás dela.)*

FRANZISKA *(Que o detém.)* – Mas não, senhor major! Não havereis de pretender seguir a senhorita a seu quarto de dormir?

VON TELLHEIM – Vossa infelicidade? Não falou ela de infelicidade?

FRANZISKA – Pois certamente. A infelicidade de vos perder, depois de...

VON TELLHEIM – Depois de? Depois do quê? Aqui há algo escondido. E o que é, Franziska? Explique-mo, fale...

FRANZISKA – Depois de ela, eu queria dizer... Depois de ela vos ter sacrificado tantas coisas.

VON TELLHEIM – Me sacrificado?

FRANZISKA – Escutai-me um momento. É muito bom para vós, senhor major, que conseguistes vos livrar dela desta maneira... Por que eu não haveria de dizê-lo? Isto já não poderia mais permanecer em segredo... Nós fugimos! O conde von Bruchsall deserdou a senhorita, porque não queria aceitar a nenhum dos homens que ele lhe propunha. Por isso todos a abandonaram e a desprezaram. Que poderíamos fazer? Decidimos ir à procura daquele que...

VON TELLHEIM – Basta! Venha, eu tenho de me jogar aos pés dela.

FRANZISKA – Que estais pensando? Muito antes ide embora, e agradecei a vossa boa estrela...

VON TELLHEIM – Miserável! Por quem me tomas? Não, querida Franziska, este conselho não foi teu coração quem o deu. Perdoa minha indignação!

FRANZISKA – Não ficai aqui me entretendo por mais tempo. Tenho de ir ver o que ela está fazendo. Quão facilmente poderia lhe ocorrer algo ruim. Ide! É melhor que volteis, apenas quando quiserdes voltar. *(Vai atrás da senhorita.)*

OITAVA CENA
Von Tellheim.

VON TELLHEIM – Mas, Franziska! Oh, eu vos espero aqui! Não, isso é mais urgente! Se ela quiser ver as coisas seriamente, não poderá deixar de me dar seu perdão. Eis que preciso de ti, honrado Werner! Não, Minna, não sou nenhum traidor! *(Sai às pressas.)*

Fim do quarto ato

QUINTO ATO

PRIMEIRA CENA

O cenário representa a sala.
Von Tellheim entra por um lado, Werner por outro.

VON TELLHEIM – Ahá, Werner! Eu te procurei por todos os lados. Onde andavas metido?

WERNER – Eu também vos procurava, senhor major. É o que acontece sempre quando se procura. Mas eu vos trago uma boa notícia.

VON TELLHEIM – Ah, eu não preciso de tua notícia agora: eu preciso do teu dinheiro. Rápido, Werner, dê-me tudo que tens, e procure pedir emprestado tudo quanto possas.

WERNER – Senhor major? Por minha pobre alma, bem que eu o havia dito: ele me pedirá dinheiro quando ele mesmo o tiver para emprestar.

VON TELLHEIM – Estás procurando desculpas?

WERNER – Para que eu não possa ter nada a lhe reprochar, ele me toma o que dou com a direita e volta a me devolvê-lo com a esquerda.

VON TELLHEIM – Não me entretenhas, Werner! Tenho a boa intenção de te devolver tudo, mas quando e como? Só Deus sabe!

WERNER – Ou seja, não sabeis ainda que a tesouraria tem ordem de vos pagar? Acabo de me inteirar de que...

VON TELLHEIM – Que estás a palrar? Como podes acreditar em tudo? Não compreendes que, se isso fosse verdade, o primeiro a sabê-lo seria eu? Ande logo, Werner, dinheiro! Dinheiro!

WERNER – Que seja, com muito gosto! Aqui tenho algo! Estes são os cem Louisdor, e estes os cem ducados. (*Dá-lhe os dois.*)

VON TELLHEIM – Os cem Louisdor, Werner, vá e dá-os a Just. Que ele tire da penhora em seguida o anel que penhorou esta manhã. Porém, onde hás de conseguir mais, Werner? Necessito de muito mais.

WERNER – Deixai que me ocupo disso. O homem que comprou minha propriedade mora na cidade. O prazo de pagamento só vence daqui a catorze dias, mas o dinheiro já está arranjado, e com um descontinho de um e meio por cento...

VON TELLHEIM – Pois sim, querido Werner! Vês que acudo unicamente a ti? Também tenho de te confiar tudo. A senhorita aqui... Tu a viste, é desafortunada...

WERNER – Que lástima!

VON TELLHEIM – Mas amanhã será minha esposa...

WERNER – Que felicidade!

VON TELLHEIM – E depois de amanhã vou-me embora com ela. Eu posso ir e quero ir. Melhor deixar tudo abandonado aqui! Quem sabe, onde me espera a felicidade? Se tu quiseres, Werner, podes ir junto. Vamos sentar praça novamente.

WERNER – Realmente? Ao campo de batalha de novo, senhor major?

VON TELLHEIM – Onde, senão lá? Vai, querido Werner, depois continuaremos a falar disso.

WERNER – Oh, caro major! Depois de amanhã? Por que não amanhã? Já vou deixar tudo preparado... Na Pérsia, senhor major, há uma excelente guerra. Que vos parece?

VON TELLHEIM – Vamos discuti-lo, mas agora vai, Werner!

WERNER – Bravo! Viva o príncipe Heraklius! *(Sai.)*

SEGUNDA CENA
Von Tellheim.

VON TELLHEIM – Que está acontecendo comigo? A minha alma está cheia de novos estímulos. Minha própria desgraça me abateu, me pôs de mau humor, me ofuscou, me intimidou, me enfraqueceu. E a desgraça dela levantou meu ânimo e volto a ver claro a meu redor, e me sinto disposto e forte para conseguir tudo para ela... O que estou esperando? *(Quer ir ao quarto da senhorita, do qual sai Franziska ao seu encontro.)*

TERCEIRA CENA
Franziska. Von Tellheim.

FRANZISKA – Ah, sois vós? Bem que me pareceu ouvir vossa voz... Que desejais, senhor major?

VON TELLHEIM – O que eu desejo? Que faz tua senhorita? Vamos!

FRANZISKA – Quer partir em seguida.

VON TELLHEIM – E sozinha? Sem mim? Para onde?

FRANZISKA – Esquecestes de tudo, senhor major?

VON TELLHEIM – Não és inteligente, Franziska? Eu a irritei e ela estava muito sensível. Eu lhe pedirei perdão e ela me perdoará.

FRANZISKA – Como? Depois de terdes aceitado de volta o anel, senhor major?

VON TELLHEIM – Ah! Isso eu fiz por causa do aturdimento em que estava. Só agora volto a pensar no anel. Onde foi que o enfiei? *(Ele procura-o.)* Aqui está ele.

FRANZISKA – Este é ele? *(Enquanto o major volta a guardá-lo, à parte.)* Se ele tivesse olhado com mais atenção!

VON TELLHEIM – Ela me obrigou a tomá-lo com tanta amargura... Já esqueci essa amargura... Quando um coração transborda, não leva em conta o alcance das palavras. Mas ela não resistirá sequer um momento em aceitar o anel de volta. E não tenho ainda o seu?

FRANZISKA – Ela espera que lhe seja devolvido. Onde o tendes, senhor major? Mostrai-o a mim.

VON TELLHEIM *(Algo embaraçado.)* – Eu... eu esqueci de usá-lo... Just... Just o trará em seguida.

FRANZISKA – Um é quase igual ao outro. Deixai-me ver este, gosto tanto de ver essas coisas...

VON TELLHEIM – Em outra oportunidade, Franziska. Agora vem...

FRANZISKA (*À parte.*) – De nenhuma maneira quer permitir que cheguemos a seu equívoco.

VON TELLHEIM – Que disseste? Equívoco?

FRANZISKA – Disse que é um equívoco se vós achais, se vós credes que a senhorita ainda é um bom partido. Seus bens pessoais não são nada consideráveis. Se seus tutores fizerem algumas contas um pouco egoístas, sua fortuna pode ir por água abaixo. Ela espera tudo do tio, mas esse tio cruel...

VON TELLHEIM – Deixa-o de lado! Não sou por acaso homem suficiente para ressarci-la de tudo?

FRANZISKA – Ouvi? Ela toca a campainha, devo entrar.

VON TELLHEIM – Vou contigo.

FRANZISKA – Pelo amor dos céus, não! Ela me proibiu veementemente de falar convosco. Pelo menos, vinde depois de eu ter entrado. (*Entra.*)

QUARTA CENA
Von Tellheim.

VON TELLHEIM (*Gritando para ela.*) – Anuncia-me a ela! Intercede por mim, Franziska! Te seguirei em um instante! Que haverei de dizer a ela? Onde o coração pode falar, a cabeça não necessita pensar. A única coisa que requer uma estudada meditação é sua atitude reservada, sua indecisão quanto a se jogar- em meu braços, infeliz como é, seu empenho em aparentar uma felicidade que perdeu por minha causa. Como será possível desculpar ante ela mesma esta falta de confiança em minha honra e em seu próprio valor? Para mim ela já está, de antemão, desculpada! Ahá, aqui vem ela...

QUINTA CENA

A senhorita. Franziska. Von Tellheim.

A SENHORITA *(Quando está saindo, como se não soubesse que o major está vindo.)* – O coche já está na porta, não Franziska? Meu leque!

VON TELLHEIM *(Dirigindo-se a ela.)* – Para onde, minha senhorita?

A SENHORITA *(Com uma afetada frialdade.)* – Para longe, senhor major. Eu adivinho o motivo pelo qual voltastes: para me devolver também o meu anel. Bem, senhor major, tende a bondade de pelo menos entregá-lo a Franziska... Franziska, recolha o anel do senhor major! Não tenho tempo a perder. *(Quer sair.)*

VON TELLHEIM *(Postando-se à frente dela.)* – Minha senhorita! O que não acabo de saber, minha senhorita! Eu não era digno de tanto amor!

A SENHORITA – Então, Franziska? Tu contaste ao senhor major...

FRANZISKA – Revelei tudo.

VON TELLHEIM – Não deveis ficar zangada comigo, minha senhorita. Não sou nenhum traidor. Por causa de mim perdestes muito ante a sociedade, mas não diante de mim. Aos meus olhos ganhastes infinitamente com essa perda. Mas ela ainda parecia muito recente para vós, temíeis que pudesse me causar má impressão e queríeis ocultá-la de momento. Não me queixo dessa falta de confiança. Ela se deve ao vosso desejo de ficar comigo. Esse desejo é o meu orgulho. Vós me encontrastes a mim mesmo na infelicidade e não quisestes amontoar infelicidade sobre infelicidade. Não podíeis supor até que ponto vossa infelicidade faria me esquecer da minha.

A SENHORITA – Tudo isso está muito correto, senhor major! Mas foi assim que sucedeu. Eu vos livrei de vosso compromisso e vós, ao aceitar a devolução do anel...

VON TELLHEIM – Opa, eu não aceitei nada! Muito antes, agora me sinto ainda mais obrigado do que antes... Vós sois minha, Minna. Para sempre minha. *(Puxa o anel para fora.)* Aqui, recebei pela segunda vez a prenda da minha fidelidade...

A SENHORITA – Eu, aceitar de novo este anel? Este anel?

VON TELLHEIM – Sim, queridíssima Minna, sim!

A SENHORITA – A que quereis me obrigar? Este anel?

VON TELLHEIM – Vós tomastes este anel de minha mão na primeira vez, quando as circunstâncias em que nos encontrávamos eram iguais e felizes. Vós já não sois mais felizes, mas mais uma vez estais em situação igual a minha. Igualdade é sempre o laço mais forte do amor. Permiti-me, queridíssima Minna! *(Toma-lhe a mão para lhe pôr o anel.)*

A SENHORITA – Como? À força, senhor major? Não, não há força no mundo capaz de me fazer aceitar de novo este anel! Pensais talvez que esse anel faça falta a mim? Oh, como podeis ver bem *(mostrando seu próprio anel)* eu ainda tenho um outro aqui, em nada inferior ao vosso...

FRANZISKA – Mas que coisa, ele ainda não se deu conta!

VON TELLHEIM *(Deixando a mão da senhorita se soltar.)* – Mas o que é isso, vejo a senhorita von Barnhelm, mas não a reconheço por suas palavras. Estais fingindo, minha senhorita... Perdoai-me por utilizar a mesma palavra em relação a vós.

A SENHORITA *(Em seu verdadeiro tom.)* – Essa palavra vos ofendeu, senhor major?

VON TELLHEIM – Ela me doeu.

A SENHORITA *(Tocada.)* – Não era essa a intenção, Tellheim. Perdoai-me, Tellheim.

VON TELLHEIM – Ahá, esse tom confidencial me diz que voltastes a vós, minha senhorita; que ainda me amais, Minna...

FRANZISKA *(Explodindo, enfim, incontida.)* – Em pouco a brincadeira iria longe demais...

A SENHORITA *(Arrogante.)* – Não te metas em nosso jogo, Franziska, se é que o posso pedir...

FRANZISKA *(À parte, e se sentindo atingida.)* – Ainda não chegou?

A SENHORITA – Sim, meu senhor, seria vaidade feminina me apresentar fria e irônica. Chega disso! Vós mereceis que eu seja tão sincera quanto vós mesmo o sois... Eu ainda vos amo, Tellheim, eu ainda vos amo; mas, apesar disso...

VON TELLHEIM – Já chega, queridíssima Minna, já chega! *(Segura sua mão mais uma vez, para pôr-lhe o anel.)*

A SENHORITA *(Que puxa sua mão de volta.)* – Apesar disso... Não permitirei que isso volte a acontecer jamais. Jamais! Em que pensais, senhor major? Eu pensava que já teríeis bastante com vossa própria infelicidade. Vós deveis ficar aqui, vós deveis... teimar em conseguir o desagravo total. Na pressa do momento, não me ocorre nenhum outro termo... Teimar em conseguir... E mesmo que vos tivesse de consumir a miséria mais absoluta ante os olhos daqueles que vos caluniaram!

VON TELLHEIM – Assim eu pensava, assim eu falava quando não sabia o que pensava e falava. As contrariedades e a ira contida haviam nublado minha alma. Nem mesmo o amor, no mais completo brilho da felicidade, podia dissipar essa neblina. Mas o amor mandou sua filha, a compaixão, que, mais habituada às amargas dores, dissipa a neblina e abre de novo todos os caminhos de minha alma às sensações de ternura. Renasce o instinto de conservação, ao ter algo mais valioso que eu mesmo por conservar e que hei de conservar através de mim. Não vos ofendais de ouvir a palavra compaixão, minha senhorita. A inocente causa de nossa infelicidade faz com que possamos pronunciá-la sem nos humilhar. Eu sou essa causa. Por mim, Minna, perdestes amigos e parentes, bens e pátria. Através de mim, em mim, deveis recuperar tudo, do contrário pesará sobre minha consciência a ruína da mais gentil das mulheres. Não me façais imaginar um futuro em que eu deva odiar a mim mesmo... Não, nada pode me segurar aqui por mais tempo. A partir deste instante não hei de responder mais do que com meu desprezo à injustiça, da qual fui vítima aqui. É por acaso este o único país do mundo? É só aqui que nasce o sol? Onde não poderei ir? Que serviços me serão negados? E mesmo que tivesse de ir buscá-los até o fim do mundo, segui-me sem medo, queridíssima

Minna, nada nos há de faltar... Tenho um amigo que me auxilia com prazer...

SEXTA CENA
Um mensageiro militar. Von Tellheim. A senhorita. Franziska.

FRANZISKA *(Ao se dar conta da presença do mensageiro militar.)* – Psst! senhor major...
VON TELLHEIM *(Ao mensageiro.)* – Quem estais procurando?
O MENSAGEIRO – Eu procuro o senhor major von Tellheim. Ah, vós mesmo o sois. Meu senhor major, esta mensagem real *(que tira de uma carteira)* é endereçada a vós.
VON TELLHEIM – A mim?
O MENSAGEIRO – Segundo o sobrescrito...
A SENHORITA – Ouves, Franziska? Era verdade o que disse o nosso Cavaleiro!
O MENSAGEIRO *(Enquanto Tellheim pega a carta.)* – Eu peço desculpas, senhor major, deveríeis tê-la recebido ontem, mas não me foi possível vos encontrar. Apenas hoje, na parada, o tenente Riccaut me indicou a direção de vossa moradia.
FRANZISKA – Ouvistes, senhorita? É o ministro do Cavaleiro. "Como se chamem o ministrô, de aqui, na praça largá?"
VON TELLHEIM – Eu vos agradeço muito pelo vosso empenho em me encontrar.
O MENSAGEIRO – É minha obrigação, senhor major. *(Sai.)*

SÉTIMA CENA
Von Tellheim. A senhorita. O estalajadeiro.

VON TELLHEIM – Ah, minha senhorita, que tenho aqui? O que contém esse escrito?

A SENHORITA – Não posso permitir que minha curiosidade se estenda para tão longe.

VON TELLHEIM – Como? Ainda separais meu destino do vosso? Mas por que vacilo em abrir? Isso não pode me fazer mais infeliz do que já sou. Não, queridíssima Minna, não pode nos fazer mais infelizes... apenas mais felizes! Permiti-me, minha senhorita! *(Abre e lê a carta, enquanto o estalajadeiro entra sorrateiramente em cena.)*

OITAVA CENA
O estalajadeiro. Os anteriores.

O ESTALAJADEIRO *(Para Franziska.)* – Psst! Minha bela criança! Só uma palavrinha!

FRANZISKA *(Que se aproxima dele.)* – Senhor estalajadeiro? É claro que nem nós sabemos ainda o que está escrito na carta.

O ESTALAJADEIRO – E quem quer saber da carta? Venho por causa do anel. A honorável senhorita deve devolvê-lo a mim em seguida. Just está aqui e quer pagar pelo seu penhor.

A SENHORITA *(Que, da mesma maneira, se aproximou do estalajadeiro.)* – Dizei a Just que já foi tirado do penhor, e dizei também a ele por quem foi tirado: por mim.

O ESTALAJADEIRO – Mas...

A SENHORITA – Deixai tudo em minhas mãos, e ide tranquilo, agora! *(O estalajadeiro sai.)*

NONA CENA
Von Tellheim. A senhorita. Franziska.

FRANZISKA – E agora, senhorita, portai-vos delicadamente com o pobre major.

A SENHORITA – Oh, a intercessora! Como se o nó não fosse se desmanchar por si mesmo em seguida.

VON TELLHEIM *(Depois de ter lido, com a mais viva emoção.)* – Ahá! Aqui ele também não se contradisse! Oh, minha senhorita, que justiça! Que bênção! Isso é mais do que eu esperava! Mais do que mereço! Minha felicidade, minha honra, tudo está restabelecido! Não estarei sonhando? *(Enquanto olha mais uma vez a carta, como se quisesse se certificar novamente.)* Não, nenhuma visão produzida por meus desejos! Lede vós mesma, minha senhorita; lede vós mesma!

A SENHORITA – Não sou tão indiscreta, senhor major.

VON TELLHEIM – Indiscreta? A carta é dirigida a mim, ao vosso Tellheim, Minna. Ela contém... o que vosso tio não pode vos arrebatar. Tendes de lê-la. Lede-a!

A SENHORITA – Se eu vos agradar com isso, senhor major... *(Ela pega a carta e a lê.)*

"Meu caro major von Tellheim!

"Eu vos comunico que o litígio, que tanto me preocupava enquanto nele se punha em dúvida vossa honra, foi esclarecido a vosso favor. Meu irmão[37] se ocupou dele e sua sentença vos declara mais do que inocente. A tesouraria tem ordem de restituir-vos o documento de crédito em questão, e de vos abonar pela soma adiantada. Também ordenei que seja anulado tudo o que a caixa da guerra fazia tramitar contra vossas contas. Fazei-me saber se vossa saúde vos permite voltar a sentar praça. Não desejo perder um homem de vosso valor e caráter. Eu, vosso benévolo rei, etc..."

VON TELLHEIM – Bem, que dizeis disso, minha senhorita?

A SENHORITA *(Enquanto volta a dobrar a carta e a entrega.)* – Eu? Nada.

VON TELLHEIM – Nada?

A SENHORITA – Ou sim, que vosso rei, que é um grande homem, também pode ser um bom homem... Mas que tenho a ver com isso? Ele não é o meu rei.

VON TELLHEIM – E não dizeis nada mais do que isso? Nada a respeito de nós mesmos?

---

[37] O príncipe Heinrich, comandante da Saxônia. (N. T.)

A SENHORITA – Entrareis de novo em serviço. O senhor major será alçado a tenente-coronel, talvez coronel. Eu felicito de coração.

VON TELLHEIM – E vós não me conheceis melhor? Não, já que a sorte me devolve o suficiente para satisfazer os desejos de qualquer homem razoável, unicamente dependerá de minha Minna o fato de eu pertencer de novo a alguém mais do que a ela própria. Toda minha vida há de estar dedicada a seu serviço. Os serviços aos superiores são perigosos e não valem a pena o sacrifício, as obrigações e a humilhação que custam. Minna não é das vaidosas que adoram em seus maridos unicamente seus títulos e cargos honoríficos. Me amará por mim mesmo, e eu por ela esquecerei o mundo inteiro. Me fiz soldado por ser partidário, nem eu mesmo sei de que princípios políticos, e pela extravagante ideia de que para todo homem de honra é bom haver pertencido um certo tempo à milícia, a fim de que se familiarize com tudo o que tenha a ver com o perigo e de aprender a se comportar com frieza e decisão. Somente a necessidade mais premente poderia me obrigar a converter essa experiência em uma vocação, a converter essa ocupação temporária em profissão. Mas agora, ao não existir já esta necessidade, minha única ambição consiste em voltar a ser um homem calmo e pacífico. Com vós, queridíssima Minna, estou certo de que conseguirei sê-lo, a seu lado poderei seguir sendo-o... Amanhã, o laço mais sagrado estará nos comprometendo, e logo olharemos em torno de nós e procuraremos o rincão mais tranquilo, alegre e risonho de todo o mundo habitado, ao qual não falte nada para o paraíso, a não ser um casal feliz. Ali nós haveremos de morar, ali passaremos cada um dos dias que nos restam... Que há convosco, minha senhorita? *(Que se move inquieta de um lado para outro, procurando esconder sua emoção.)*

A SENHORITA *(Se contendo.)* – Sois muito cruel, Tellheim, ao me apresentar de forma tão encantadora uma felicidade à qual tenho de renunciar. Minha perda...

VON TELLHEIM – Vossa perda? A que chamais de vossa perda? Tudo o que Minna poderia perder ainda não é ela própria, Minna. Ainda sois a criatura mais doce, mais amável, mais graciosa, a melhor da face da terra, toda bondade e generosidade, toda inocência e alegria! De quando em vez um pouco audaciosa, aqui e ali algo teimosa... Tanto melhor! Tanto melhor! Não fosse isso e Minna seria um anjo que eu deveria venerar com comoção, ao qual não poderia amar. *(Pega sua mão para beijá-la.)*

A SENHORITA *(Que puxa sua mão de volta.)* – Não assim, meu senhor! Por que tão mudado assim de repente? É este galã adulador e impetuoso o frio Tellheim? É possível que só porque a sorte voltou a lhe sorrir se torne tão fogoso? Permita-me que ante seu repentino ardor seja eu quem conserve a calma, para o bem de ambos... Quando ele mesmo podia refletir, eu o ouvi dizer que era um amor indigno aquele que não vacilava em expor ao desprezo a pessoa amada... Muito bem, porém eu aspiro a um amor tão puro e nobre como ele... E agora, quando a honra lhe chama, quando um grande monarca o convoca, deveria eu admitir que ele se abandonasse a sonhos amorosos comigo, e que o famoso guerreiro se convertesse em um frívolo pastorzinho? Não, senhor major, segui o sinal de vosso melhor destino...

VON TELLHEIM – Pois bem! Se o grande mundo é mais atraente para vós, Minna, que seja! Ficaremos com o grande mundo! Que pequeno, que mesquinho é este grande mundo! Vós o conheceis apenas pelo seu lado brilhante. Mas, com certeza, Minna, vós... Mas que seja assim! De acordo! Não faltarão admiradores para vossas qualidades, nem minha felicidade carecerá de invejosos.

A SENHORITA – Não, Tellheim, não foi isso que eu pensei! Sugiro que volteis ao grande mundo, ao caminho da honra, mas sem que eu vos siga... Lá, Tellheim precisaria de uma esposa irrepreensível! Uma extraviada senhorita saxônica, que se jogou a seu pescoço...

VON TELLHEIM *(Olhando furioso à sua volta.)* – Quem pode falar assim? Ah, Minna, estremeço ante mim mesmo só de pensar que outra pessoa que não vós tivesse podido dizer isso. Minha cólera contra ela não teria limites.

A SENHORITA – Aqui está! É justamente isso que eu temo! Não admitiríeis nem a mais mínima chacota sobre mim e por certo teríeis de aguentar diariamente as mais amargas... Para resumir, escutai, Tellheim, o que eu decidi firmemente, e do que nada no mundo poderá me dissuadir...

VON TELLHEIM – Antes de terminardes, senhorita... eu vos suplico, Minna! Meditai bem por mais um instante, pois o que direis será para mim a sentença de vida ou de morte!

A SENHORITA – Sem mais meditação! Tão certo quanto o ter eu devolvido vosso anel, com o qual um dia me prometestes vossa fidelidade, tão certo quanto o ter vós aceitado a devolução, nunca será a infeliz Barnhelm a esposa do feliz Tellheim!

VON TELLHEIM – E com isso empurrais o condenado ao cadafalso, senhorita?

A SENHORITA – A igualdade é o laço mais firme do amor... A feliz Barnhelm desejava viver apenas para o feliz Tellheim. Também a infeliz Minna teria aceitado finalmente compartilhar a desgraça com seu amigo, tanto para aumentá-la, quanto para aliviá-la... Ele certamente percebeu, antes da chegada da carta que rompeu definitivamente toda a igualdade, como minha resistência era apenas aparente.

VON TELLHEIM – Isto é verdade, minha senhorita? Eu vos agradeço, Minna, por ainda não ter empurrado o condenado ao cadafalso... Vós quereis apenas o infeliz Tellheim? Ele pode ser conseguido. *(Frio.)* Tenho a impressão de que não seria decoroso de minha parte aceitar esta justiça tardia. De que será melhor que não reclame o que foi desonrado por essa suspeita tão ultrajante... Sim, farei como se não tivesse recebido a carta... É tudo que posso fazer e responder diante disso! *(Com a intenção de rasgá-la.)*

A SENHORITA *(Que lhe segura as mãos.)* – Que vós quereis, Tellheim?

VON TELLHEIM – Ser dono de vós.

A SENHORITA – Esperai!

VON TELLHEIM – Senhorita, ela estará irremediavelmente rasgada, se não vos esclarecerdes de outra forma em pouco... Logo veremos que objeções ainda poderá levantar diante de mim!

A SENHORITA – Como? Neste tom? De modo que eu devo, de modo que eu tenho de parecer desprezível aos meus próprios olhos? Jamais! É uma criatura indigna a que não se envergonha de dever toda sua felicidade ao afeto cego de um homem!

VON TELLHEIM – Falso, fundamentalmente falso!

A SENHORITA – Vos atreveríeis, por acaso, a censurar vossas próprias palavras saídas de minha boca?

VON TELLHEIM – Sofista! Desonra, talvez, ao sexo frágil o que não fica bem ao forte? De modo que se deve permitir ao homem tudo o que na mulher é adequado? A qual dos dois determinou a natureza como sustento do outro?

A SENHORITA – Sossegai, Tellheim! Não haverei de ficar totalmente sem proteção, se já tiver de recusar a honra da vossa. Sempre haverei de ter o que seja necessário para não encarar a necessidade. Me fiz anunciar a nosso enviado. Hoje mesmo ele me receberá. Espero que ele me conceda a sua. O tempo corre. Permiti-me, senhor major...

VON TELLHEIM – Eu vos acompanharei, honorável senhorita.

A SENHORITA – Não, senhor major. Deixai-me...

VON TELLHEIM – Antes vos deixará vossa sombra! Podemos ir, minha senhorita, para onde quereis ir, para quem quereis ir. Em todos os lugares, conhecidos e desconhecidos, quero explicar em vossa presença, cem vezes ao dia, que laços vos atam a mim, e quais as cruéis teimosias que adotais para romper esses laços...

DÉCIMA CENA

Just. Os anteriores.

JUST (*Precipitadamente.*) – Senhor major, senhor major!

VON TELLHEIM – Pois não?

JUST – Vinde rápido, rápido!

VON TELLHEIM – Que devo fazer? Vem aqui! Fala, o que está acontecendo?

JUST – Ouvi só... *(Fala-lhe secretamente ao ouvido.)*

A SENHORITA *(Enquanto isso, à parte, para Franziska.)* – Te deste conta, Franziska?

FRANZISKA – Oh, como sois inclemente! Eu fiquei aqui como se estivesse sobre brasas!

VON TELLHEIM *(A Just.)* – Que disseste? Mas não é possível! Ela? *(Olhando furioso para a senhorita.)* Diga-o em voz alta, diga-lhe na cara! Ouvi, minha senhorita!

JUST – O estalajadeiro disse que a senhorita von Barnhelm pegou para si o anel que eu havia penhorado a ele. Ela o reconheceu como seu e não quer mais devolvê-lo.

VON TELLHEIM – Isso é verdade, minha senhorita? Não, não pode ser verdade!

A SENHORITA *(Sorrindo.)* – E por que não, Tellheim? Por que não poderia ser verdade?

VON TELLHEIM *(Colérico.)* – Pois então é verdade! Que luz terrível de repente ilumina tudo aos meus olhos! Agora a reconheço, a falsa! A infiel!

A SENHORITA *(Assustada.)* – Quem? Quem é essa infiel?

VON TELLHEIM – Vós, aquela que não quero mais nem mencionar!

A SENHORITA – Tellheim!

VON TELLHEIM – Esqueci meu nome! Viestes aqui para romper comigo. Está claro! E como pode o acaso ser tão favorável ao desleal! Ele pôs o anel dela em suas mãos. Sua astúcia soube como fazer para que eu recebesse o meu.

A SENHORITA – Tellheim, que fantasmas estais vendo! Controlai-vos e ouvi-me de uma vez.

FRANZISKA *(Para si mesma.)* – Agora ela vai ter o que é bom!

DÉCIMA PRIMEIRA CENA
Werner (com uma bolsa de moedas de ouro.)
Von Tellheim. A senhorita. Franziska. Just.

WERNER – Já estou aqui, senhor major!

VON TELLHEIM *(Sem olhar para ele.)* – E alguém te chamou?

WERNER – Está aqui o dinheiro! Mil dobrões de ouro!

VON TELLHEIM – Não os quero mais!

WERNER – Amanhã podereis dispor de outros tantos, senhor major.

VON TELLHEIM – Fica com teu dinheiro!

WERNER – Mas como, se é vosso o dinheiro, senhor major. Creio que não sabeis com quem estais falando.

VON TELLHEIM – Fora com isso, eu já disse!

WERNER – Que há convosco? Eu sou Werner.

VON TELLHEIM – Toda bondade é hipocrisia; toda solicitude, engano.

WERNER – Isso serve para mim?

VON TELLHEIM – Como quiseres!

WERNER – Mas eu apenas fiz cumprir vossas ordens.

VON TELLHEIM – Então cumpra também essa e te arranque daqui!

WERNER – Senhor major! *(Incomodado.)* Eu sou uma pessoa...

VON TELLHEIM – Isso não é grande coisa!

WERNER – Que também tem bílis...

VON TELLHEIM – Pois bem! A bílis ainda é o melhor que nós temos.

WERNER – Eu vos peço, senhor major...

VON TELLHEIM – Quantas vezes ainda tenho de te dizer? Não preciso do teu dinheiro!

WERNER *(Irado.)* – Pois então que precise dele quem o quiser! *(E o arroja aos pés dele, saindo para o lado.)*

A SENHORITA *(Para Franziska.)* – Ah, querida Franziska, deveria ter seguido teu conselho. Levei a brincadeira longe demais... Mas ele terá de me escutar... *(Dirigindo-se a ele.)*

FRANZISKA *(Que, sem responder à senhorita, se aproxima de Werner.)* – Senhor ordenança!

WERNER *(Rabugento.)* – Ide embora!

FRANZISKA – Ufa! Que homens são esses!

A SENHORITA – Tellheim! Tellheim! *(Que, de raiva, rói as unhas, vira a cara, e tapa os ouvidos.)* Não, isso é demasiado duro! Ouvi-me só mais uma vez! Vós vos enganais! É só um mal-entendido... Tellheim! Não quereis escutar vossa Minna? Podeis acalentar tal suspeita? Que eu queira romper convosco? Que eu tenha vindo por isso? Tellheim!

DÉCIMA SEGUNDA CENA

Dois criados, um atrás do outro, vindos de diferentes lados, atravessam a sala. Os anteriores.

UM DOS CRIADOS – Honorável senhorita, Sua Excelência, o conde!

O OUTRO CRIADO – Ele está chegando, honorável senhorita!

FRANZISKA *(Que corre para a janela.)* – É ele! É ele!

A SENHORITA – É ele? Oh, rápido, Tellheim...

VON TELLHEIM *(Recobrando a serenidade de repente.)* – Quem? Quem está vindo? Vosso tio, senhorita? Esse cruel tio? Deixai que ele venha, apenas deixai que ele venha! Não temei nada! Que ele não ouse afrontá-la com um olhar sequer! Terá de se ver comigo. Embora não saiba se vós o mereceis...

A SENHORITA – Rápido, Tellheim, abraçai-me e esquecei de tudo...

VON TELLHEIM – Ahá, se eu soubesse que podíeis vos arrepender disso!

A SENHORITA – Não, não posso me arrepender de haver visto vosso coração inteiro! Ah, que homem que vós sois! Abraçai vossa Minna, vossa feliz Minna! Mas por nada tão feliz quanto por vós! *(Ela cai em seus braços.)* E agora, vamos ao seu encontro!

VON TELLHEIM – Ao encontro de quem?

A SENHORITA – Ao encontro do melhor dos amigos que ainda não conheceis.

VON TELLHEIM – Como?

A SENHORITA – Do conde, meu tio, meu pai, vosso pai... Minha fuga, seu desgosto, minha deserdação. Não vos destes conta de que tudo foi arranjado? Crédulo cavaleiro!

VON TELLHEIM – Arranjado? Mas e o anel? O anel?

A SENHORITA – Onde tendes o anel que eu vos dei de volta?

VON TELLHEIM – Vós o aceitareis de novo? Oh, assim eu sou feliz! Aqui, Minna! (*Tirando-o.*)

A SENHORITA – Mas, olhai-o bem primeiro! Oh, a cegueira que não quer ver! Que anel é esse? Aquele que vós me destes ou o que eu dei a vós? Não será justamente aquele que eu não quis deixar nas mãos do estalajadeiro?

VON TELLHEIM – Deus! O que eu vejo, o que eu ouço?

A SENHORITA – Devo aceitá-lo de volta? Devo? Dai-mo aqui, dai-mo aqui! (*Arranca-o de suas mãos, e ela mesma o enfia no dedo dele.*) – Está tudo certo agora?

VON TELLHEIM – Onde estou? (*Beijando-lhe a mão.*) Oh, anjo maligno! Me atormentar dessa maneira!

A SENHORITA – Isso é uma prova, meu querido esposo, de que nunca devereis me aprontar alguma, sem que eu logo vos apronte uma de volta. Pensais por acaso que também não atormentastes a mim?

VON TELLHEIM – Oh, comediantes, eu deveria vos conhecer melhor!

FRANZISKA – Não, deveras. Eu não valho nada como comediante. Tremi e balancei e tive de tapar a boca com a mão.

A SENHORITA – Meu papel também não foi fácil. Mas agora vamos!

VON TELLHEIM – Ainda não posso me conter... Como me sinto bem, mas como estou angustiado! É assim que se desperta de um sonho amedrontador!

A SENHORITA – Nós estamos demorando demais. Eu já o ouço.

DÉCIMA TERCEIRA CENA
*O conde von Bruchsall, acompanhado de vários criados
e do estalajadeiro. Os anteriores.*

O CONDE *(Ao entrar.)* – Então chegastes bem, não?

A SENHORITA *(Que corre ao seu encontro.)* – Ah, meu pai!

O CONDE – Aqui estou eu, querida Minna! *(Abraçando-a.)* Mas o quê, mocinha? *(Ao se dar conta da presença de Tellheim.)* Recém vinte e quatro horas por aqui e já fizeste amizade, e estás acompanhada?

A SENHORITA – Adivinhai quem é?

O CONDE – Não será o teu Tellheim?

A SENHORITA – Quem se não ele? Vinde, Tellheim! *(Dirigindo-o ao conde.)*

O CONDE – Meu senhor, não nos vimos nunca, mas já ao primeiro olhar acreditei vos conhecer. E desejei que fosseis vós. Abraçai-me. Tendes toda minha estima e solicito vossa amizade... Minha sobrinha... minha filha vos ama...

A SENHORITA – Isso vós sabeis, meu pai! E é cego meu amor?

O CONDE – Não, Minna. Teu amor não é cego, mas teu amado... é mudo.

VON TELLHEIM *(Jogando-se em seus braços.)* – Deixai que eu volte a mim, meu pai!

O CONDE – Pois bem, meu filho! Eu compreendo. Se tua boca nada fala, teu coração expressa tudo... Os oficiais dessa cor *(apontando o uniforme de Tellheim)* em geral não me agradam muito. Mas sois um homem honrado, Tellheim. E um homem honrado, esteja vestido como estiver, tem de ser amado.

A SENHORITA – Oh, se soubésseis de tudo!

O CONDE – O que me impede de saber tudo? Onde estão meus quartos, senhor estalajadeiro?

O ESTALAJADEIRO – Que Vossa Excelência apenas tenha a graça de me acompanhar.

O CONDE – Vem, Minna! Vinde, senhor major! *(Sai com o estalajadeiro e os criados.)*

A SENHORITA – Vinde, Tellheim!

VON TELLHEIM – Vos seguirei em um instante, minha senhorita. Apenas mais uma palavrinha com esse homem *(Virando-se para Werner.)*

A SENHORITA – E que seja uma boa. Me parece que é necessária. Não é verdade, Franziska? *(Indo atrás do conde.)*

DÉCIMA QUARTA CENA
Von Tellheim. Werner. Just. Franziska.

VON TELLHEIM *(Apontando a bolsa que Werner havia jogado ao chão.)* – Aqui, Just! Pegue a bolsa e leve-a para casa. Vai! *(Just sai com ela.)*

WERNER *(Que até há pouco permanecia rabugento a um canto, sem parecer se importar com nada, ao ouvi-lo.)* – Já era hora!

VON TELLHEIM *(Confidencialmente, se dirigindo a ele.)* – Werner, quando eu poderei ter os outros mil dobrões de ouro?

WERNER *(Recobrando prontamente seu bom humor.)* – Amanhã, senhor major, amanhã.

VON TELLHEIM – Não necessito ser teu devedor, mas quero ser o administrador de tuas rendas. Às boas pessoas como tu, deveria ser imposto sempre um tutor. Sois uma espécie de esbanjadores. Antes eu te incomodei, Werner...

WERNER – Por minha pobre alma, sim! Mas eu também não deveria ser tão pateta. Agora é que me dou conta. Eu mereceria cem golpes com a folha da espada. Deixai que os deem, mas não me guardai rancor, querido major!

VON TELLHEIM – Rancor? *(Apertando-lhe a mão.)* Leia em meus olhos o que não posso te dizer com a boca. Ah, ainda quero conhecer quem tenha uma mulher melhor e um amigo mais leal do que eu! Não é verdade, Franziska? *(Sai.)*

DÉCIMA QUINTA CENA
Werner. Franziska.

FRANZISKA *(Consigo mesma.)* – Sim, é certo, ele é um homem bom demais! Outro assim como ele, eu certamente não voltarei a encontrar. A coisa tem de se decidir! *(Aproximando-se de Werner, tímida e envergonhada.)* Senhor ordenança!

WERNER *(Que seca seus olhos.)* – Sim?

FRANZISKA – Senhor ordenança…

WERNER – O que quereis, mocinha?

FRANZISKA – Se puder olhar aqui por um momento, senhor ordenança…

WERNER – Eu ainda não posso, não sei o que foi que me meteram nos olhos.

FRANZISKA – Mas olhe de qualquer maneira!

WERNER – Eu temo já vos ter olhado demais, mocinha! Pois bem, aqui estais vós! E que é que há?

FRANZISKA – Senhor ordenança… Você por acaso não necessita de uma senhora ordenança?

WERNER – Estais falando sério, mocinha?

FRANZISKA – Totalmente!

WERNER – Vos mandaríeis comigo à Pérsia?

FRANZISKA – Para onde você quiser!

WERNER – Claro… Viva! Senhor major! Era um exagero da vossa parte! Agora tenho uma mulher pelo menos tão boa, e um amigo pelo menos tão leal quanto vós! Dai-me vossa mão, mocinha! Está feito! Dentro de dez anos sereis esposa de um general ou viúva!

FIM DE *MINNA VON BARNHELM,*
ou *A FELICIDADE DO SOLDADO*

EMILIA GALOTTI

Tragédia em cinco atos

1772

Emilia Galotti.

Ein Trauerspiel
in
fünf Aufzügen.

Von
Gotthold Ephraim Lessing.

Berlin,
bey Christian Friedrich Voß, 1772.

Folha de rosto da 1ª edição em 1772

PERSONAGENS

EMILIA GALOTTI.
ODOARDO e GALLOTI, *pais de Emilia.*
CLAUDIA Galoth.
HETTORE GONZAGA, *Príncipe de Guastalla.*
MARINELLI, *secretário áulico do príncipe.*
CAMILLO ROTA, *um dos conselheiros do príncipe.*
CONTI, *pintor.*
CONDE APPIANI.
CONDESSA ORSINA.
ANGELO, e *alguns criados.*

PRIMEIRO ATO
(O cenário, um gabinete do príncipe.)

PRIMEIRA CENA
O príncipe, em uma mesa de trabalho, cheia de correspondências e papéis, dos quais ele perpassa alguns. O camareiro

PRÍNCIPE – Queixas, nada mais que queixas! Petições, nada mais que petições! Os malditos negócios. E ainda nos invejam! Se pudéssemos ajudar todo mundo, aí sim acredito que poderíamos ser invejados... Emilia? *(Enquanto abre um dos petições e olha para o nome que o assina.)* Uma Emilia? Mas uma tal de Emilia Bruneschi... não, Galotti. Não, Emilia Galotti! O que quererá ela, essa Emilia Bruneschi? *(Ele lê.)* É muita exigência, demais para meu gosto. Mas ela se chama Emilia. Concedido! *(Ele assina e toca a campainha; logo entra um camareiro.)* Não há evidentemente nenhum dos conselheiros na antessala?

O CAMAREIRO – Não.

PRÍNCIPE – Peguei no batente cedo demais. A manhã está tão bela. Quero sair. Que o Marchese Marinelli me acompanhe. Chamem-no. *(O camareiro sai.)* Já não posso mais trabalhar. Eu estava tão tranquilo, ou pelo menos imaginava que estava tranquilo... E de repente uma pobre Bruneschi, que ainda por cima tem de se chamar Emilia... E lá se vai minha tranquilidade, e com ela todo o resto!

O CAMAREIRO *(Que acabava de entrar)* – O Marchese já está sendo procurado. E aqui, uma carta da Condessa Orsina.

PRÍNCIPE – De Orsina? Deixe-a ali.

O CAMAREIRO – O lacaio da condessa está esperando.

PRÍNCIPE – Quero mandar a resposta, já que é tão necessária. Onde ela está? Na cidade? Ou em sua casa de campo?

O CAMAREIRO – Ela veio à cidade ontem.

PRÍNCIPE – Tanto pior... Melhor, eu quis dizer. Assim será menos necessário que o lacaio fique esperando. *(O camareiro sai.)* Minha cara condessa! *(Amargo, enquanto pega a carta.)* Assim está bem, tudo como se a tivesse lido! *(E novamente a joga para o lado.)* Bem, eu acreditei que a amava! No que não somos capazes de acreditar? Até pode ser que um dia a tenha amado de verdade. Mas, fique claro... um dia!

O CAMAREIRO *(Que entrou novamente.)* – O pintor Conti quer ter a honra de...

PRÍNCIPE – Conti? Ainda bem; deixe-o entrar. Isso haverá de melhorar bastante o meu humor. *(Levanta-se.)*

SEGUNDA CENA
Conti. O príncipe.

PRÍNCIPE – Bom dia, Conti. Como anda a vida? O que faz a arte?

CONTI – Príncipe, a arte anda em busca de pão.

PRÍNCIPE – Isso ela não precisa fazer; isso ela não deve fazer, em meus pequenos domínios certamente não... Mas o artista também tem de querer trabalhar.

CONTI – Trabalhar? Esse é o desejo dele. Só que trabalhar demais pode acabar lhe matando o nome de artista.

PRÍNCIPE – Não quero dizer muito, mas muito bem: um pouco, mas com diligência. Não estais vindo de mãos vazias, Conti?

CONTI – Eu trago o retrato que me encomendastes, senhor; e trago ainda um outro, que não me encomendastes, mas que vale a pena ser visto...

PRÍNCIPE – E de quem é? Mal consigo me lembrar...

CONTI – Da condessa Orsina.
PRÍNCIPE – É verdade! A encomenda apenas chega um pouco tarde.
CONTI – É que nossas belas damas não estão sempre à mão. A condessa, de três meses para cá, pôde se decidir a posar apenas uma vez.
PRÍNCIPE – Onde estão as peças?
CONTI – Na antessala: vou pegá-las.

TERCEIRA CENA
O príncipe.

PRÍNCIPE – À sua imagem! Veja! Mas a sua imagem não é ela mesma. E talvez eu ache na imagem, o que já não posso ver na pessoa. Mas não quero mais voltar a encontrá-lo... esse incômodo pintor! Eu até acredito que ela o subornou... Oh, fosse isso! Se com outra imagem, pintada com outras cores, em outro fundo... lhe quisésseis fazer novamente um lugar em meu coração... acredito, e verdadeiramente, que isso me deixaria satisfeito... Quando eu amei por lá, a coisa ia sempre tão leve para mim, tão alegre, tão animada. Agora sou o contrário de tudo isso... Oh, não, não, não! Mais sossegado ou menos sossegado: estou melhor assim.

QUARTA CENA
O príncipe. Conti, com as pinturas,
uma delas virada, apoiada a uma cadeira.

CONTI (*Enquanto mostra a outra.*) – Eu peço, príncipe, que considereis as barreiras de nossa arte. Muito das insinuações da beleza estão completamente além dos limites da mesma. Ficai nessa posição!
PRÍNCIPE (*Depois de breve consideração.*) – Magnífico, Conti, absolutamente magnífico! É a vossa arte, o vosso pincel. Mas lisonjeiro, Conti, completa e infinitamente lisonjeiro!

CONTI – O original não pareceu ser da mesma opinião. Em todo caso, não é mais lisonjeiro do que a arte deve ser lisonjeira. A arte tem de pintar como a natureza plástica[38] – quando ela existe – imaginou o quadro: sem a perda, que a matéria, ao opor resistência, faz perder inevitavelmente; sem a deterioração, com a qual o tempo a combate.

PRÍNCIPE – O artista que pensa tem mérito duplo... Mas o original, dissestes, achou todavia que...

CONTI – Perdoai, Príncipe. O original é uma pessoa que merece todo o meu respeito. Eu não quis revelar nada inconveniente da parte dela.

PRÍNCIPE – Como vos agradar! Mas o que disse o original?

CONTI – Eu estou satisfeita, disse a condessa, se não pareço mais feia.

PRÍNCIPE – Não parecer mais feia? Oh, o verdadeiro original!

CONTI – E ela o disse com uma cara da qual este quadro não revela nem rastro nem suspeita.

PRÍNCIPE – Isso eu já pensava; é exatamente aí que reside a infinita lisonja da qual falei. Oh, eu a conheço, essa cara orgulhosa e sardônica, que desfiguraria o rosto até de uma das Graças! Não posso negar que uns belos lábios, que se retorcem em ares de zombaria, são tanto mais belos muitas vezes. Mas, notai bem, apenas uns ares: o retorcer não deve chegar a se tornar careta, como acontece com essa condessa. E são os olhos que têm de conduzir a fiscalização sobre as voluptuosas zombarias, olhos que a nossa boa condessa absolutamente não tem. Nem sequer aí no quadro.

CONTI – Senhor, eu estou singularmente tocado...

PRÍNCIPE – E por quê? Tudo o que a arte pode fazer de bom com os olhos de Medusa grandes, saltados, fitos e atônitos da condessa,

---

[38] Conceito da filosofia idealista platônica, divulgado na Alemanha por Winckelmann e que seria traduzido, posteriormente, por Goethe, como "natureza formadora", a ideia mestra que atua nos corpos e se manifesta através da matéria. (N. T.)

vós mui honestamente fizestes Conti... Digo honestamente? Se não fosse tão honesto, seria ainda mais honesto. Dizei vós mesmo, Conti, o caráter da pessoa pode ser visto nesse quadro? E, por certo, teria de ser assim. Transformastes orgulho em nobreza, escárnio em sorriso, núncios de exaltação sombria em suave melancolia.

CONTI (*Algo incomodado*) – Ah, meu príncipe, nós artistas calculamos que o quadro acabado ainda encontra o amante tão cálido quanto no tempo da encomenda. Nós pintamos com os olhos do amor: e apenas os olhos do amor deveriam nos julgar.

PRÍNCIPE – Tudo bem, Conti; mas por que não viestes um mês mais cedo com isso? Colocai-o de lado... Qual é a outra peça?

CONTI (*Enquanto vai buscá-la e a traz, ainda virada.*) – Também um retrato feminino.

PRÍNCIPE – Se é assim, talvez fosse melhor nem sequer vê-lo. Pois ao ideal aqui (*com o dedo sobre a testa*), ou melhor aqui (*com o dedo sobre o coração*) certamente não haverá de chegar. Eu desejaria, Conti, admirar vossa arte em outros assuntos.

CONTI – Uma arte mais admirável do que essa haverá de existir; mas certamente não um objeto mais admirável.

PRÍNCIPE – Se é assim, Conti, aposto que é a própria senhora do artista. (*E, enquanto o artista vira o quadro.*) Que vejo eu? Vossa obra, Conti, ou a obra de minha fantasia? Emilia Galotti!

CONTI – Como, meu príncipe? Conheceis este anjo?

PRÍNCIPE (*Enquanto tenta se conter, mas sem desgrudar os olhos do quadro.*) – Mais ou menos! Apenas o suficiente para reconhecê-la. Há algumas semanas, encontrei-a com sua mãe em uma *veghia*.[39] Depois disso, ela só apareceu ante mim em lugares santos, onde o embasbacamento é menos conveniente. Também conheço seu pai. Não é

---

[39] Em italiano, no original: festa, tertúlia. Sabionetta, logo a seguir, Residência original de um dos ramos dos Gonzaga, cuja posse, por parte dos príncipes de Guastalla (cidade junto ao Pó, no norte de Parma), demandou um longo processo que durou até 1703. (N. T.)

meu amigo. Foi o que mais se opôs a meus direitos sobre Sabionetta. Um velho guerreiro; orgulhoso e rude; mas probo e bom!

CONTI – O pai! Mas aqui temos a sua filha.

PRÍNCIPE – Por Deus! Como se roubada do espelho! *(Com os olhos ainda grudados sobre o quadro.)* Oh, sabeis muito bem, Conti, que só se louva o artista convenientemente quando, ao ver sua obra, esquece-se de louvar o artista.

CONTI – Não obstante ela me deixou ainda bastante insatisfeito. Mas, por outro lado, muito satisfeito pela insatisfação que sinto comigo mesmo. Ah! Pena que não possamos pintar diretamente com os olhos! Quanto não se perde no longo caminho desde os olhos pelo braço até o pincel! Mas, é como digo, sei o que foi perdido aqui, como isso foi perdido, e por que isso se perdeu. Estou orgulhoso disso, e mais orgulhoso inclusive do que por tudo aquilo que não deixei se perder. Pois naquilo eu reconheço, mais do que nisto, que eu sou verdadeiramente um grande pintor, mesmo que minha mão não o seja sempre. Ou pensais, príncipe, que Rafael não teria sido o maior gênio da pintura, se ele desafortunadamente tivesse nascido sem mãos? Vós o pensais, príncipe?

PRÍNCIPE *(No momento em que acabou de tirar os olhos do quadro.)* – Que dizeis, Conti? Que quereis saber?

CONTI – Oh, nada, nada! Bobagem! Vossa alma, percebo, estava toda em vossos olhos. E eu amo almas e olhos assim.

PRÍNCIPE *(Com uma frialdade forjada)* – De modo que, Conti, contais que Emilia Galotti esteja entre as beldades mais admiráveis de nossa cidade?

CONTI – Como assim? Entre? Entre as mais admiráveis? E as mais admiráveis de nossa cidade? Na minha opinião estais fazendo troça, Príncipe. Ou, se não, por todo este tempo vistes tão pouco quanto ouvistes.

PRÍNCIPE – Querido Conti *(os olhos novamente fincados no quadro)*, como pode alguém se fiar em seus próprios olhos? No fundo, apenas um pintor pode fazer juízos a respeito da beleza.

CONTI – E qualquer sensação deveria esperar, por acaso, pelo juízo de um artista? Que vá para um convento aquele que quer aprender conosco o que é belo! Mas, como artista, tenho de vos dizer isso, meu príncipe: uma das maiores bem-aventuranças de minha vida toda é Emilia Galotti ter posado para mim. Essa cabeça, essa feição, essa testa, esses olhos, esse nariz, essa boca, esse queixo, esse pescoço, esse seio, esse talhe, toda essa estrutura é o meu único estudo da beleza feminina desde sempre. O original do retrato. Para o qual posou, seu pai ausente o recebeu. Mas esta cópia...

PRÍNCIPE *(Que se voltou, lépido, para ele.)* – Mas e aí, Conti? Não está ainda comprometida?

CONTI – Está para vós, príncipe; se fazeis gosto nisso.

PRÍNCIPE – Gosto! *(Sorrindo.)* Este vosso estudo da beleza feminina, Conti, o que eu poderia fazer melhor do que o fazer também ser um dos meus? Aquele retrato lá podes bem levar de volta, para encomendar uma moldura.

CONTI – Claro!

PRÍNCIPE – Tão belo, tão rico quanto o entalhador conseguir fazê-la. Ele deve ser exposto na galeria. Mas este aí fica aqui. Com um estudo não se faz tanta cerimônia; também não se deixa que o pendurem; mas se o mantém a gosto bem junto à mão. Eu vos agradeço, Conti, eu vos agradeço de fato muito... E, conforme disse: em meu território a arte não deve ir em busca de pão, pelo menos não quando eu mesmo o tiver. Mandai, Conti, ao meu encarregado do tesouro e cobrai, em vosso recibo, tanto quanto quiserdes pelos dois retratos. Tanto quanto quiserdes, Conti.

CONTI – Não sei se não devo temer, príncipe, que vós quereis pagar assim algo mais que a arte.

PRÍNCIPE – Oh, o artista ciumento! Claro que não! Escutai, Conti; tanto quanto quiserdes. *(Conti sai.)*

QUINTA CENA
O príncipe.

PRÍNCIPE – Tanto quanto ele quiser! (*Para o retrato.*) Tu, qualquer que seja teu preço, me sairás muito barata. Ah! bela obra de arte, será verdade que a possuo? Quem poderia possuir também a ti, mais bela das obras-primas da natureza! O que quiserdes por isso, honrada mãe! O que tu quiseres, velho rabugento! Pode exigir! Pode exigir! Mas preferiria comprar-te, feiticeira, de ti mesmo! Esses olhos cheios de encanto e modéstia! Essa boca! E quando ela se abre para falar! Quando ela sorri! Oh, essa boca! Escuto alguém vindo. Mas ainda sinto muito ciúme de você (*enquanto vira o quadro para a parede*). Só pode ser Marinelli. Se eu não tivesse mandado chamá-lo! Que manhã eu poderia ter!

SEXTA CENA
Marinelli. O príncipe.

MARINELLI – Senhor, havereis de me perdoar. Eu não contava com uma ordem assim tão cedo.

PRÍNCIPE – Veio-me uma vontade de sair. A manhã estava tão bela. Mas agora a manhã passou completamente; e a vontade também desapareceu. (*Depois de um curto silêncio.*) Que temos de novo, Marinelli?

MARINELLI – Nada de interessante, que eu saiba. A condessa Orsina veio para a cidade ontem.

PRÍNCIPE – Aqui já está também o seu bom-dia (*mostrando a carta da condessa*), ou o que quer que desejava ser! Eu não estou nem um pouco curioso a respeito disso. Falaste com ela?

MARINELLI – Não sou, por desgraça, o confidente dela? Mas se volto a sê-lo de uma dama, a quem ocorra amar-vos a sério, príncipe, então...

PRÍNCIPE – Nada de jurar, Marinelli!

MARINELLI – Sim? Com efeito, príncipe? Poderia a coisa acontecer? Oh! De modo que a condessa não parece estar completamente desprovida de razão.

PRÍNCIPE – Com toda certeza, completamente sem razão! Meu enlace próximo com a princesa de Massa[40] torna imprescindível que eu suspenda imediatamente todo esse tipo de relações.

MARINELLI – Se fosse só isso. Sendo assim, Orsina decerto apenas teria de se saber em seu destino da mesma forma que o príncipe no seu.

PRÍNCIPE – Que é indiscutivelmente mais duro do que o dela. Meu coração é a vítima de um mísero interesse de Estado. O dela, ela apenas tem de tomar de volta: mas nada a obriga a presenteá-lo contra sua vontade.

MARINELLI – Tomar de volta? Por que tomar de volta? Perguntou a condessa: se não é nada mais do que uma esposa dada ao príncipe não pelo amor, mas pela política. Com uma esposa dessas a amante sempre manterá o seu lugar. Não é a uma esposa assim que ela pensa que o seu amor está sendo sacrificado, mas...

PRÍNCIPE – Uma nova amante. E então? Quereis fazer disso um crime, Marinelli?

MARINELLI – Eu? Oh! Não me entendais mal, meu príncipe, e me confundis com a tola de cujas palavras sou emissário; emissário por compaixão, seja dito. Pois ontem, na verdade, ela me enterneceu particularmente. Ela nem queria falar de seus assuntos convosco. Queria se pôr serena e até fria. Mas, no meio da conversa mais indiferente, escapou-lhe a palavra, uma referência sobre a outra, que atraiçoou seu coração atormentado. Com o jeito mais divertido, disse as coisas mais melancólicas: e, por outro lado, as farsas mais dignas de riso com a cara mais compungida. Ela foi buscar seu abrigo nos livros; e eu temi que eles acabassem por perdê-la.

---

[40] Província da Toscana. (N. T.)

PRÍNCIPE – Assim como também deram a seu escasso entendimento o primeiro impulso. Mas o que principalmente me afastou dela, não quereis utilizar para me reaproximar dela novamente, Marinelli? Se ela fica tola por amor, também o ficaria, cedo ou tarde, sem ele... E agora, chega de falar dela. Falemos de outra coisa! Não há nada de novo na cidade, por acaso?

MARINELLI – Praticamente nada... Pois o fato de o enlace do conde Appiani suceder hoje, não é muito mais que nada.

PRÍNCIPE – Do conde Appiani? Mas com quem? Eu nem sabia que estava comprometido.

MARINELLI – A coisa foi mantida em segredo. Também não havia muito que se fazer barulho por tão pouco. Havereis de rir, príncipe. Mas é assim que acontece aos sentimentais! O amor prega para as piores peças ao coitado. Uma moça, sem posses e sem classe, soube pegá-lo muito bem em sua armadilha, e só com um pouco de disfarce: mas com muitas pompas de virtude e sentimentos, de engenho, e... Que sei eu?

PRÍNCIPE – Quem se deixa levar pelas impressões que a inocência e a beleza causam, sem fazer considerações mais apuradas, penso que deva ser antes invejado que escarnecido. E como se chama a sortuda? Pois Appiani é, antes de tudo... é claro que eu sei que vós, Marinelli, não o suportais, assim como ele não vos suporta... mas, apesar disso, ele é um homem muito jovem e digno, um homem belo, um homem rico, um homem cheio de honra. Eu teria desejado muito poder ligá-lo, de alguma maneira, a mim. Aliás, ainda pensarei nisso.

MARINELLI – Se é que já não é demasiado tarde... Pois, segundo ouço, não faz parte de seus planos construir sua felicidade com os grandes. Quer ir com sua senhora para seus vales no Piemonte: caçar camurças sobre os Alpes; e adestrar marmotas. Que de melhor pode fazer? Ali a coisa vai adequada ao péssimo enlace que arrumou. O círculo dos grandes está fechado desde logo para ele...

PRÍNCIPE – Vós com vosso círculo dos grandes!, no qual o cerimonial, a obrigação, o aborrecimento e não raro até a mesquinhez imperam. Mas me dizei quem é aquela a quem ele oferece tão grande sacrifício.

MARINELLI – É uma tal de Emilia Galotti.

PRÍNCIPE – Como, Marinelli? Uma tal de...

MARINELLI – Emilia Galotti.

PRÍNCIPE – Emilia Galotti? Não pode ser!

MARINELLI – Mas é, senhor.

PRÍNCIPE – Não, eu disse; não é, não pode ser. Vós vos enganais no nome. A estirpe dos Galotti é grande. Até pode ser uma Galotti, mas não Emilia Galotti; não Emilia!

MARINELLI – Emilia... Emilia Galotti!

PRÍNCIPE – Mas então há outra que tem o mesmo nome. Dissestes em todo caso, uma tal de Emilia Galotti... uma tal. Daquela que é de fato Emilia Galotti, só um idiota falaria assim.

MARINELLI – Estais completamente fora de vós, senhor. Conheceis por acaso essa Emilia?

PRÍNCIPE – Aqui sou eu quem faço as perguntas, não você.[41] Emilia Galotti? A filha do capitão Galotti, de Sabionetta?

MARINELLI – Exatamente essa.

PRÍNCIPE – Aquela que mora aqui em Guastalla com sua mãe?

MARINELLI – Exatamente essa.

PRÍNCIPE – Não muito longe da Igreja de Todos os Santos?

MARINELLI – Exatamente essa.

PRÍNCIPE – Em uma só palavra (*enquanto corre para o retrato, e o põe nas mãos de Marinelli*). Aqui! Essa? Essa Emilia Galotti? Diz tuas malditas palavras "exatamente essa" mais uma vez, e enfia-me um punhal no coração!

MARINELLI – Exatamente essa.

PRÍNCIPE – Carrasco! Essa? Essa Emilia Galotti será hoje a...

---

[41] Mudança abrupta no tratamento. Muda de *Sie* (vós), para *Er* (ele), que não tem correspondência direta em português. Revela o enfado do príncipe e mostra a Marinelli sua condição de subordinado. Isso volta a acontecer um pouco depois, e na cena primeira do ato terceiro. (N. T.)

MARINELLI – Condessa Appiani! *(Nesse instante o príncipe arranca o quadro das mãos de Marinelli, e o joga para o lado.)* O casamento se fará sem alarde, na propriedade do pai da noiva, em Sabionetta. Após o meio-dia, mãe e filha, o conde e um par de amigos talvez, irão para lá.

PRÍNCIPE *(Que, no desespero, se atirou sobre uma cadeira.)* – Assim sendo estou perdido! Assim sendo não quero continuar vivendo!

MARINELLI – Mas o que está acontecendo, senhor?

PRÍNCIPE *(Que novamente corre para ele.)* – Traidor! O que está acontecendo? Pois sim, eu a amo, eu a adoro. Você deveria saber! Vós deveríeis saber disso há tempo, vós todos, que acháveis melhor que eu carregasse para sempre as cadeias ignominiosas da louca Orsina! Apenas para que você, Marinelli, você que tantas vezes garantiu a mim a mais profunda amizade... Oh, um príncipe não tem amigos! Não pode ter amigos! Vós, logo vós me ocultais até esse instante, de maneira tão desleal, tão maliciosa, o perigo que ameaça o meu amor: se eu jamais vos perdoarei isso... Da mesma maneira não haverá possibilidade de perdão para os meus pecados!

MARINELLI – Eu mal posso achar palavras, príncipe... se me deixásseis chegar a mostrar meu espanto... Vós amais Emilia Galotti? Então, um juramento frente a outro juramento: que nem anjos, nem santos queiram saber nada de mim, se eu sabia a mínima coisa desse amor, se tinha dele a menor ideia! E o mesmo poderia jurar em nome de Orsina. Vossa suspeita vagueia por um caminho completamente errado.

PRÍNCIPE – Se for assim, perdoai-me, Marinelli *(enquanto se joga aos braços dele)*, e tende piedade de mim.

MARINELLI – Assim é, príncipe! Reconheceis aí o fruto de vossa discrição! "Príncipes não têm amigos! Não podem ter amigos!" E qual é o motivo, se não os têm? É porque não os querem. Hoje eles nos honram com sua confiança, dividem conosco os seus desejos mais secretos, abrem completamente sua alma para nós e amanhã voltamos a ser tão estranhos para eles, como se nunca houvessem trocado sequer uma palavra conosco.

PRÍNCIPE – Ah! Marinelli, como eu poderia confiar a vós o que mal queria confessar a mim mesmo?

MARINELLI – E dessa forma menos ainda o confessaríeis à responsável por vossos tormentos?

PRÍNCIPE – A ela? Todos os meus esforços de falar com ela uma segunda vez foram em vão.

MARINELLI – E a primeira vez...

PRÍNCIPE – Conversei com ela... Oh, estou enlouquecendo! Quanto tempo terei de perder explicando tudo a vós? Vós me vedes, sou uma presa das ondas: por que perguntais tanto, que será de mim? Salvai-me, se podeis: depois perguntai.

MARINELLI – Salvar? Há aqui algo a salvar? O que perdestes, senhor, de declarar à Emilia Galotti, podeis declarar à condessa Appiani. Mercadorias que não se pode ter em primeira mão, compra-se de segunda... e não é raro que as de segunda mão resultem mais baratas.

PRÍNCIPE – Seriedade, Marinelli, seriedade, ou...

MARINELLI – Decerto, mas tanto pior...

PRÍNCIPE – Vós sois um desavergonhado!

MARINELLI – É por isso que o conde quer se mandar daqui. Sim, se é assim, teríamos de pensar em outra coisa.

PRÍNCIPE – E exatamente no quê? Mui querido, mui caro Marinelli, pensai por mim. Que faríeis se estivésseis em meu lugar?

MARINELLI – Antes de qualquer coisa, ver uma insignificância como se fosse uma insignificância; e, dizer a mim mesmo, que não é por acaso que eu sou o que eu sou... ou seja, senhor!

PRÍNCIPE – Não fazeis troça comigo falando de um poder para o qual não posso ver nenhuma utilidade nesse acaso. Dissestes hoje? Já hoje?

MARINELLI – Apenas hoje... deve se passar tudo. E só coisas definitivamente passadas é que não podem ser remediadas. *(Depois de uma curta reflexão.)* Podeis me dar carta branca, príncipe? Assinareis embaixo tudo o que eu fizer?

PRÍNCIPE – Tudo, Marinelli, tudo que puder evitar esse disparate.

MARINELLI – Então, não percamos tempo. Mas não ficai na cidade. Viajai imediatamente para vosso palácio de verão, em Dasalo. O caminho para Sabionetta passa por ali. Se resultar frustrada a tentativa de afastar nesse instante o conde, penso que... Pois bem; eu creio que ele certamente irá cair na armadilha. Príncipe, quereis mandar um emissário à Massa a fim de comunicar vosso casamento? Fazei com que o conde seja esse emissário; com a exigência de que viaje ainda hoje. Compreendeis?

PRÍNCIPE – Magnífico! Trazei-o até mim. Ide, apressai-vos. Vou me jogar imediatamente no coche. *(Marinelli sai.)*

SÉTIMA CENA
O príncipe. O camareiro

PRÍNCIPE – Imediatamente! Imediatamente! Mas onde é que ele está? *(Procurando o retrato em volta de si.)* No chão? Foi duro demais! *(Enquanto o ergue.)* Mas apenas contemplar? Por enquanto, não haverei mais de te contemplar. Por que deveria fincar ainda mais fundo a estaca na ferida? *(Coloca-o de lado.)* Já suspirei e me enlanguesci o suficiente, mais do que deveria, aliás: mas sem fazer nada! E, em razão de essa terna inatividade, por um fio de cabelo, perco tudo... Mas e se tudo estiver mesmo perdido? E se Marinelli não conseguir nada? Por que haveria de confiar também totalmente nele? Agora que me lembro, é nessa hora *(olhando para o relógio)*, é exatamente nessa hora que a piedosa menina cuida de, todas as manhãs, escutar a missa nos dominicanos. E se eu tentasse ir conversar com ela ali? Mas hoje, hoje, no dia de seu casamento... hoje seu coração deve estar ocupado com outras coisas que não a missa. Entretanto, quem pode sabê-lo? Não deixa de ser um caminho. *(Ele toca a campainha, e, enquanto junta apressadamente alguns dos papéis sobre a mesa, o camareiro entra.)* Manda vir o coche! Não chegou ainda nenhum dos conselheiros?

O CAMAREIRO – Camillo Rota.

PRÍNCIPE – Que ele entre. *(O camareiro sai.)* Mas que não tente me reter. Desta vez não! Em outra ocasião estarei com muito gosto à disposição para atender seus escrúpulos. Mas há pouco ainda estava aí a petição de uma tal Emilia Bruneschi *(procurando-o.)* Aqui está. Mas, minha boa Bruneschi, no momento em que tua mediadora...

OITAVA CENA
Camillo Rota, escritos na mão. O príncipe.

PRÍNCIPE – Vinde Rota, vinde. Aqui está o que eu revisei esta manhã. Nada de muito consolador! Vós mesmo havereis de ver o que é necessário dispor a respeito. Vede-o.

CAMILLO ROTA – Bem, senhor.

PRÍNCIPE – Aqui há também uma petição de uma Emilia Galot... Bruneschi, eu quero dizer. Eu até já apus a minha concessão. Mas, de qualquer forma... A coisa não é nenhuma insignificância... Fazei com que o despacho espere. Ou que não espere, tanto faz: como preferirdes.

CAMILLO ROTA – Não como eu quero, senhor.

PRÍNCIPE – Que há mais? Alguma coisa para assinar?

CAMILLO ROTA – Haveria uma condenação à pena de morte para assinar.

PRÍNCIPE – Com o maior prazer. Para cá com ela! Rápido!

CAMILLO ROTA *(Perplexo e fixando os olhos no Príncipe.)* – Uma pena de morte... eu disse.

PRÍNCIPE – E eu ouvi muito bem. E já poderia estar pronta. Tenho pressa.

CAMILLO ROTA *(Olhando em seus escritos.)* – De qualquer forma, não a trouxe comigo... Perdoai-me senhor. Isso pode esperar até amanhã.

PRÍNCIPE – Tanto faz! Junte os escritos e ponde-vos para fora daqui. Tenho de ir... Amanhã, prosseguiremos, Rota! *(Sai.)*

CAMILLO ROTA *(Balançando a cabeça, enquanto recolhe os papéis, preparando-se para sair.)* – Com o maior prazer? Uma condenação à morte e... com o maior prazer? Não poderia deixar que a assinasse nesse momento, mesmo que atingisse o assassino de meu único filho. Com o maior prazer! Com o maior prazer! Chega a me confranger a alma esse horrível... "com o maior prazer"!

Fim do primeiro ato

SEGUNDO ATO
(O cenário, uma sala na casa dos Galotti.)

PRIMEIRA CENA
Claudia Galotti. Pirro.

CLAUDIA *(Saindo em busca de Pirro, que está entrando pelo outro lado.)* – Quem irrompe tão bruscamente aí no pátio?

PIRRO – O patrão, minha senhora.

CLAUDIA – Meu esposo? Como é possível?

PIRRO – Ele me seguiu de perto.

CLAUDIA – Assim de surpresa? *(Indo ao encontro dele.)* Ah! meu amado!

SEGUNDA CENA
Odoardo Galotti. Os anteriores.

ODOARDO – Bom dia, minha querida! Não é verdade que isso é uma surpresa?

CLAUDIA – E das mais agradáveis! Se não for mais do que uma surpresa, é verdade.

ODOARDO – Só uma surpresa! Fique calma. A felicidade do dia de hoje me despertou tão cedo; a manhã estava tão bela; o caminho é tão curto; eu vos presumi tão ocupada por aqui... Como ela se esquece facilmente das coisas, pensei cá comigo. Em uma só palavra: venho, vejo e retorno imediatamente. Onde está Emilia? Sem dúvida alguma ocupada em se ataviar?

CLAUDIA – A sua alma! Ela foi à missa. Hoje, mais do que em qualquer outro dia, disse ela, tenho de suplicar pela graça de Deus. Deixou tudo de lado, pegou seu véu, e se foi...

ODOARDO – Sozinha?

CLAUDIA – São apenas alguns passos...

ODOARDO – Um é o suficiente para se pisar em falso!

CLAUDIA – Não vos zangueis, meu amado; entrai, para descansar um instante e, se quiserdes, tomar um refresco.

ODOARDO – Como quiseres,[42] Claudia. Mas ela não deveria ter ido sozinha.

CLAUDIA – E tu, Pirro, fica aí na antessala, e não deixa entrar nenhuma visita hoje.

TERCEIRA CENA
Pirro, e logo depois Angelo.

PIRRO – Que se apresenta apenas por curiosidade. As coisas que já não me perguntaram nesta última hora! Mas quem vem aí?

ANGELO *(Ainda meio atrás do cenário, vestindo uma capa curta, puxada sobre a cabeça, chapéu encobrindo a testa.)* – Pirro! Pirro!

PIRRO – Um conhecido? *(Enquanto Angelo entra completamente, e joga a capa para trás, destapando a cabeça.)* Céus! Angelo? És tu?

ANGELO – Como bem vês. Caminhei um bom tempo em volta da casa para te encontrar. Só uma palavrinha!

PIRRO – E ainda ousas dar as caras novamente? Desde o último homicídio que cometeste, foste declarado fora-da-lei; pagam uma boa recompensa por tua cabeça...

ANGELO – Mas que tu certamente não quererás faturar...

---

[42] Atente-se à importância dos tratamentos usados e sua variação; Claudia trata seu marido pelo majestático "vós" (*Sie*); Odoardo trata sua mulher pelo singelo "tu" (*du*), o mesmo tratamento usado por Claudia a seguir para se dirigir ao criado. (N. T.)

PIRRO – O que queres? Eu te peço, não me venha trazer problemas.

ANGELO – Com isso, talvez? *(Mostrando-lhe uma bolsa com dinheiro.)* Pega! Isso te pertence!

PIRRO – A mim?

ANGELO – Esqueceste? O alemão, teu patrão anterior...

PIRRO – Cale-te sobre esse assunto!

ANGELO – Que tu, no caminho para Pisa, encaminhaste direto para a nossa armadilha...

PIRRO – Se alguém nos ouvir!

ANGELO – Ainda bem que ele teve a bondade de deixar para nós um anel bem carinho. Não sabias? Ele era caro demais, o anel, para que o transformássemos imediatamente em dinheiro, sem levantar suspeitas. Finalmente a coisa deu um bom lucro. Consegui cem pistolas de ouro por ele: e esta é a tua parte. Pega!

PIRRO – Não quero nada, podes ficar com tudo.

ANGELO – Por mim! Se para ti tanto faz o valor pelo qual arriscas teu pescoço... *(como se quisesse voltar a guardar a bolsa com o dinheiro.)*

PIRRO – Sendo assim, dá aqui! *(Pega-a.)* Mas o que queres? Não foi certamente apenas por isso que me procuraste...

ANGELO – Isso não te parece assim muito crível, não? Velhaco! Por quem nos tomas? Pensas que somos capazes de reter os ganhos justos de alguém? Isso até pode ser moda entre os que são chamados de pessoas honradas, mas não entre nós. Adeus! *(Faz como se quisesse ir embora, mas em seguida volta-se novamente.)* Mas uma coisa eu preciso perguntar. O velho Galotti veio à cidade a galope, completamente só. O que ele está querendo?

PIRRO – Não está querendo nada; um simples passeio a cavalo. Sua filha se casará hoje à noite com o conde Appiani na propriedade na qual ele nasceu. Ele mal pode esperar...

ANGELO – E ele logo cavalgará para lá novamente?

PIRRO – Tão logo que dará de cara contigo, se te demorares mais um pouquinho. Mas não estás preparando nenhum atentado contra ele? Tome tento. Ele é um homem...

ANGELO – E por acaso não o conheço? Não o servi por tanto tempo? Como se houvesse com ele muita coisa que levar! Quando os noivos viajarão para lá?

PIRRO – Perto do meio-dia.

ANGELO – Com grande comitiva?

PIRRO – Em um coche apenas: a mãe, a filha e o conde. Alguns amigos virão de Sabionetta como testemunhas.

ANGELO – E criados?

PIRRO – Apenas dois; além de mim, que irei na frente, a cavalo.

ANGELO – Isso é bom. Mais uma coisinha: de quem é o coche? É o daqui, ou é do conde?

PIRRO – Do conde.

ANGELO – Ruim! Nesse caso, há mais um batedor, além de um cocheiro de mão firme. Pois!

PIRRO – Até estremeço. Mas o que estás querendo? A pouca joia que a noiva levará certamente não paga a pena...

ANGELO – Então a noiva mesmo a paga!

PIRRO – E também nesse crime tenho de ser teu cúmplice?

ANGELO – Tu cavalgarás em frente. Pois cavalga, cavalga! E não te voltes por motivo algum!

PIRRO – Jamais!

ANGELO – Como? Estou quase acreditando que tu queres bancar o escrupuloso. Maroto! Penso que me conheces. Se tu falas! Ora, se houver só uma circunstância diferente do que estás me indicando...

PIRRO – Mas, Angelo, pelo amor de Deus!

ANGELO – Faz a tua parte! *(Sai.)*

PIRRO – Ah! Deixe o diabo te agarrar por um cabelo apenas; e tu serás seu para sempre! Desgraçado que sou!

QUARTA CENA
Odoardo e Claudia Galotti. Pirro.

ODOARDO – Ela demora demais para o meu gosto...

CLAUDIA – Só mais um pouco, Odoardo! Se desencontrar de ti[43] haverá de deixá-la muito compungida.

ODOARDO – Eu ainda tenho de ir ver o conde. Mal posso esperar para chamar esse homem jovem e honrado de meu filho. Tudo me cativa nele. E mais que tudo a decisão de ir viver por sua conta em seus vales paternos.

CLAUDIA – O coração se me arrebenta, quando penso nisso. Assim temos de perdê-la completamente, esta que é nossa única e amada filha?

ODOARDO – Que queres dizer com perdê-la? Sabê-la nos braços do amor? Não confunde teus divertimentos com ela com sua felicidade. Tu apenas renovarias minhas velhas suspeitas de que foram mais os ruídos e as distrações do mundo, e ainda mais a proximidade da Corte, que a necessidade de dar à nossa filha uma educação direita, que te moveram a ficar aqui na cidade com ela... longe de um marido e um pai que tanto vos ama.

CLAUDIA – Que injustiça, Odoardo! Mas me deixa dizer hoje apenas uma coisa para essa cidade, para essa proximidade da Corte, que é tão odiosa à tua severa virtude. Aqui, somente aqui, o amor pôde juntar o que estava destinado um ao outro. Só aqui o conde poderia encontrar Emilia; e a encontrou.

ODOARDO – Com isso eu até concordo. Mas, minha boa Claudia, terás razão por que o desfecho te dá razão? Que bom que a coisa correu assim com essa educação urbana! Mas não queiramos parecer sábios onde não tivemos nada mais do que sorte! Que bom que a coisa correu bem! Eles se encontraram, eles que nasceram um para o outro: mas deixemos que se mandem para onde os chama a tranquilidade e a inocência. O que quereria o conde aqui? Fazer vênias, troças e rastejar diante dos outros, talvez desbancar esses Marinellis? E, finalmente, fazer uma fortuna da qual não tem a

---

[43] Um aumento de intimidade e uma leve repreensão permitem o "tu" também à mulher... (N. T.)

mínima necessidade? E, finalmente, alcançar uma honra cheia de dignidade, que para ele não seria nada? – Pirro!

PIRRO – Aqui estou.

ODOARDO – Vai e leva meu cavalo para diante da casa do conde. Irei depois e quero ir montado. *(Pirro sai.)* Por que o conde deveria servir aqui, se lá ele mesmo pode mandar? Além disso, tu não pensas, Claudia, que através do enlace com nossa filha ele estará completamente arruinado diante do príncipe. O príncipe me odeia...

CLAUDIA – Talvez bem menos do que tu receias.

ODOARDO – Receias! Como se eu o receasse!

CLAUDIA – Mas, já te disse que o príncipe viu nossa filha?

ODOARDO – O príncipe? E onde foi?

CLAUDIA – Na última *veghia*, junto ao chanceler Grimaldi, que ele honrou com sua presença. Ele se mostrou tão magnânimo com ela...

ODOARDO – Tão magnânimo?

CLAUDIA – Conversou com ela por tanto tempo...

ODOARDO – Conversou com ela?

CLAUDIA – Parecia tão enfeitiçado com sua vivacidade e seu espírito...

ODOARDO – Tão enfeitiçado?

CLAUDIA – Disse tantas lisonjas de sua beleza...

ODOARDO – Lisonjas? E tudo isso tu me contas em um tom de entusiasmo? Oh, Claudia! Claudia! Mãe vaidosa e insensata!

CLAUDIA – Como assim?

ODOARDO – Está bem, está bem! Também isso se passou assim. Ah, se eu apenas imagino que... É exatamente esse o lugar onde eu sou mais mortalmente vulnerável! Um libertino que admira, que cobiça... Claudia! Claudia! Só de pensar, fico furioso. Tu tinhas de ter me comunicado isso imediatamente. Não, eu não queria te dizer nada desagradável hoje. Eu o diria *(enquanto ela o segura na mão)* se ficasses por mais tempo. Por isso, deixe-me! Deixe-me! Adeus, Claudia! Que tenhas uma boa viagem!

QUINTA CENA
Claudia Galotti.

CLAUDIA – Que homem! Oh, a áspera virtude! Se ela aproveitasse esse nome de outro modo... Tudo lhe parece suspeito, tudo lhe parece recriminável! Ou, se isso significa conhecer os homens: quem no fundo desejaria conhecê-los? Mas e onde fica a nossa Emilia? Se é o inimigo do pai: por conseguinte... por conseguinte... se tem um olho grudado na filha será somente para afrontar a ele?

SEXTA CENA
Emilia e Claudia Galotti.

EMILIA *(Entrando atabalhoadamente e com expressão de medo estampada no rosto.)* – Ai, menos mal! Agora estou a salvo. A não ser que ele tenha me seguido. *(Enquanto joga o véu para trás e vê sua mãe.)* Ele está me seguindo minha mãe? Ele está? Não, graças a Deus!

CLAUDIA – Que há contigo, filha? Que há contigo?

EMILIA – Nada, nada...

CLAUDIA – E por que olhas tão amedrontada ao teu redor? E tens tremores por todo o corpo?

EMILIA – O que tive de ouvir! E onde tive de ouvi-lo!

CLAUDIA – Eu acreditava que estavas na Igreja...

EMILIA – E eu estava justamente lá! Mas o que é para o vício uma igreja e um altar? Ah, minha mãe! *(Se jogando nos braços dela.)*

CLAUDIA – Fala, minha filha! Bota um fim no meu temor. Que de tão ruim pode ter te acontecido em sítio sagrado?

EMILIA – Nunca o meu culto deveria ter sido mais íntimo, mais fervoroso do que hoje: e foi menos fervoroso e íntimo do que nunca.

CLAUDIA – Nós somos humanos, Emilia. A dádiva de orar não está sempre em nosso poder. Para os céus, querer orar já significa orar.

EMILIA – E querer pecar já significa pecar.

CLAUDIA – Mas isso a minha Emilia certamente não quis!

EMILIA – Não, minha mãe; tão fundo a graça não me deixou descer. Mas o vício de outros, mesmo contra nossa vontade, pode nos tornar cúmplices!

CLAUDIA – Controla-te! Refaz teus pensamentos o mais rápido possível. E me diga de uma vez por todas o que foi que aconteceu.

EMILIA – Eu acabara de me ajoelhar... mais longe do altar do que de costume... porque cheguei demasiado tarde... No momento em que começava a elevar meu coração, algo ocupou lugar bem pertinho, atrás de mim. Tão pertinho atrás de mim! Eu não podia me virar nem para frente nem para o lado, tanto quanto eu desejaria; de medo que o culto de outro pudesse perturbar o meu... Culto! E era o pior que eu poderia ter arranjado. Mas não demorou muito, e de repente ouvi, bem próximo de meu ouvido, depois de um profundo suspiro, não o nome de uma santa... o nome... não vos zangueis, minha mãe... o nome de vossa filha! Meu nome! Oh, se trovões retumbantes me tivessem impedido de ouvir o que se seguiu! Aquilo falava de beleza, de amor... aquilo se lamentava que este dia, que fazia toda a minha felicidade... se ele não fizesse o que estava fazendo... decidiria para sempre a sua desgraça. Aquilo me suplicou e eu tive de ouvir tudo. Mas não me virei, queria fingir que não ouvira nada. E que outra coisa eu poderia fazer? Implorar ao meu bom anjo-da-guarda que me deixasse surda; mesmo que... mesmo que para sempre! E eu implorei para que isso acontecesse; foi a única coisa que eu pude implorar. Finalmente era chegada a hora de me levantar novamente. A missa havia chegado ao fim. Eu tremia só de pensar em me virar. Eu tremia só de pensar em vê-lo, aquele que se permitiu esse sacrilégio. E, quando me virei, quando o vi...

CLAUDIA – Quem, minha filha?

EMILIA – Adivinhai, minha mãe, adivinhai... Acreditei que iria desaparecer na terra... Ele mesmo.

CLAUDIA – Quem, ele mesmo?

EMILIA – O príncipe.

CLAUDIA – O príncipe! Oh, bendita seja a impaciência de teu pai, que ainda há pouco aí estava, e não quis te esperar!

EMILIA – Meu pai aqui? E não quis me esperar?

CLAUDIA – Se tu, em tua confusão, também o deixasses ouvir isso!

EMILIA – Mas, minha mãe? O que poderia ele achar de condenável em minha conduta?

CLAUDIA – Nada; da mesma forma que na minha. Mas mesmo assim, mesmo assim... Ah, tu não conheces o teu pai! Em sua fúria ele teria confundido o inocente objeto do crime com o próprio criminoso. Em sua raiva lhe pareceria que eu provoquei tudo aquilo que não pude impedir nem antever. Mas continue, minha filha, continue! Quando tu reconheceste o príncipe... Quero crer que te controlaste o suficiente a ponto de poder mostrar em um só olhar todo o desprezo que ele merecia.

EMILIA – Isso eu não pude fazer, minha mãe! Depois do olhar em que o reconheci, não teria forças no coração para lhe dirigir outro. Eu fui embora...

CLAUDIA – E o príncipe atrás de ti...

EMILIA – O que não percebi até que, no pórtico, senti que me seguravam pela mão. E era ele! Tive de parar de tanta vergonha: me libertar dele, faria com que os passantes prestassem demasiada atenção em nós. Essa foi única reflexão que fui capaz de fazer... ou a única da qual consegui me lembrar. Ele falou, e eu lhe respondi. Mas o que ele falou e o que eu lhe respondi... isso me vem à memória e eu quero dizê-lo a vós, minha mãe. Mas agora não me lembro de nada. Meus sentidos me abandonaram. Não consigo me recordar como me livrei dele e como saí do pórtico. Só na rua recobrei os sentidos; e ouvi-o vindo atrás de mim; e ouvi-o simultaneamente entrar comigo em casa, subir comigo os degraus...

CLAUDIA – O medo tem seu sentido peculiar, minha filha! Eu jamais esquecerei com que gestos tu irrompeste em casa. Não, tão longe ele não ousaria te seguir. Deus! Deus! Se teu pai soubesse disso!

Ele já estava tão furioso só por ouvir que o príncipe te havia visto faz pouco, que não lhe havias desagradado! Portanto, fica quieta, minha filha! Faz de conta que é um sonho, aquilo que te aconteceu. E certamente terá menos consequências do que se fosse um sonho realmente. Hoje tu te escaparás de uma só vez de todas as perseguições.

EMILIA – Será mesmo, minha mãe? O conde tem de saber disso. A ele eu tenho de contá-lo.

CLAUDIA – Com os diabos, não! Por quê? Para quê? Queres, por nada, novamente por nada, inquietá-lo? E mesmo se ele não se inquietar agora, haveria de saber, minha criança, que um veneno que não atua imediatamente, nem por isso é menos perigoso. O que não causar impressão no namorado, poderá causar impressão no esposo? O namorado até poderia fazer troça disso, sobrepujar um concorrente tão importante. Mas, assim que o tivesse sobrepujado... Ah, minha criança, do amado é feita tantas vezes uma criatura tão diferente. Que teus astros te protejam de uma experiência dessas.

EMILIA – Sabeis, minha mãe, o quanto me sujeito a vossos melhores juízos. Mas, e se ele souber por outros que o príncipe conversou comigo hoje? Não haveria o meu silêncio de, cedo ou tarde, aumentar seu desassossego? Eu sempre pensei que não deveria manter nenhum segredo para com ele.

CLAUDIA – É fraqueza! É fraqueza de enamorada! Não, de modo algum, minha filha! Não diz nada a ele. Não deixa que ele perceba nada!

EMILIA – Tudo bem, minha mãe! Não tenho nenhum desejo contra os vossos. Ahá! *(Com um suspiro fundo.)* A coisa volta a ficar leve para mim. Que coisa mais tola, mais medrosa que eu sou! Não é verdade, minha mãe? Poderia ter me comportado de maneira bem diferente, e de qualquer forma não me perdoaria.

CLAUDIA – Não queria dizê-lo a ti, minha filha, antes que teu próprio e saudável entendimento o dissesse. E sabia que ele o diria, assim que tu voltasses a ti... O príncipe é galante. Tu estás demasiado pouco habituada à língua sem importância da galantaria. Nela, uma delicadeza é tida por um sentimento; uma lisonja por uma promessa; uma ideia por um desejo; um desejo por uma proposta. Nada soa como tudo nessa língua; tudo nela é tanto quanto nada.

EMILIA – Oh, minha mãe! Assim eu me sinto completamente ridícula em meu medo! É óbvio que ele não deve saber nada disso; meu bom Appiani! Ele bem poderia me achar antes vaidosa do que virtuosa. Ora, mas é ele mesmo que vem aí! É ele, conheço seu passo.

SÉTIMA CENA
Conde Appiani. Os anteriores.

APPIANI *(Entra, de olhos melancólicos e fincados no chão a sua frente, e se aproxima sem as ver; até que Emilia corre a seu encontro.)* – Ah, amada minha! Não esperava vos encontrar na antessala.

EMILIA – Eu vos desejo feliz, senhor conde, mesmo onde não esperais que eu esteja. Tão cerimonioso? Tão sério? Não merece esse dia uma feição mais feliz?

APPIANI – Ele o merece mais que a minha vida toda. Mas prenhe de tantas bem-aventuranças para mim, que pode ser que é exatamente essa bem-aventurança mesma que me faz tão sério, que me faz, como vós o dizeis, minha senhorita, tão cerimonioso. *(Enquanto vê a mãe.)* Ah! vós também aqui, minha senhora! Em breve poderei vos venerar- com um nome mais íntimo!

CLAUDIA – Que haverá de ser meu maior orgulho! Como és ditosa, minha Emilia! Por que teu pai não quis partilhar de nosso encantamento?

APPIANI – Há pouco logrei estreitá-lo em meus braços, ou melhor, ele a mim nos seus. Que homem, minha Emilia, é o vosso pai! O modelo da virtude varonil! A que tipo de sentimentos não se elevou minha alma em sua presença! Nunca a minha decisão de ser sempre bom, sempre honrado, é mais viva do que quando o vejo... do que quando o imagino. E com que, ademais, se não com a realização dessa decisão posso ser merecedor da honra de ser chamado de seu filho; ser o vosso amado, minha Emilia?

EMILIA – E ele não quis me esperar!

APPIANI – Julgo que seja porque a sua Emilia, por essa visita momentânea, o comoveria em demasia, se apoderaria por demais de sua alma inteira.

CLAUDIA – Ele acreditava que te acharia lidando com os adornos de noivado, e mandou lhe dizer...

APPIANI – O que disse também a mim, e provou minha mais afetuosa admiração. Tudo bem, minha Emilia! Eu haverei de ter em vós uma esposa devota; e que não é orgulhosa de sua devoção.

CLAUDIA – Mas, minhas crianças, não é por fazer uma coisa que seja necessário abandonar as outras! Mas o tempo urge; anda, Emilia!

APPIANI – O que, minha senhora?

CLAUDIA – Vós certamente não a quereis levar para o altar como aí está, senhor conde?

APPIANI – Realmente, só agora é que me dou conta disso... Também, quem vos pode ver, Emilia, e ao mesmo tempo dar atenção ao que vos enfeita? E por que não assim, exatamente como aí está?

EMILIA – Não, meu querido conde, não assim; não exatamente assim. Mas também não muito mais vistosa; não muito. Num zás-trás estou pronta! Nenhuma, absolutamente nenhuma das joias do último presente de vossa pródiga generosidade! Nada, absolutamente nada, do que se referir a essas joias! Eu até poderia ficar desgostosa com essas joias, se não fossem dadas por vós. Pois três vezes sonhei com elas...

CLAUDIA – Bom, disso eu não sei nada.

EMILIA – Como se as usasse, como se de repente cada uma dessas pedras se transformasse em uma pérola. Mas pérolas, minha mãe, pérolas significam lágrimas.

CLAUDIA – Filha! O significado é mais fantasioso que o próprio sonho. Não gostaste tu desde sempre mais de pérolas do que de pedras?

EMILIA – Sim, minha mãe, certamente...

APPIANI *(Reflexivo e pesaroso.)* – Significam lágrimas... significam lágrimas!

EMILIA – Como? A vós isso causa estranheza? A vós?

APPIANI – Pois sim; eu deveria sentir vergonha... Mas quando as faculdades imaginativas se dispõem a quadros lutuosos...

EMILIA – Mas por que ela é assim? O que imaginais que eu pensei para comigo? O que eu usava, como eu vos pareci quando vos agradei pela primeira vez? Ainda vos lembrais disso?

APPIANI – Se ainda me lembro? Jamais a vejo de outra forma em meus pensamentos; e também a vejo assim, inclusive quando não a vejo.

EMILIA – Então, um vestido da mesma cor, do mesmo corte; livre, leve e solto...

APPIANI – Magnífico!

EMILIA – E o cabelo...

APPIANI – Em seu próprio brilho castanho; em anéis, como a natureza os dispôs...

EMILIA – Sem esquecer a rosa que vai neles! Exato! Exato! Um pouco de paciência, e estarei exatamente assim diante de vós!

OITAVA CENA
Conde Appiani. Claudia Galotti.

APPIANI *(Enquanto a segue com o olhar, de rosto baixo.)* – Pérolas significam lágrimas! Um pouco de paciência! Sim, que bom se o tempo estivesse fora de nós! Se um minuto no mostrador não pudesse se converter em anos para nós!

CLAUDIA – A observação de Emilia, senhor conde, foi tão rápida quanto certeira. Estais de fato mais sério hoje do que comumente. Só mais um passo da meta de vossos desejos, e vos arrependeríeis, senhor conde, de que essa seja a meta de vossos desejos?

APPIANI – Ah, minha mãe, e desconfiaríeis isso de vosso filho? Mas, é verdade; estou, hoje, mais triste e sombrio do que de costume. Mas vede, minha senhora; estar a um passo da meta, no fundo é a mesma coisa que não ter sequer começado a andar... Tudo o que vejo, tudo o que ouço, tudo o que sonho, me prega desde ontem e anteontem essa verdade. Esse único pensamento se encadeia em qualquer outro, que eu tenho de ter e quero ter. O que é isso? Eu não posso compreendê-lo...

CLAUDIA – Vós me deixais tão intranquila, senhor conde...

APPIANI – E uma coisa chama a outra! Estou descontente, descontente com meus amigos, comigo mesmo...

CLAUDIA – Mas por quê?

APPIANI – Meus amigos simplesmente pediram que eu dissesse uma palavra sobre o meu casamento ao príncipe, antes de consumá-lo. Eles admitem que não tenho nenhuma obrigação de fazê-lo. Mas o respeito para com ele o impõe... E fui fraco o suficiente para prometê-lo a eles. Assim, queria ainda comparecer diante dele.

CLAUDIA *(Perplexa.)* – Diante do príncipe?

NONA CENA

Pirro, logo depois Marinelli. Os anteriores.

PIRRO – Senhora, o marquês Marinelli está diante da casa, e pergunta pelo senhor conde.

APPIANI – Por mim?

PIRRO – Aqui já está ele. *(Abre-lhe a porta e sai.)*

MARINELLI – Eu vos peço perdão, senhora. Meu senhor conde, estive em sua casa, e fiquei sabendo que o encontraria aqui. Tenho um encargo urgente para vós... Senhora, peço perdão mais uma vez; em alguns minutos tudo estará resolvido.

CLAUDIA – Minutos que eu não quero retardar. *(Faz uma reverência a ele e sai.)*

DÉCIMA CENA
Marinelli. Appiani.

APPIANI – E então, meu senhor?

MARINELLI – Venho a serviço de Sua Alteza, o príncipe.

APPIANI – O que há, por sua ordem?

MARINELLI – Eu tenho orgulho de ser o portador de uma graça tão abençoada. E, se o conde Appiani não quiser ignorar que sou um de seus melhores amigos...

APPIANI – Sem mais delongas, se o posso pedir.

MARINELLI – Pois bem! O príncipe tem de enviar imediatamente um representante ao duque de Massa para tratar do assunto de seu enlace com a princesa, sua filha. Por longo tempo esteve indeciso sobre quem ele nomearia para fazê-lo. Finalmente tomou a decisão, senhor conde, e ela recaiu sobre vós.

APPIANI – Sobre mim?

MARINELLI – E isso, se é que a amizade pode se jactar nesse caso, não sem minha intervenção...

APPIANI – Realmente, por uma lembrança vós me colocais em situação difícil. Já há tempo não esperava mais que o príncipe se dignasse a solicitar meus serviços.

MARINELLI – Estou certo de que só lhe faltou uma ocasião digna. E, se mesmo essa não lhe parecer digna o suficiente para um homem como o conde Appiani, então está claro que minha amizade foi precipitada.

APPIANI – Amizade e amizade, pela terceira vez! Com quem, pois, estou falando? A amizade do marquês Marinelli, eu nem me permitiria sonhar com ela.

MARINELLI – Eu reconheço minha injustiça, senhor conde, minha imperdoável injustiça de, sem a vossa permissão, querer ser vosso amigo. Mas, que importa isso, nesse caso? As graças do príncipe, a honra que lhe concede, seguem sendo o que conta, e não duvido que o aceitará com grande prazer.

APPIANI *(Depois de refletir um bocado.)* – Certamente.

MARINELLI – Nesse caso, vinde comigo.

APPIANI – Para onde?

MARINELLI – Para Dasalo, falar com o príncipe. Já está tudo pronto; e tendes de viajar ainda hoje.

APPIANI – O que dizeis? Ainda hoje?

MARINELLI – Melhor ainda se nessa mesma hora, do que na seguinte. O assunto é de máxima urgência.

APPIANI – De verdade? Então só me resta lamentar ter de recusar a honra com a qual o príncipe me distinguiu.

MARINELLI – Como?

APPIANI – Eu não posso viajar hoje; amanhã também não; sequer depois de amanhã...

MARINELLI – Deveis estar brincando, senhor conde.

APPIANI – Convosco?

MARINELLI – Incomparável! Se a brincadeira se refere ao príncipe, é tanto mais divertida. Vós não podeis viajar?

APPIANI – Não, meu senhor, não. E espero que o príncipe em pessoa admita minhas sinceras desculpas...

MARINELLI – Que eu estou curioso por ouvir.

APPIANI – Oh, uma insignificância! Sabei que ainda hoje vou me casar.

MARINELLI – Sim, e daí?

APPIANI – E daí? E daí? Vossa pergunta é desesperadamente ingênua.

MARINELLI – Existem exemplos, senhor conde, de que casamentos podem ser adiados. Naturalmente não posso acreditar que isso sempre será conveniente à noiva e ao noivo. A ocasião parece ter seus aspectos desagradáveis. Mas, de qualquer forma, eu pensei que a ordem do senhor...

APPIANI – A ordem do senhor? Do senhor? Um senhor que nós mesmos escolhemos é, de fato, nosso senhor... Até admito que sejais devedores da obediência mais incondicional ao príncipe. Mas eu, eu não. Eu vim à sua corte voluntariamente. Quis ter a honra de o servir: mas não de virar seu escravo. Eu sou o vassalo de um senhor ainda maior...

MARINELLI – Maior ou menor, um senhor é um senhor.

APPIANI – Não discutirei convosco acerca disso. Basta, dizei ao príncipe o que ouvistes: que eu lamento muito não poder aceitar seu favor; porque exatamente hoje consumarei uma união que há de coroar a minha felicidade.

MARINELLI – Não quereis deixar que ele saiba logo com quem?

APPIANI – Com Emilia Galotti.

MARINELLI – A filha desta casa?

APPIANI – Sim, a filha desta casa.

MARINELLI – Hum! Hum!

APPIANI – Senhor?

MARINELLI – Eu deveria pensar que dessa forma seria ainda menos dificultoso interromper a cerimônia até a vossa volta.

APPIANI – A cerimônia? Apenas a cerimônia?

MARINELLI – Os bons pais não quererão tudo assim tão certinho.

APPIANI – Os bons pais?

MARINELLI – E Emilia vos aguardará, sem dúvida alguma?

APPIANI – Sem dúvida alguma? Do que não há dúvida alguma.... é de que vós sois um palhaço!

MARINELLI – Como se atreve, conde?

APPIANI – E por que não?

MARINELLI – Céus e infernos! Ainda haveremos de nos falar de perto.

APPIANI – Arre! O palhaço é malicioso, mas...

MARINELLI – Maldito seja! Conde, eu exijo satisfação.

APPIANI – Isso até se compreende.

MARINELLI – E queria que fosse nesse momento... mas não quero estragar o dia de hoje para o afetuoso noivo.

APPIANI – Oh, coisinha benévola! Claro que não! Claro que não! *(Enquanto o pega pelo braço.)* Certamente não permitirei que me mandem para Massa hoje, mas tenho tempo de sobra para um passeio com Vossa Senhoria. Vamos, vamos!

MARINELLI *(Que se livra dele e se manda.)* – Paciência, conde, paciência!

DÉCIMA PRIMEIRA CENA
Appiani. Claudia Galotti.

APPIANI – Embora daqui, sujeito indigno! Ahá! Isso me fez bem. Meu sangue entrou em ebulição. Me sinto diferente e melhor.

CLAUDIA *(Ligeira e preocupada.)* – Deus! Senhor conde... Escutei uma discussão violenta. Vosso rosto arde em brasas. O que se passou?

APPIANI – Nada, senhora, absolutamente nada. O secretário Marinelli me prestou um grande serviço. Ele me dispensou de minha ida ao príncipe.

CLAUDIA – Com efeito?

APPIANI – De modo que podemos ir ainda mais cedo. Vou preparar o meu pessoal, e logo estarei de volta. Nesse tempo, Emilia estará pronta.

CLAUDIA – Posso ficar tranquila, senhor conde?

APPIANI – Absolutamente tranquila, senhora. *(Ela entra e ele se vai.)*

Fim do segundo ato

TERCEIRO ATO
(O cenário: uma antessala no palácio de verão do príncipe.)

PRIMEIRA CENA
O príncipe. Marinelli.

MARINELLI – Em vão, ele recusou com o maior desprezo a honra que lhe foi concedida.

PRÍNCIPE – E ficou por isso? De modo que a coisa vai se dar? Emilia será sua, portanto, ainda hoje?

MARINELLI – Ao que tudo indica.

PRÍNCIPE – Como pude confiar em vossa ideia! Ademais, quem pode saber quão estupidamente lidastes com ela. Se o conselho de um tolo uma única vez se mostra bom, pelo menos deve ser executado por um homem sensato. Eu deveria ter pensado nisso.

MARINELLI – Essa sim que é uma boa recompensa.

PRÍNCIPE – E por que haveria de vos recompensar?

MARINELLI – Por estar disposto a arriscar minha vida por isso... Quando vi que nem a seriedade nem o escárnio poderiam convencer o conde a botar o amor depois da honra, procurei açulá-lo com provocações. Disse-lhe coisas que o deixaram fora de si. Ele proferiu insultos contra mim e eu exigi satisfações, e as exigi naquele mesmo instante. Pensei assim: ou ele a mim; ou eu a ele. Eu a ele e o campo estará livre para nós. Ele a mim, que fosse, também seria bom; assim ele teria de fugir, e o príncipe pelo menos ganharia tempo.

PRÍNCIPE – Teríeis feito isso, Marinelli?

MARINELLI – Ora! Pelo menos deveria se saber de antemão, quando se está tão tolamente pronto a se sacrificar pelos grandes... E se deveria saber também de antemão como eles se mostrarão reconhecidos...

PRÍNCIPE – E o conde? Sua reputação diz que ele não permite que lhe digam algo assim por duas vezes.

MARINELLI – Segundo dizem, sem dúvida. Mas quem pode levá-lo a mal por isso? Replicou que por hoje teria algo bem mais importante a fazer do que quebrar seu pescoço em luta comigo. Assim, chamou-me para cumpri-lo uma semana após o casamento.

PRÍNCIPE – Com Emilia Galotti! Tão só a lembrança já me deixa furioso! E vos parece que tudo vai bem, e ides, e vindes e fazeis fanfarras de que arriscastes vossa vida por mim; oh, se sacrificar por mim...

MARINELLI – Mas, senhor, que mais queríeis que eu fizesse?

PRÍNCIPE – Que mais que isso? Como se você tivesse feito alguma coisa!

MARINELLI – Mas, escutai, senhor, o que fizestes vós por vós mesmos? Vos mostraste tão feliz só de falar com ela na igreja. Que conversastes com ela?

PRÍNCIPE *(Irônico.)* – Curiosidades para sua satisfação! Que eu só tive de contentar. Oh, aconteceu tudo como eu queria. Vós não precisais mais vos esforçar, meu amigo sempre-pronto-a-servir! Conforme pedi, ela me acompanhou por mais de metade do caminho. Eu apenas deveria tê-la trazido logo comigo. *(Frio e imperativo.)* Agora sabeis, o que queríeis saber... e podeis vos retirar!

MARINELLI – E podeis vos retirar! Sim, sim, este é o final da história! E assim será, mesmo que eu queira tentar o impossível? Eu disse o impossível? Tão impossível até que não é; mas é temerário. Se tivéssemos a noiva em nosso poder, posso garantir que o casamento não se realizaria.

PRÍNCIPE – Quê! O que esse homem não garante! Eu só precisaria lhe confiar o mando de minha guarda pessoal, e ele prepararia uma emboscada no caminho; com cinquenta homens assaltaria um coche, arrancando dele uma moça que traria para mim triunfalmente.

MARINELLI – Pode se raptar uma menina com violência, sem que isso se pareça com um assalto violento.

PRÍNCIPE – Se soubésseis como fazê-lo, não ficaríeis aí palrando tanto tempo sobre isso.

MARINELLI – Mas em relação ao desfecho nada se pode garantir. Poderiam acontecer acidentes...

PRÍNCIPE – E é de meu feitio deixar pessoas responderem por aquilo que elas não são responsáveis?

MARINELLI – Sendo assim, senhor... *(Ouve-se um disparo ao longe.)* Ah! Que foi isso? Ouvi bem? Não ouvistes, senhor, um disparo? E agora mais um!

PRÍNCIPE – Mas o que é isso? Que está acontecendo?

MARINELLI – Que pensais que possa estar acontecendo? E se eu fosse mais atuante do que vós acreditais?

PRÍNCIPE – Mais atuante? Vamos o que foi que...

MARINELLI – Para resumir: o que eu disse, aconteceu.

PRÍNCIPE – É possível?

MARINELLI – Apenas não vos esqueçais, príncipe, daquilo que me garantistes. Eu tenho a vossa palavra...

PRÍNCIPE – Mas as medidas são tão...

MARINELLI – As únicas que poderiam ser tomadas! A realização foi destinada a pessoas nas quais posso confiar. O caminho passa diretamente pela prancha do bosque de caça. Ali, uma parte dos homens caiu sobre o coche; para saqueá-lo. Uma outra parte, na qual se encontra um dos meus servos, acudirá correndo, vinda do bosque, aparentemente para socorrer os assaltados. Durante a peleja, que ambas as partes simularão manter, meu servo agarrará Emilia como se quisesse salvá-la, e, através do bosque de caça, a conduzirá ao castelo. Esse é o acordo. Que tendes a dizer, príncipe?

PRÍNCIPE – Vós me surpreendeis de um modo singular. E uma angústia me domina... *(Marinelli vai até a janela.)* Para onde estais olhando?

MARINELLI – Tem de ser aí para baixo! Certo! E um mascarado vem já a todo galope lá perto da prancha; sem dúvida para me noticiar o sucesso. Afastai-vos, senhor.

PRÍNCIPE – Ah, Marinelli!

MARINELLI – Sim? Faltava-me ouvir agora que fiz demais, depois de ouvir antes que fiz pouco?

PRÍNCIPE – Isso também não. Mas eu não posso prever como tudo isso irá acabar...

MARINELLI – Prever? Melhor atuar, de uma vez por todas. Afastai-vos depressa. O mascarado não precisa vos ver. *(O príncipe sai.)*

SEGUNDA CENA
Marinelli, e logo depois Angelo.

MARINELLI *(Que volta para a janela.)* – Lá vai o coche, lentamente, em direção à cidade. Tão lento? E com um criado em cada porta? Esses sinais não me agradam: parece que o golpe só teve sucesso pela metade... que se volta com cuidado, levando um ferido, e não um morto. O mascarado já está aqui. É Angelo em pessoa. O temerário! Enfim, aqui é ele quem melhor conhece os atalhos. Eis que me acena. Ele deve estar certo de que fez bem a coisa. Ahá, senhor conde, que não quisestes ir à Massa e agora tendes de percorrer um caminho muito mais longo! Aprendestes agora como são os palhaços? *(Enquanto chega à porta.)* Certamente são maliciosos... E então, Angelo?

ANGELO *(Que tira a máscara)* – Tende cuidado, senhor secretário! Vão trazê-la em seguida.

MARINELLI – E como se passou a coisa no mais?

ANGELO – Penso que perfeitamente bem.

MARINELLI – E quanto ao conde?

ANGELO – Foi tudo bem! Assim, assim! Mas ele certamente desconfiou de algo, pois não estava completamente desprevenido.

MARINELLI – Dize-me sem meias-palavras o que tu tens a dizer! Ele está morto?

ANGELO – Só lamento pelo bom senhor.

MARINELLI – Aí está, para o teu coração compassivo! *(Estende-lhe uma bolsa com ouro.)*

ANGELO – Ademais, meu pobre Nicolo teve de pagar o pato.

MARINELLI – Como assim? Perdas em ambos os lados?

ANGELO – Como sinto por ele, era um rapaz honrado! Mesmo que sua morte já me propicie *(enquanto balança a bolsa na mão)* um aumento de um quarto nisso tudo. Eu sou o seu herdeiro, porque fui eu quem o vingou. Esta é a nossa lei, a melhor, creio eu, que se pôde fazer para a fidelidade e a amizade. Esse Nicolo, senhor secretário...

MARINELLI – Tu com o teu Nicolo! Mas e o conde, e o conde...

ANGELO – Raios! O conde o pegou direitinho. Por isso eu tive de pegar o conde! Ele caiu, e, se voltasse vivo ao coche, tenho certeza de que não sairia vivo dele.

MARINELLI – Que isso esteja certo, Angelo.

ANGELO – Que eu vos perca como cliente, se isso não está certo. Tendes mais alguma coisa a ordenar? Pois o meu caminho é longo: queremos transpor a fronteira ainda hoje.

MARINELLI – Pois vá.

ANGELO – Se houver algo novo, senhor secretário, sabeis bem onde podeis perguntar por mim. O que outro tem coragem de fazer, para mim também não haverá de ser nenhum mistério. E olha que cobro menos do que qualquer outro. *(Sai.)*

MARINELLI – Isso é bom! Mas não de todo bom. Arre, Angelo! Ser assim tão sovina! Ele seria perfeitamente merecedor de um segundo tiro. Pobre conde, terá de talvez agonizar por tanto tempo! Arre, Angelo! Isso significa levar a cabo o seu ofício de maneira assaz cruel; e estragar tudo ao final. Mas o príncipe não precisa saber de nada disso por agora. Ele mesmo terá de chegar à conclusão de o quanto esta morte lhe é propícia. Esta morte! O que eu não daria para ter certeza!

TERCEIRA CENA
O príncipe. Marinelli.

PRÍNCIPE – Lá vem ela, subindo a alameda. Vem com pressa, à frente dos servos. O medo, ao que parece, dá asas a seus pés. Ela não precisa desconfiar de nada ainda. Acredita apenas estar se salvando de bandoleiros... Mas até quando isso durará?

MARINELLI – De momento, temo-la aqui.

PRÍNCIPE – E a mãe não procurará por ela? O conde não virá atrás dela? Que faremos, nesse caso? Como poderei retê-la depois que eles vierem?

MARINELLI – Para tudo isso decerto que não sei ainda uma resposta. Mas teremos de tomar providências. Tende paciência, senhor. O primeiro passo tinha de ser dado....

PRÍNCIPE – Para quê, se teremos de voltar atrás?

MARINELLI – Talvez não seja necessário. Há mil coisas aí que permitem que se pise adiante. E por acaso estais vos esquecendo do mais nobre?

PRÍNCIPE – Como posso esquecer aquilo em que ainda nem pensei exatamente? O mais nobre? O que é?

MARINELLI – A arte de agradar, de persuadir... que jamais há de faltar a um príncipe que ama.

PRÍNCIPE – Jamais há de faltar? Exceto quando ele mais precisar dela. Com esta arte já tive hoje uma experiência por demais ruim. Apesar de todas as lisonjas e protestos, não consegui lhe arrancar uma palavra sequer. Calada, de cabeça baixa e trêmula, ela ficou parada; como uma criminosa, a escutar sua sentença de morte. Seu medo me contagiou, eu tremi junto com ela, e concluí com um pedido de perdão. Mal me atrevo a voltar a lhe dirigir a palavra... À sua entrada, pelo menos, não terei coragem de estar presente. Vós, Marinelli, vós tendes de a receber! Eu quero ficar por perto, apenas ouvir como a coisa corre, e aparecer quando estiver um pouco mais tranquilo.

QUARTA CENA

Marinelli, e logo depois seu criado Battista com Emilia.

MARINELLI – Se ela mesma não o viu cair... E isso ela bem pode não ter visto, se saiu correndo... Mas ela está vindo. Também eu não quero ser a primeira coisa que lhe cairá nos olhos nesse lugar. *(Retira-se para um canto da sala.)*

BATTISTA – Por aqui, senhorita.

EMILIA *(Sem fôlego.)* – Ah! Ah! Eu vos agradeço, meu amigo; eu vos agradeço... Mas Deus, Deus! Onde estou? E tão sozinha? Onde ficou minha mãe? Onde ficou o conde? Eles hão de chegar em seguida? Logo atrás de mim?

BATTISTA – Suponho que sim.

EMILIA – Ele supõe?[44] Não sabe ao certo. Não os viu? Não atiraram bem atrás de nós?

BATTISTA – Atiraram? Mas não pode ser!

EMILIA – Tenho certeza! E alvejaram o conde ou minha mãe...

BATTISTA – Vou buscá-los imediatamente.

EMILIA – Não sem mim. Quero ir junto, tenho de ir junto. Vamos, meu amigo!

MARINELLI *(Que adentra a sala de súbito, como se acabasse de chegar.)* – Ah, senhorita! Que infelicidade, ou antes, que felicidade, que feliz infelicidade nos concede a honra...

EMILIA *(Perplexa.)* – Como? Vós aqui, meu senhor? De modo que estou convosco? Perdoai-me, senhor secretário. Nós fomos atacados por bandoleiros perto daqui. Em seguida, algumas boas pessoas vieram em nosso socorro; e este honrado homem me tirou do coche e me trouxe até aqui. Mas eu me assusto por ver que sou a única que se salvou. Minha mãe ainda está em perigo.

---

[44] Aqui, mais uma vez, o uso de "ele" (*Er*) na presença do outro falante; em geral, optou-se por você, aqui se manteve a fidelidade *strictu senso* porque o distanciamento não torna o "ele" inverossímil. (N. T.)

Chegaram até a atirar atrás de nós. Talvez ela esteja morta... E eu estou viva? Perdoai. Preciso ir embora, preciso voltar para lá, onde aliás deveria ter ficado.

MARINELLI – Acalmai-vos, senhorita. Tudo ficará bem, em breve estarão convosco as amadas pessoas pelas quais manifestais tanta angústia. Enquanto isso, Battista, vai, corre, talvez não saibam onde está a senhorita. Talvez estejam procurando por ela em uma das casas do jardim. Trazei-os sem demora para cá. *(Battista sai.)*

EMILIA – É certo? Eles estão todos salvos? Não lhes aconteceu nada? Ah, este dia é um dia de coisas terríveis para mim! Mas eu não deveria ficar aqui... deveria ir ao encontro deles...

MARINELLI – Por que isso, senhorita? Mesmo não o fazendo já estais sem fôlego e sem forças. É melhor vos restabelecerdes, depois de vos dignar a entrar em um quarto, onde houver mais conforto... Aposto que o príncipe em pessoa está providenciando para que vossa cara e venerável mãe chegue até vós.

EMILIA – Quem, vós dissestes?

MARINELLI – Nosso querido príncipe, ele mesmo.

EMILIA *(Claramente perturbada)* – O príncipe?

MARINELLI – À primeira notícia, ele veio voando ao vosso socorro. Está sumamente enfurecido por terem ousado cometer tal crime tão perto dele, quase sob seus olhos. Mandou perseguir os autores do delito e seu castigo, se eles forem agarrados, haverá de ser exemplar.

EMILIA – O príncipe! Mas onde é que estou, então?

MARINELLI – Em Dasalo, no palácio de verão do príncipe.

EMILIA – Que coincidência! E acreditais que ele mesmo poderá aparecer em pouco? Mas certamente na companhia de minha mãe?

MARINELLI – Aqui já está ele.

QUINTA CENA
O príncipe. Emilia. Marinelli.

PRÍNCIPE – Onde está ela? Onde? Nós a procuramos em toda parte, mais bela das senhoritas. Mas vós estais bem? Então tudo está bem! O conde, vossa mãe...

EMILIA – Mais magnânimo dos senhores! Onde eles estão? Onde está minha mãe?

PRÍNCIPE – Não muito longe, logo ali, perto.

EMILIA – Deus, em que circunstâncias eu encontrarei a ela e ao outro, se é que os encontrarei? Mas sim, eu os encontrarei... mesmo que estejais sendo dissimulado para comigo... eu o vejo, estais sendo dissimulado para comigo...

PRÍNCIPE – Claro que não, mais querida das senhoritas. Dai-me o vosso braço e segui-me sem medo.

EMILIA (*Indecisa*) – Mas... se não lhes aconteceu nada... se meus pressentimentos me iludem... por que eles já não estão aqui? Por que eles não vieram convosco, magnânimo senhor?

PRÍNCIPE – Vinde, apressai-vos, minha senhorita, e vereis todos esses fantasmas sumirem com apenas um...

EMILIA – Que devo fazer? (*Retorcendo as mãos.*)

PRÍNCIPE – Como, minha senhorita? Vós ergueis uma suspeita contra mim?

EMILIA (*Caindo diante dele.*) – Diante de vossos pés, magnânimo senhor...

PRÍNCIPE (*Erguendo-a*) – Estou tremendamente envergonhado... Sim, Emilia, eu mereço essa silenciosa repreensão. Minha conduta esta manhã foi injustificável: quiçá seja desculpável. Perdoai minha fraqueza. Eu não deveria vos inquietar com uma confissão, da qual não posso esperar nada. Também pelo sobressalto mudo com que me ouvistes, ou melhor, com que não me ouvistes, fui satisfatoriamente castigado... E poderia eu esclarecer esse acidente, que mais uma vez, antes que todas as minhas esperanças desapareçam para sempre... me proporciona ocasião de vos ver e de vos falar, mais uma vez... poderia eu esclarecer esse acidente como um sinal da mais auspiciosa ventura... esclarecê-lo como uma das mais prodigiosas prorrogações de minha condenação final, e mais uma vez poder implorar por misericórdia: assim eu quero... Não estremeçais, minha senhorita... meu único propósito consiste em deixar minha fortuna pender somente de seus olhos... Nenhuma palavra, nenhum suspiro deve vos ofender. Mas não me magoeis com vossa desconfiança. Não duvideis sequer um momento do poder ilimitado que tendes sobre mim. Apenas não venha jamais à vossa memória o fato de que tendes necessidade de uma outra proteção contra mim. E agora vinde, minha senhorita... vinde para onde as delicias esperam por vós, delícias que aprovareis. *(Ele a conduz, não sem que ela resista.)* Siga-nos, Marinelli...

MARINELLI – Siga-nos. Marinelli... Isso quer dizer que não devemos vos seguir! E por que deveria eu vos seguir? Ele certamente apenas quer ver até onde pode ir com ela, estando a quatro olhos. Tudo o que tenho de fazer é... providenciar para que não sejam incomodados. Pelo conde certamente não serão. Mas pela mãe, pela mãe! Me admiraria muito se ela tivesse ido embora sem fazer barulho, deixando a filha em apuros. E então, Battista? O que há de novo?

SEXTA CENA
Battista. Marinelli.

BATTISTA *(Com pressa)* – A mãe, senhor secretário, a mãe...
MARINELLI – Bem que eu pensei! Onde está ela?
BATTISTA – Se não fordes ao encontro dela, em um instante estará aqui. Eu não tinha a intenção de ir buscá-la, como aparentemente me ordenastes, mas logo ouvi sua gritaria de longe. Ela está no rastro da filha e não apenas isso... no rastro de todo o nosso plano! Tudo o que há de pessoas neste local solitário, se reuniu a ela; e cada um quer ser aquele que melhor lhe indica o caminho. Se já

lhe disseram que o príncipe está aqui, que estais aqui, eu não sei. O que fareis?

MARINELLI – Deixa estar! *(Ele reflete.)* Não deixá-la entrar se sabe que sua filha está aqui? Isso não dará certo... Com certeza ela abrirá os olhos quando enxergar o lobo junto de sua ovelhinha. Os olhos? Se fosse apenas isso. Que os céus tenham piedade de nossos ouvidos! Mas o quê? Até o melhor pulmão se esgota; mesmo sendo feminino. Todos param de gritar quando não podem mais. Por outro lado, é exatamente a mãe que temos de ter do nosso lado. Se eu bem conheço as mães... algo como ser a sogra de um príncipe lisonjeia a maior parte delas. Deixa-a vir, Battista, deixa-a vir!

BATTISTA – Escutai! Escutai!

CLAUDIA GALOTTI *(Já dentro do Palácio.)* – Emilia! Emilia! Minha filha, onde estás?

MARINELLI – Vai, Battista, e faz com que se afastem seus curiosos acompanhantes.

SÉTIMA CENA
Claudia Galotti. Battista. Marinelli.

CLAUDIA *(Que adentra a porta, no momento em que Battista quer sair.)* – Ahá! Foi este que a tirou do coche! Foi este que a levou embora! Eu te reconheço! Onde está ela? Fala, miserável!

BATTISTA – É esse o agradecimento que mereço?

CLAUDIA – Oh, se tu merecesses agradecimento... *(em tom suave)* Me perdoe, honrado senhor! Onde está ela? Não deixai[45] que fique mais tempo sem ela. Onde ela está?

BATTISTA – Oh, vossa mercê, ela não poderia estar melhor no colo da bem-aventurança. Aqui, meu senhor haverá de acompanhar vossa

---

[45] Outro exemplo de mudança repentina de tratamento, do "tu" agressivo ou familiar ao "vós" respeitoso ou distante na mesma fala. (N. T.)

mercê até ela. *(Para algumas pessoas que se empurram para segui-los.)* Para trás, vós todos!

OITAVA CENA
Claudia Galotti. Marinelli.

CLAUDIA – Teu senhor? *(Enxerga Marinelli e retrocede.)* Ahá! É este o teu senhor? Vós aqui, meu senhor? E a minha filha aqui? E vós, vós me acompanhareis até ela?

MARINELLI – Com muito prazer, magnânima senhora.

CLAUDIA – Parai por aqui mesmo! Só agora é que vejo... fostes vós... não, que procurastes o conde esta manhã em minha casa? Aquele com quem o deixei sozinho? Com quem ele teve uma contenda?

MARINELLI – Uma contenda? Isso eu não sabia; uma insignificante troca de palavras em assuntos governamentais...

CLAUDIA – E vos chamais Marinelli?

MARINELLI – Marquês Marinelli.

CLAUDIA – Assim está certo. Mas escutai, senhor marquês... Marinelli estava... o nome Marinelli estava... acompanhado de uma maldição... Não, não que eu queira caluniar um homem honrado!... acompanhado de uma maldição... A maldição, agora eu me recordo... O nome Marinelli foi a última palavra do conde moribundo.

MARINELLI – Do conde moribundo! O conde Appiani? Isso é, magnânima senhora, o que mais me chama a atenção em vossa estranha conversa. Do conde moribundo? O que quereis dizer além disso, eu não compreendo.

CLAUDIA *(Amarga e lentamente.)* – O nome Marinelli foi a última palavra do conde moribundo! Compreendeis agora? Logo, eu também não compreendi, mesmo que tenha sido dito em um tom... em um tom! Ainda ouço-o! Onde estavam meus pensamentos, que não entenderam imediatamente esse tom?

MARINELLI – E então, magnânima senhora? Eu fui desde sempre amigo do conde, seu amigo mais íntimo. De maneira que, se ao morrer ainda pronunciou meu nome...

CLAUDIA – Com esse tom? Sequer posso imitá-lo, sequer posso descrevê-lo... mas ele continha tudo! Tudo! O quê? Foram bandoleiros os que nos assaltaram? Não, foram assassinos, assassinos pagos! E Marinelli, Marinelli foi a última palavra do conde moribundo! E em um tom!

MARINELLI – Em um tom? Onde se viu, acusar a um homem de bem por um tom percebido em um momento de susto?

CLAUDIA – Ah, pudesse eu imitá-lo ante o tribunal, este tom! Mas por mim! Com isso acabo esquecendo de minha filha. Onde está ela? Como? Também morta? Que tinha a ver minha filha com o fato de Appiani ser teu[46] inimigo?

MARINELLI – Eu perdoo a mãe inquieta. Vinde, magnânima senhora... Vossa filha está aqui, em um dos quartos contíguos, e espero que já se tenha refeito completamente de seu susto. Com o mais terno cuidado o príncipe em pessoa está tomando conta dela...

CLAUDIA – Quem? Quem mesmo?

MARINELLI – O príncipe.

CLAUDIA – O príncipe? Dissestes de fato o príncipe? Nosso príncipe?

MARINELLI – Quem se não ele?

CLAUDIA – Aí está! Pobre de mim, mãe infeliz! E seu pai! Seu pai! Ele haverá de amaldiçoar o dia de seu nascimento. Ele haverá de me amaldiçoar.

MARINELLI – Pelo amor de Deus, magnânima senhora! Que está se passando convosco?

CLAUDIA – Está tudo claro! Não está? Hoje no templo! Em frente aos olhos da mais pura de todos... na presença do Eterno!... a peça começou a ser pregada... foi ali que tudo principiou! *(Para Mari-*

---

[46] Muda, mais uma vez, o tratamento no original. Sinal de que Claudia perde o respeito devido ao marquês Marinelli. (N. T.)

nelli.) Ahá, assassino! Assassino covarde e desgraçado! Nem sequer corajoso o suficiente para assassinar com as próprias mãos; mas indigno o bastante para assassinar a fim de satisfazer a voluptuosidade de outro... para mandar assassinar! Escória dos assassinos! Os que são assassinos honrados, certamente não vos permitirão junto deles! Tu! Tu! Mas por que não haveria de te vomitar na cara com apenas uma palavra toda a minha bílis, toda a minha baba? Tu! Tu, seu alcoviteiro!

MARINELLI – Vós delirais, boa senhora. Mas medi pelo menos vossa selvagem gritaria, e lembrai-vos de onde estais.

CLAUDIA – Onde estou? Lembrar de onde estou? Que importa à leoa, a qual se roubou os filhotes, em que floresta ela ruge?

EMILIA *(De dentro.)* – Ahá, minha mãe! Ouço minha mãe!

CLAUDIA – A voz dela? É ela! Ela me ouviu, ela me ouviu. E eu não deveria gritar? Onde tu estás, minha filha? Estou chegando, estou chegando! *(Ela irrompe no quarto, Marinelli atrás.)*

Fim do terceiro ato.

QUARTO ATO
(O mesmo cenário.)

PRIMEIRA CENA
O príncipe. Marinelli.

PRÍNCIPE *(Enquanto sai do quarto de Emilia.)* – Vinde, Marinelli! Tenho de me restabelecer... e preciso de vossa luz.

MARINELLI – Oh, a fúria maternal! Rá! Rá! Rá!

PRÍNCIPE – E vós estais rindo?

MARINELLI – Se tivésseis visto, príncipe, quão estupidamente a mãe se comportou aqui na sala... Mas a ouvistes gritar! E como ficou mansa de repente, à primeira vista de sua... Rá! Rá! Eu sei muito bem que nenhuma mãe arranca os olhos de um príncipe por ele achar bela a sua filha.

PRÍNCIPE – Vós sois um péssimo observador! A filha caiu desmaiada nos braços da mãe. Foi por isso que a mãe esqueceu sua fúria... não por minha causa. Ela poupou sua filha, não a mim, quando não disse mais alto, com maior clareza, o que eu mesmo não gostaria de ouvir, nem de entender.

MARINELLI – O que, magnânimo senhor?

PRÍNCIPE – Por que o fingimento? Chega disso. É verdade, ou não é verdade?

MARINELLI – E se fosse verdade?

PRÍNCIPE – E se fosse verdade? Então é? Ele está morto? Morto? *(Ameaçador.)* Marinelli! Marinelli!

MARINELLI – Sim?

PRÍNCIPE – Por Deus! Por Deus Todo-Poderoso! Eu sou inocente desse sangue! Se me tivésseis antecipado que isso custaria a vida do conde... Não, não! Mesmo que tivesse custado a minha própria vida!...

MARINELLI – Se eu vos tivesse antecipado tudo? Como se a morte dele estivesse em meus planos! Recomendei encarecidamente a Angelo tomar cuidado para que não acontecesse nenhuma desgraça com ninguém. E tudo teria se passado sem a menor violência se o conde não tivesse se permitido começar com tudo. Ele derrubou um dos homens com um tiro sem pestanejar...

PRÍNCIPE – Realmente; ele deveria ter entendido que era uma brincadeira!

MARINELLI – E Angelo ficou tão furioso a ponto de vingar a morte de seu companheiro...

PRÍNCIPE – Sem dúvida, é muito natural!

MARINELLI – Eu já o repreendi bastante.

PRÍNCIPE – Repreender? Que amável! Alertai-o de que não se deixe alcançar em meus domínios. Minha repreensão não seria tão amável.

MARINELLI – E com razão! Eu e Angelo, propósito e acaso, dá no mesmo. Apesar de ter sido antecipadamente condicionado, de ter sido antecipadamente acordado, de que nenhum dos infortúnios, que pudessem acontecer, me inculpassem de algo...

PRÍNCIPE – Que pudessem acontecer... pudessem, dissestes? Ou devessem?

MARINELLI – Cada vez melhor! Mas, magnânimo senhor, antes de me jogardes na cara o que pensais a respeito de mim, uma única advertência! A morte do conde não me deixa mais do que indiferente. Mas eu o desafiei, ele me devia satisfações, e deixou o mundo sem dá-las a mim; e a minha honra permanece ofendida. Isto posto, eu mereceria, em quaisquer outras circunstâncias, a suspeita que levantais contra mim. Mas e nestas... *(Com um ardor meio afetado.)* Como se pode pensar isso de mim!

PRÍNCIPE (*Cedendo*) – Pois bem, pois bem...

MARINELLI – Que ele vivesse ainda! Oh, que ele vivesse ainda! Tudo, tudo nesse mundo eu daria para que isso fosse possível... (*amargo*) até a graça de meu príncipe, essa inestimável e perene graça... eu daria para que isso fosse possível!

PRÍNCIPE – Entendo. Tudo bem, tudo bem. A morte dele foi por acaso, puro acaso. Vós o garantis, e eu... eu o acredito. Mas quem mais? Também a mãe? Também Emilia? Também o mundo?

MARINELLI (*Frio*) – Dificilmente.

PRÍNCIPE – Mas se não se acredita nisso, em que se acreditará então? Vós simplesmente dais de ombros? Vosso Angelo será acusado de ser o instrumento, eu o autor do crime...

MARINELLI (*Ainda mais frio*) – É bastante provável.

PRÍNCIPE – A mim! A mim mesmo! Ou de agora em diante tenho da abrir mão de todas as intenções em relação a Emilia...

MARINELLI (*Absolutamente indiferente*) – O que da mesma forma teríeis de fazer se o conde ainda estivesse vivo...

PRÍNCIPE (*Veemente, mas contendo-se logo depois*) – Marinelli! Cuidado, não me façais perder as estribeiras. Tem de ser assim... É assim! E apenas quereis dizer o seguinte: que a morte do conde é para mim uma felicidade... a maior felicidade que poderia ser concedida a mim, a única felicidade que o meu amor lograria alcançar. E, sendo assim... não importa como ela foi produzida! Um conde a mais ou a menos no mundo! Dou-vos razão com isso? Que seja! Eu também não me assusto com um crimezinho qualquer. Apenas, meu bom amigo, tem de ser um crimezinho silencioso, um crimezinho bem salutar. E, notai bem, o nosso, aqui, não parece nem silencioso nem salutar. Embora limpe o caminho de uma maneira, de outra volta a trancá-lo. Todo o mundo jogaria na nossa cara... mesmo que não o tivéssemos cometido! Mas isso apenas por causa de vosso sábio e maravilhoso plano, não?

MARINELLI – Se ordenais assim...

PRÍNCIPE – Como, se não assim? Eu quero detalhes!

MARINELLI – Depositais mais em minha conta do que verdadeiramente me corresponde.

PRÍNCIPE – Quero detalhes!

MARINELLI – Pois bem! O que pode haver no meu plano? Que a tão visível suspeita deste crime recaia sobre o príncipe? Isso é culpa do golpe de mestre que ele mesmo teve a graça de meter em meu plano.

PRÍNCIPE – Eu?

MARINELLI – Permita-me que vos diga algo sobre o passo que destes hoje pela manhã na igreja... apesar de todas as boas maneiras com que o destes... apesar de que inevitavelmente deveríeis tê-lo dado... esse passo não fazia parte da dança.

PRÍNCIPE – Mas então, o que ele ajudou a estragar?

MARINELLI – Decerto que não toda a dança, mas, para começar, o ritmo.

PRÍNCIPE – Hum! Será que estou vos entendendo?

MARINELLI – Pois bem, para resumir, quando tomei parte na coisa, Emilia ainda não sabia nada a respeito do amor do príncipe, não é verdade? E menos ainda a mãe de Emilia. E se eu tivesse construído o plano tendo por base essas circunstâncias e o príncipe tivesse, entretanto, minado seu fundamento com o ato?

PRÍNCIPE *(Batendo na testa.)* – Maldição!

MARINELLI – Se ele mesmo tivesse revelado o que estava planejando?

PRÍNCIPE – Maldita ideia!

MARINELLI – E se ele mesmo não o tivesse revelado? Deveras! Eu gostaria de saber em que parte do meu plano estava prevista a menor suspeita por parte da mãe ou da filha?

PRÍNCIPE – Tendes razão!

MARINELLI – Decerto que estou agindo errado nesse sentido... Assim, havereis de perdoar, magnânimo senhor...

SEGUNDA CENA
Battista. O príncipe. Marinelli.

BATTISTA *(Apressado.)* – A condessa acaba de chegar.

PRÍNCIPE – A condessa? Mas que condessa?

BATTISTA – Orsina.

PRÍNCIPE – Orsina? Marinelli! Orsina? Marinelli...

MARINELLI – Estou surpreso com isso, e certamente não menos do que vós mesmo.

PRÍNCIPE – Vai, corre, Battista: ela não deve desembarcar do coche. Eu não estou aqui. Eu não estou aqui para ela. Ela deve voltar nesse mesmo instante. Vai, corre! *(Battista sai.)* O que essa louca quer? A que ela se atreve? Como é que ela sabe que estamos aqui? Talvez tenha vindo espionar. Terá ela ouvido dizer alguma coisa? Ah, Marinelli! Falai, dai resposta a minhas perguntas! Está injuriado, o homem que diz ser meu amigo? E por uma simples troca de gentilezas está ele injuriado? Devo lhe pedir perdão?

MARINELLI – Ah, meu príncipe, assim que voltardes a ser vós mesmo, volto a ser vosso de alma inteira! A chegada de Orsina é um mistério para mim, como o é para vós. Todavia, dificilmente ela deixará que a despeçam sem ser recebida. Que pretendeis fazer?

PRÍNCIPE – Não falar com ela de modo algum, me afastar...

MARINELLI – Bem! Então é sumir rapidamente. Eu vou recebê-la...

PRÍNCIPE – Mas apenas recebê-la para pedir que saia. Não dai mais do vosso tempo a ela. Nós temos outras coisas a fazer aqui...

MARINELLI – Claro que não, príncipe! Essas outras coisas podem ser consideradas feitas. Tomai coragem! O que ainda falta, certamente se fará por si mesmo. Mas já não a estou ouvindo? Rápido, príncipe! Ali *(apontando um gabinete, para o qual o príncipe se retirava)*, se quiserdes, podereis nos ouvir. Eu temo, eu temo que ela não tenha vindo em seu melhor humor.

TERCEIRA CENA
A condessa Orsina. Marinelli.

ORSINA *(Sem ver Marinelli de imediato.)* – Mas o que é isso? Ninguém vem ao meu encontro, a não ser um desavergonhado, que pretendia se recusar a me deixar entrar? Estou de fato em Dasalo? Em Dasalo, onde antes corria ao meu encontro toda uma multidão de criados solícitos? Onde antes amor e encanto me esperavam? Mas é esse o lugar, é esse, é esse! Vejam só, Marinelli! Ainda bem que o príncipe vos trouxe com ele. Não, pensando bem, não! O que eu tenho a ajustar com ele, eu só posso mesmo ajustar com ele próprio. Onde está ele?

MARNELLI – O príncipe, magnânima condessa?

ORSINA – Quem se não ele?

MARINELLI – Presumis que ele esteja aqui? Sabeis que ele está aqui? Ele certamente não suspeita que a condessa Orsina aqui esteja.

ORSINA – Não? Então ele não recebeu a minha carta hoje pela manhã?

MARINELLI – Vossa carta? Sim, claro, estou me lembrando que ele mencionou uma carta vossa.

ORSINA – Sim? Não lhe pedi, por acaso, nessa carta, um encontro hoje mesmo, aqui em Dasalo? É verdade que não lhe agradou me responder por escrito. Mas cheguei a saber que uma hora mais tarde ele de fato viajou em direção a Dasalo. Acreditei que isso bastava como resposta, e vim.

MARINELLI – Um singular acaso!

ORSINA – Acaso! Já ouvistes que foi tudo combinado. Tão bem quanto combinado. De minha parte, a carta; da parte dele, a ação. Por que está parado assim, pasmo, o senhor marquês? Que olhos não faz! Se admira, essa cabecinha? Mas por quê, exatamente?

MARINELLI – Parecíeis vos afastar tanto ontem, a ponto de fazer crer que jamais voltaríeis a aparecer diante de seus olhos.

ORSINA – A noite me deu melhores conselhos. Onde está ele? Onde está ele? O que significa isso, ele está no quarto onde ouço esses gemidos, essa gritaria? Eu quis entrar e esse patife do criado me trancou a passagem.

MARINELLI – Minha querida, mais querida condessa...

ORSINA – Isso foi uma gritaria de mulher. O que significa isso, Marinelli? Oh, dizei-me, dizei-me, por favor... se sou vossa querida, mais querida condessa... Maldita chusma de cortesãos! A cada nova palavra, uma nova mentira! Então, que importa se o dizeis antecipadamente ou não? Eu de qualquer forma o haverei de constatar logo, e com meus próprios olhos. *(Quer ir.)*

MARINELLI *(Que a segura)* – Para onde?

ORSINA – Ao lugar onde há tempo deveria ter ido. Pensais que é decoroso manter convosco um palavrório inútil aqui na antessala, enquanto o príncipe espera por mim em seus aposentos?

MARINELLI – Vos enganais, magnânima condessa. O príncipe não espera por vós. O príncipe não pode vos falar aqui... não quer vos falar aqui.

ORSINA – Apesar de estar aqui? Apesar de estar aqui por causa de minha carta?

MARINELLI – Não é por causa de vossa carta...

ORSINA – Mas ele a recebeu, vós mesmos dissestes que...

MARINELLI – Que recebeu, sim, mas que leu, não.

ORSINA *(Impetuosa)* – Não leu? *(Um pouco menos impetuosa.)* Não leu? *(Melancólica, e secando uma lágrima no canto do olho.)* Não a leu sequer uma única vez?

MARINELLI – Por distração, pelo que sei. Não por desprezo.

ORSINA *(Orgulhosa)* – Desprezo? Quem pensou nisso? Para quem precisais dizer isso? Sois um consolador desavergonhado, Marinelli! Desprezo! Desprezo! Então mim também se despreza! A mim! *(Mais suavemente, até um tom de melancolia.)* Por certo ele não me ama mais. Isso está claro. E no lugar do amor entrou em seu coração alguma outra coisa. Isso é natural. Mas por que, então, desprezo? Poderia ser apenas indiferença. Não é verdade, Marinelli?

MARINELLI – Certamente, certamente.

ORSINA *(Irônica.)* – Certamente? Oh, o sábio homem, a quem se pode deixar dizer o que se quer que ele diga! Indiferença! Indiferença no lugar do amor? Isso significa nada no lugar de alguma coisa. Pois é preciso que aprendais, cortesãozinho papagueador, aprendais com uma mulher, que a indiferença é uma palavra vazia, apenas um som, ao qual nada, absolutamente nada corresponde. Indiferença a alma só sente por aquilo em que ela nem pensa mais; só por uma coisa que para ela já não é mais uma coisa. E ser apenas indiferente para com uma coisa, que não é uma coisa, isso é tanto quanto não ser indiferente. É isso muito elevado para ti,[47] homem?

MARINELLI *(Para si mesmo.)* – Oh, ai! É tudo verdade aquilo que eu temia!

ORSINA – O que estais murmurando aí?

MARINELLI – Pura admiração! E quem não sabe, magnânima condessa, que sois uma filósofa?

ORSINA – É verdade? Sim, sim, eu sou uma filósofa. Mas deixei por acaso notar que de fato sou uma filósofa? Duvido que tenha deixado percebê-lo... que tenha deixado percebê-lo muitas vezes! Ainda é de causar admiração que o príncipe me despreze? Como pode um homem amar uma coisa que, a despeito de sua teimosia, ainda ouse pensar? Uma mulher que pensa é tão asquerosa quanto um homem que se arrebica. Rir, nada mais que rir, é o que ela deve fazer para manter sempre o mais severo senhor da criação de bom humor. Pois bem, de que eu estava rindo, Marinelli? Ah tá, claro! Do acaso! Do fato de eu ter escrito ao príncipe que ele viesse a Dasalo; do fato de o príncipe não ter lido minha carta, e de mesmo assim ter vindo a Dasalo. Rá, rá, rá! Realmente um estranho acaso! Muito engraçado, muito tolo! E vós não estais rindo comigo, Marinelli? O severo senhor da criação pode, sim, rir junto, mesmo que nós, pobres criaturas, não tenhamos direito de pensar. *(Séria e imperativa.)* Pois então deveis rir!

---

[47] A condessa também muda o tratamento, e pelo mesmo motivo. (N. T.)

MARINELLI – Em seguida, honorável condessa, em seguida!

ORSINA – Basta! E com isso já se passou o momento devido. Não, não deveis rir. Pois vede, Marinelli *(refletindo, até a comoção)* que o que me faz rir tão cordialmente também tem seu lado sério... muito sério. Como tudo no mundo! Acaso? Um acaso seria se o príncipe não tivesse pensado em falar comigo aqui, mesmo que tenha de falar comigo aqui? Um acaso? Acreditai-me, Marinelli: a palavra acaso é uma blasfêmia contra Deus. Nada sob o sol é obra do acaso e muito menos aquilo cuja intenção se mostra tão clara ante os olhos. Todo-poderoso, Providência imensamente boa, perdoa-me o fato de eu, com esse parvo pecador, ter chamado de acaso o que tão claramente é obra tua, tão somente e diretamente obra tua! *(Precipitadamente contra Marinelli.)* Vinde até mim e induzi-me novamente a uma injúria dessas!

MARINELLI *(Para si.)* – Isso vai longe! Mas, honorável condessa...

ORSINA – Nem mas, nem meio mas! Os mas custam reflexão, e minha cabeça! Minha cabeça! *(Segurando-se a testa com a mão.)* Fazei com que, Marinelli, fazei com que eu fale logo com o príncipe; caso contrário não sei bem se serei capaz de aguentar... Vede, devemos nos falar, temos de nos falar...

QUARTA CENA
O príncipe. Orsina. Marinelli

PRÍNCIPE *(Enquanto sai do gabinete, consigo mesmo.)* – Preciso ir ajudá-lo...

ORSINA *(Que o vê, mas fica indecisa se deve ir ao encontro dele ou não.)* – Ahá! Aqui está ele.

PRÍNCIPE *(Atravessa a sala, a frente dela, até o outro quarto, sem se deter na conversa.)* – Eis aqui! Nossa bela condessa. O quanto eu lamento, madame, poder aproveitar tão pouco a honra de vossa visita hoje! Estou ocupado. Não estou sozinho... De outra vez, minha querida condessa! De outra vez.... Não ficai esperando por mais tempo. Sim, por mais tempo! Quanto a vós, Marinelli, eu espero por vós.

QUINTA CENA
Orsina. Marinelli.

MARINELLI – Ouvistes, condessa, dele mesmo o que de mim não queríeis acreditar?

ORSINA *(Como se atordoada.)* – Ouvi? De fato ouvi?

MARINELLI – Com certeza.

ORSINA *(Comovida.)* – "Estou ocupado. Não estou sozinho." É esta toda a desculpa que eu mereço? Não se fecha a porta a qualquer um com isso? Qualquer inoportuno, qualquer mendigo. Para mim nem sequer uma única mentira a mais? Nem uma única pequena mentira a mais, para mim? Ocupado? Mas com quê? Não está sozinho? Mas quem estará com ele? Vinde, Marinelli. Por compaixão, querido Marinelli! Aplicai uma mentira em mim por vossa própria conta. Que custa para vós uma mentira? O que ele tem a fazer? Quem está com ele? Dizei-me, dizei-me, o que primeiro vos vier a boca... e eu irei.

MARINELLI *(Para si.)* – Com essa condição eu bem posso dizer uma parte da verdade.

ORSINA – Pois bem? Rápido, Marinelli, e eu irei... Ele disse... o príncipe disse: "De outra vez, minha querida condessa!" Não foi isso que ele disse? Para que mantenha a palavra comigo, para que não tenha escusas, para não manter a palavra comigo: rápido, Marinelli, vossa mentira e eu irei.

MARINELLI – O príncipe, querida condessa, realmente não está só. Há pessoas com ele, das quais ele não pode se separar um instante sequer. Pessoas que acabaram de passar por um grande perigo. O conde Appiani...

ORSINA – Estaria com ele? Pena que por essa mentira tenha de vos pegar de surpresa. Rápido, contai-me outra... O conde Appiani, se ainda não o sabeis, acabou de ser baleado pelos ladrões. O coche com seu corpo cruzou comigo bem perto da cidade. Ou não era ele? Talvez eu tenha apenas sonhado?

MARINELLI – Lamentavelmente não sonhastes apenas! Mas os outros, os que estavam com o conde, felizmente se salvaram correndo aqui para o castelo. Sua noiva inclusive, e a mãe da noiva, com a qual queria viajar para Sabionetta para comemorar seu noivado.

ORSINA – Então são elas? São elas que estão com o príncipe? A noiva? E a mãe da noiva? A noiva é bonita?

MARINELLI – Seu acidente afetou o príncipe de maneira incomum.

ORSINA – Eu quero esperar, mesmo que ela seja feia. Pois seu destino é terrível. Pobre, e boa menina, quando ele estava para ser teu para sempre, acaba por te escapar para sempre! Quem é ela então, esta noiva? Eu a conheço? Eu estou há tanto tempo longe da cidade, que não sei de nada.

MARINELLI – Ela é Emilia Galotti.

ORSINA – Quem? Emilia Galotti? Emilia? Galotti? Marinelli! Que eu não tome essa mentira como verdade!

MARINELLI – Como assim?

ORSINA – Emilia Galotti?

MARINELLI – Que dificilmente havereis de conhecer...

ORSINA – Mas é claro! Claro! Mesmo que fosse apenas de hoje. A sério, Marinelli? Emilia Galotti? Emilia Galotti é que é para ser a infeliz noiva que o príncipe consola?

MARINELLI *(Para si.)* – Será que eu já lhe disse demais?

ORSINA – E o conde Appiani era o noivo desta noiva? O recém-abatido Appiani?

MARINELLI – Ninguém outro se não ele.

ORSINA – Bravo! Oh, bravo! Bravíssimo! *(Aplaudindo.)*

MARINELLI – Que é que há?

ORSINA – Bem que eu quereria beijar o diabo que o induziu a isso!

MARINELLI – A quem? Induziu? A quê?

ORSINA – Sim, beijar, eu quereria beijar... Mesmo que fosses vós esse diabo, Marinelli.

MARINELLI – Condessa!

ORSINA – Vinde aqui! Olhai para mim! Fixamente! Olho no olho!

MARINELLI – Sim, e então?

ORSINA – Não sabeis o que estou pensando?

MARINELLI – Como poderia sabê-lo?

ORSINA – Não tendes nenhuma parte nisso?

MARINELLI – Em quê?

ORSINA – Jurai! Não, não jurai. Apenas cometeríeis um pecado a mais... Ou sim, podeis jurar. Que importa um pecado a mais ou a menos para um que já está, de qualquer jeito, condenado! Não tendes parte nisso?

MARINELLI – Vós me assustais, condessa.

ORSINA – É mesmo? Pois bem, Marinelli, vosso bom coração também não suspeita de nada?

MARINELLI – O quê? De quê?

ORSINA – Bem, sendo assim quero vos confiar algo, algo que deixará cada um de vossos cabelos em pé. Mas aqui, tão perto da porta, alguém pode nos ouvir... Vinde até aqui. E... *(Enquanto põe o dedo indicativo sobre a boca.)* Ouvi! Bem em segredo! Bem em segredo! *(E aproxima sua boca do ouvido dele, como se quisesse cochichar algo, mas que ela lhe grita bem alto.)* O príncipe é um assassino!

MARINELLI – Condessa... Condessa... Perdestes vosso juízo?

ORSINA – Perder o juízo? Rá, rá, rá! *(E rindo a todo fôlego.)* Eu raramente, ou nunca, estive tão em paz com meu entendimento quanto há pouco... Podeis confiar, Marinelli, mas que fique entre nós... *(Baixinho.)* O príncipe é um assassino! O assassino do conde Appiani! Não foram bandoleiros, mas sim cúmplices do príncipe que o mataram!

MARINELLI – Como pode vos vir tamanha monstruosidade à boca, aos pensamentos?

ORSINA – Como? Muito naturalmente. Com essa Emilia Galotti, que está aqui com ele, cujo noivo teve que ir desta para melhor tão de repente... Com essa Emilia Galotti o príncipe teve, hoje pela manhã, no pórtico, junto aos dominicanos, uma longa e demorada conversa. Isso eu sei, isso os meus emissários viram. Eles também ouviram o que ele conversou com ela. E então, prezado senhor? Estou fora do juízo? Eu apenas compreendo, pelo menos era o que eu pensava, que está bem juntinho, o que está destinado a estar bem juntinho. Ou isso só acerta o alvo assim mais ou menos? Isso também é um acaso para vós? Oh, Marinelli, se é assim entendeis tão pouco da maldade dos homens quanto da Providência.

MARINELLI – Condessa, com essa vossa conversa ainda havereis de colocar vosso pescoço a perigo...

ORSINA – E se eu o dissesse a outras pessoas? Tanto melhor, tanto melhor! Amanhã eu o proclamarei no mercado público. E, se alguém me retrucar... esse alguém que retrucar terá sido cúmplice do assassino. Adeus. (*Quando ela está indo embora, encontra à porta o velho Galotti, que entra apressado.*)

SEXTA CENA
Odoardo Galotti. A condessa. Marinelli.

ODOARDO GALOTTI – Perdoai-me senhora...

ORSINA – Não há nada a perdoar aqui, pois não há nada a levar a mal aqui... Dirigi-vos a esse senhor. (*Apontando a Marinelli.*)

MARINELLI (*Depois de vê-lo, consigo mesmo.*) – Só faltava essa, o velho!

ODOARDO – Perdoai, meu senhor, um pai, que está no mais premente dos sobressaltos, por entrar assim, sem ser anunciado.

ORSINA – Pai? (*Volta-se novamente.*) De Emilia, sem dúvida. Ahá, bem-vindo!

ODOARDO – Um criado veio apressado ao meu encontro com a notícia de que os meus estavam em perigo por aqui. Eu voei para cá e ouvi que o conde Appiani havia sido ferido, que ele voltou para a cidade, que minha mulher e minha filha se salvaram no castelo. Onde estão elas, meu senhor? Onde estão elas?

MARINELLI – Ficai calmo, senhor capitão. Não aconteceu nada de mal a vossa esposa e a vossa filha, afora o susto. As duas se encontram bem. O príncipe está com elas. Vou anunciar-vos imediatamente.

ODOARDO – Por que anunciar? Primeiro anunciar?

MARINELLI – Por motivo... por causa... por causa do príncipe. Vós sabeis, senhor capitão, como anda a coisa entre vós e o príncipe. Não sobre os melhores pés, digamos assim. E ele se mostrou tão magnânimo para com vossa esposa e vossa filha: mas elas são damas... Será que, só por isso, vossa esperada chegada também lhe parecerá oportuna?

ODOARDO – Tendes razão, meu senhor, tendes razão.

MARINELLI – Mas, honorável condessa, posso ter, antes disso, a honra de vos acompanhar ao coche?

ORSINA – Claro que não, claro que não.

MARINELLI *(Pegando-a pela mão, não sem rudeza.)* Permiti-me, observar minha cortesia...

ORSINA – Devagar! Eu vos livro dela meu senhor. Que pessoas como vós sempre tenham que converter cortesia em obrigação! E qual não seria essa obrigação, se não a de tratar com desculpas o que é secundário? Vossa obrigação consiste em anunciar o quanto antes este homem honrado!

MARINELLI – Esquecei-vos do que o príncipe mesmo vos ordenou?

ORSINA – Que ele venha, e me ordene mais uma vez. Eu o espero.

MARINELLI *(Baixinho para o capitão, que puxa para o lado.)* – Meu senhor eu tenho de vos deixar aqui com uma dama, uma dama... cujo juízo... vós me entendeis. Vos digo isso a fim de que saibais o que podereis esperar de sua conversa... que ela muitas vezes conduz de uma maneira muito estranha. O melhor é nem puxar conversa com ela.

ODOARDO – Está bem... Mas apressai-vos, meu senhor.

SÉTIMA CENA
A condessa Orsina. Odoardo Galotti.

ORSINA *(Depois de um instante de silêncio, no qual olha para o capitão, cheia de piedade, assim como ele a ela com uma curiosidade fugidia.)* – O que ele deve ter vos dito, homem infeliz!

ODOARDO *(Meio para si, meio para ela.)* – Infeliz?

ORSINA – Uma verdade certamente não foi; pelo menos não uma daquelas que esperam pelo senhor.

ODOARDO – Que esperam por mim? Já não sei o suficiente? Madame! Mas, continuai falando, continuai falando.

ORSINA – Vós não sabeis de nada.

ODOARDO – De nada?

ORSINA – Pai querido e bondoso! O que eu não daria para serdes meu pai também! Perdoai! Os infelizes se ligam tão facilmente uns aos outros. Eu quereria dividir fielmente dor e ódio convosco.

ODOARDO – Dor e ódio? Madame! Mas eu esqueço que... Continuai falando.

ORSINA – Se ela fosse vossa única filha... Se fosse vossa única filha! Única ou não. A filha infeliz é sempre a única.

ODOARDO – A infeliz? Madame! O que posso esperar dela? Mas, por Deus, desse jeito não fala nenhuma demente!

ORSINA – Demente? Foi isso então que ele vos segredou a respeito de mim? Bem, bem, pode ser que nem tenha sido a mais violenta de suas mentiras. Eu pressinto alguma coisa nesse sentido! E, acreditai-me, acreditai-me: quem não perde o juízo ante certas coisas, não tem juízo para perder.

ODOARDO – O que devo pensar?

ORSINA – Que não podeis, portanto, me desdenhar! Pois também vós tendes juízo, bom velho, também vós. Eu vos vejo nessas feições decididas e dignas. Também tendes juízo, mas, com uma só palavra, eu faria com que o perdêsseis.

ODOARDO – Madame! Madame! Eu já não o terei mais, antes mesmo de terdes me dito essa palavra, se não a disserdes logo. Dizei-a! Dizei-a! Ou não é verdade... não é verdade que sois uma daquelas dementes, boas e merecedoras de nossa compaixão e de nossa consideração... Sois uma tola comum. Não tendes o que nunca tivestes.

ORSINA – Cuidai com o que falais! O que vós sabeis, que julgais saber o bastante? Que o conde Appiani foi ferido? Apenas ferido? Appiani está morto!

ODOARDO – Morto? Morto? Ah, senhora, não foi isso o combinado. Vós queríeis me roubar a razão, e o que fazeis é despedaçar meu coração.

ORSINA – E essa agora! Mas prosseguirei. O noivo está morto e a noiva... vossa filha... pior que morta.

ODOARDO – Pior? Pior que morta? Mas de qualquer forma igualmente morta? Pois eu só conheço uma coisa pior...

ORSINA – Não igualmente morta. Não, bom pai, não! Ela vive, ela vive. Ela apenas começará a viver. Uma vida cheia de delícias! A mais bela, a mais agradável vida no país das maravilhas, enquanto durar.

ODOARDO – A palavra, madame, a única palavra que me fará perder a razão! Para fora com ela! Não derramai vosso pinguinho de veneno em um tonel no qual não faria efeito. A única palavra! Rápido.

ORSINA – Pois bem! Raciocinai comigo! Esta manhã o príncipe falou com vossa filha na missa, e à tarde a tem em seu palácio de verão...

ODOARDO – Falou com ela na missa? O príncipe com minha filha?

ORSINA – E com uma intimidade... Com um fervor! Não foi qualquer coisinha o que segredaram. Pois muito bem, e se estiverem de acordo... Se sua filha buscou refúgio aqui voluntariamente. Já vedes que se for assim não se trata de rapto violento, mas tão só de um pequeno... de um bem pequeno assassinato.

ODOARDO – Calúnia! Maldita calúnia! Conheço minha filha. Se é assassinato, é também rapto. *(Olha selvagemente ao seu redor e escarva e espuma.)* E Claudia? E a mãezinha? Como nos sentimos felizes! Oh, ao honrado príncipe! Oh, essa honra tão singular!

ORSINA – Produz seu efeito, bom homem?

ODOARDO – Aqui estou, pois, ante a caverna do ladrão... *(Enquanto afasta os dois lados do casacão, abrindo-o, vê que está sem arma.)* Milagre que eu, na pressa, não tenha esquecido também as mãos! *(Procurando por todos os bolsos e sacos, procurando algo.)* Nada! Absolutamente nada! Em parte alguma!

ORSINA – Ahá, agora eu compreendo! Nisso eu posso ajudar! Eu trouxe um comigo! *(Puxando um punhal.)* Está aqui, tomai-o! E rápido, antes que alguém nos veja. Eu teria também outra coisa... Veneno. Mas o veneno é apenas para uso de nós, mulheres, não é para os homens. Tomai-o! *(Empurrando-lhe o punhal.)* Tomai-o!

ODOARDO – Eu agradeço, eu agradeço. Querida senhorita, se alguém voltar a dizer que és[48] uma louca, terá de se ver comigo.

ORSINA – Escondei-o, escondei-o rápido! Eu... eu não vou ter ocasião de utilizá-lo. A vós ela não faltará, essa ocasião: e vós havereis de agarrá-la, a primeira, a melhor... se sois um homem. Eu? Eu sou apenas uma mulher: mas foi assim que eu vim para cá! Firmemente decidida! Nós, velho, nós somos capazes de tudo. Pois fomos ambos injuriados; injuriados pelo mesmo sedutor. Ah, se soubésseis... se soubésseis quão exaltadamente, quão indizivelmente, quão inconcebivelmente eu fui injuriada por ele, e ainda serei. Vós poderíeis, vós haveríeis de esquecer até a injúria que cometeu convosco. Vós me conheceis? Eu sou Orsina, a enganada, a abandonada Orsina. E abandonada unicamente por causa de vossa filha.. Mas que culpa tem vossa filha disso? Logo ela também será abandonada. E então acontecerá com mais uma! E outra, e outra! Arre! *(Como se levada pelo encantamento.)* Que visão celestial! Se alguma vez nós todos, nós, o exército das abandonadas, nos transformássemos em Bacantes, em Fúrias, se nós todas o tivéssemos sob nossos pés para o despedaçar, arrancar

---

[48] Aqui a mudança de tratamento tem sentido contrário, de carinho, afinal de contas a condessa lhe deu uma arma. (N. T.).

sua carne, revirar suas entranhas, para procurar seu coração, que esse traidor prometeu a cada uma de nós e a nenhuma deu! Arre! Que dança que isso seria! Que dança!

OITAVA CENA
Claudia Galotti. Os anteriores.

CLAUDIA *(que, ao entrar, olha em torno, e, logo que vê seu esposo, voa para ele.)* – Adivinhei! Ah, nosso protetor, nosso salvador! Estás aqui, Odoardo? Estás de fato aqui? Pelos murmúrios, pelas caras de todos eu o deduzi. Que te devo dizer, se é que ainda não sabes de nada? Mas nós somos inocentes. Eu sou inocente. Tua filha é inocente. Inocente, inocente de tudo!

ODOARDO *(Que, ao ver sua esposa, tentou se conter.)* – Bem, bem. Fica calma, fica calma... e me responde. *(Para Orsina.)* Não é, madame, por ainda estar desconfiando de vós... mas o conde está morto?

CLAUDIA – Morto.

ODOARDO – É verdade que o príncipe falou com Emilia hoje pela manhã, na missa?

CLAUDIA – É verdade. Mas se tu soubesses que grande susto isso causou a ela; em que sobressalto ela chegou em casa...

ORSINA – Então, por acaso eu menti?

ODOARDO *(Com uma risada amarga.)* – Eu também não queria que o tivésseis feito! Como não queria!

ORSINA – Estou delirando, por acaso?

ODOARDO *(Caminhando de lá para cá, furioso.)* – Oh, eu também ainda não estou.

CLAUDIA – Tu me imploraste para que ficasse calma, e eu estou calma. Mas, boníssimo homem, não posso também eu... pedir a ti que...

ODOARDO – O que tu queres? Não estou calmo? Pode alguém estar mais calmo do que eu estou? *(Forçando para conseguir dizer.)* Emilia sabe que Appiani está morto?

CLAUDIA – Saber, ela não pode saber. Mas eu temo que ela o desconfie, porque ele não aparece.

ODOARDO – E ela lamenta e choraminga...

CLAUDIA – Não mais. Isso acabou, como é costume nela, tu bem sabes. É a mais temível e decidida de nossa estirpe. Nas primeiras impressões, parece que nunca irá suportar, mas depois da mais simples reflexão suporta tudo e se controla como ninguém. Ela mantém o príncipe a uma distância, ela fala com ele em um tom... Faz com que vamos logo embora daqui, Odoardo?

ODOARDO – Eu estou a cavalo. Que há a fazer? Mas, madame, certamente ireis de volta à cidade?

ORSINA – Sem dúvida.

ODOARDO – Teríeis a bondade de levar minha esposa junto convosco?

ORSINA – E por que não? Com muito gosto.

ODOARDO – Claudia *(apresentando-lhe a condessa)*, a condessa Orsina, uma dama muito razoável, minha amiga, minha benfeitora. Tu tens de entrar com ela, para nos mandar o coche logo para fora. Emilia não pode voltar a Guastalla. Ela deve ir comigo.

CLAUDIA – Mas... se apenas... Não gosto de me separar de minha filha.

ODOARDO – Não ficará, por acaso, o pai dela por perto? Haverão de atendê-lo, finalmente. Nenhuma réplica! Vinde, senhora. *(Baixinho para ela.)* Ouvireis falar de mim. Vem, Claudia. *(Ele a conduz para fora.)*

Fim do quarto ato

QUINTO ATO

❦

(O cenário é a mesmo.)

PRIMEIRA CENA
Marinelli. O príncipe.

MARINELLI – Aqui, senhor, por essa janela podereis vê-lo. Ele sobe e desce a arcada. Acaba de dobrar, ele vem. Não, voltou de novo. Ainda não está completamente decidido. Mas está em grande calma... ou parece estar. Para nós tanto faz! Naturalmente! E também, terá a ousadia de expressar o que duas mulheres lhe enfiaram na cabeça? Segundo o que Battista ouviu, sua mulher deve lhe mandar o coche logo para fora. Já que ele veio a cavalo... Vereis que, quando ele estiver diante de vós, agradecerá submisso à Vossa Alteza a honorável proteção que a sua família achou aqui em tão fatídico acidente. Haverá de, junto com sua filha, pôr-se a vossa inteira disposição. Irá levá-la calmamente para a cidade e esperará tudo em profunda sujeição, quais as cotas seguintes que Vossa Alteza terá o desejo de desfrutar em sua infeliz e querida filha.

PRÍNCIPE – Mas e se ele não for tão manso assim? E é difícil, muito difícil que seja. Eu o conheço bem demais. Mesmo que ele sufocar suas desconfianças, mesmo que engolir sua raiva, se levar Emilia consigo em vez de levá-la para a cidade? E se ele a mantiver consigo? E se tiver a boa ideia de enfiá-la em um claustro, fora de meus domínios? Que farei então?

MARINELLI – O amor temeroso enxerga longe. Realmente! Mas isso não acontecerá...

PRÍNCIPE – Mas e se ele o fizer! O que faremos? De que nos servirá o fato de o infeliz conde ter perdido a vida por isso?

MARINELLI – A que vem esse confrangido olhar de esguelha? Avante! É assim que pensa o vencedor, mesmo que caiam a seu lado amigos e inimigos. E que fosse assim! E se ele quisesse fazer, o velho invejoso, o que vós temeis que ele faça, príncipe... *(Refletindo.)* É isso! Achei a solução! Certamente não fará mais do que querer. Claro que não! Mas que nós não o percamos de vista. *(Vai de novo para a janela.)* Logo, logo teria nos surpreendido! Ele vem. Deixai que nós o desviemos ainda um pouco e ouvi, príncipe, o que teremos de fazer nesse temível caso.

PRÍNCIPE *(Ameaçador.)* – Pois bem, Marinelli!

MARINELLI – A coisa mais inocente do mundo!

SEGUNDA CENA
Odoardo Galotti.

ODOARDO – Ninguém ainda aqui? Bom, que eu fique ainda mais frio. É a minha sorte. Nada mais desprezível do que uma efervescente cabeça de jovem com cabelos grisalhos! Eu já o disse tantas vezes para mim mesmo. E mesmo assim me deixei levar; e por quem? Por uma demente cheia de ciúmes. Que é que tem a ver a virtude ofendida com a vingança do vício? É ela, apenas, que eu tenho de salvar. Quanto ao teu caso... meu filho! Meu filho... Eu nunca pude chorar e não haverei de aprendê-lo agora... Teu caso alguém outro terá de resolver! Para mim basta que seu assassino não goze o fruto de seu crime. Isso o martirizará mais do que o crime! Se logo a saciedade e o asco o impulsionarem de um gozo a outro, assim todos os seus outros gozos serão amargados pelas lembranças de um gozo que ele não saciou! Em cada sonho o noivo ensanguentado levará a noiva à sua cama e, quando ele mais uma vez levantar seu braço concupiscente a ela, mais uma vez ele ouvirá o riso sardônico do inferno e acordará!

TERCEIRA CENA
Marinelli. Odoardo Galotti.

MARINELLI – Onde ficastes, meu senhor? Onde ficastes?

ODOARDO – Minha filha estava aqui?

MARINELLI – Ela não, mas o príncipe sim.

ODOARDO – Que ele me perdoe, mas eu acompanhei a condessa.

MARINELLI – Sim?

ODOARDO – Que boa dama!

MARINELLI – E vossa esposa?

ODOARDO – Está com a condessa... para nos enviar o coche logo para fora. O príncipe haverá de permitir que eu espere aqui com minha filha.

MARINELLI – Por que essas cerimônias todas? O príncipe não teria tido prazer, decerto, em levar ele mesmo as duas, mãe e filha, para a cidade?

ODOARDO – A filha, pelo menos, teria de recusar esta honra.

MARINELLI – Como assim?

ODOARDO – Ela não deve mais ir a Guastalla.

MARINELLI – Não? E por que não?

ODOARDO – O conde está morto.

MARINELLI – Tanto mais por causa disso...

ODOARDO – Ela deve ir comigo.

MARINELLI – Convosco?

ODOARDO – Comigo. Eu já vos disse que o conde está morto... se é que vós ainda não o sabeis... Que teria ela então a fazer em Guastalla? Ela deve ir comigo.

MARINELLI – De qualquer maneira. a futura moradia da filha dependerá unicamente da vontade de seu pai. Mas antes disso...

ODOARDO – O que, antes disso?

MARINELLI – Tereis de permitir, senhor capitão, que ela seja levada a Guastalla.

ODOARDO – Minha filha? Ser levada a Guastalla? E por quê?

MARINELLI – Por quê? Considerai bem a coisa...

ODOARDO *(Esquentado.)* – Considerar! Considerar! Eu considero que aqui não há nada a considerar. Ela deve, ela tem de ir comigo.

MARINELLI – Oh, meu senhor... porque precisaríamos nos exaltar por causa disso? Pode ser até que me engane, que não seja necessário o que eu considero necessário... O príncipe certamente saberá ajuizar melhor a respeito. O príncipe é quem decide. Eu vou buscá-lo.

QUARTA CENA
Odoardo Galotti

ODOARDO – Nunca mais! Como assim prescrever onde ela deve ir? Retê-la longe de mim? Quem o quererá? Quem o pode fazer? Aquele que aqui pode tudo o que quer? Bem, bem, então ele será obrigado a ver quanto eu posso, mesmo que já não o pudesse! Tirano míope! Contigo[49] é que vou me acertar. Quem não respeita a lei é tão poderoso quanto aquele que não tem lei. Tu não sabes disto? Venha! Venha! Mas olha só! Outra vez, outra vez a cólera volta a fustigar meu juízo a respeito de tudo. O que estou querendo? Primeiro teria de ter acontecido aquilo que me enfurece! Um cortesão sempre fala pelos cotovelos! Que pena que eu não o tenha deixado seguir falando! Tivesse eu pelo menos ouvido o pretexto que o faz querer levar minha filha para Guastalla! Assim eu poderia me preparar para lhe dar uma resposta a respeito. Mas, apesar disso, sobre o que haverá de me faltar uma resposta? Mas

---

[49] Assim no original. Outra mudança de tratamento, e Odoardo faz o príncipe descer à condição de seu igual pelo "tu". (N. T.)

se ela devesse me faltar... se ela... Alguém está vindo. Quieto, velho rapaz, quieto!

QUINTA CENA
O príncipe. Marinelli. Odoardo Galotti.

PRÍNCIPE – Ah, meu querido e honrado Galotti, e tem de acontecer uma coisa dessas para que eu possa vos ver junto de mim. Por uma coisa mais simples não me daríeis a chance. Mas, sem repreensões!

ODOARDO – Honrado senhor, considero que não é pertinente alguém assediar assim a seu príncipe. A quem conhece, ele o fará chamar quando necessitar dele. Inclusive nesta ocasião vos rogo que me desculpe...

PRÍNCIPE – Como eu desejaria que outros tivessem essa orgulhosa modéstia! Mas vamos ao caso. Vós deveis estar ansioso por ver vossa filha. Ela está outra vez intranquila, e desta vez pelo repentino afastamento de uma mãe tão afetuosa. E também por que esse afastamento? Eu apenas esperava que a amável Emilia recobrasse por completo seu ânimo, para levar as duas triunfalmente à cidade. Vós estragastes metade desse meu triunfo, mas todo ele eu não permitirei que o tirem de mim.

ODOARDO – É muita benção! Permiti, príncipe, que eu poupe minha criança infeliz de todas essas múltiplas ofensas, que amigos e inimigos, compaixão e malícia deixaram preparadas para ela em Guastalla.

PRÍNCIPE – Privá-la das doces ofensas dos amigos e da compaixão seria uma crueldade. Mas para que as ofensas dos inimigos e da malícia não a atinjam, deixai que eu mesmo providencio, querido Galotti.

ODOARDO – Príncipe, o amor paterno não divide suas inquietações com gosto. Penso que sei o que é a única coisa que convém à minha filha nessas circunstâncias... Afastamento do mundo... um claustro... e o quanto antes.

PRÍNCIPE – Um claustro?

ODOARDO – E até lá ela chorará sob os olhos de seu pai.

PRÍNCIPE – Tanta beleza murchar em um claustro? Pode uma única esperança falhada nos voltar tão irreconciliavelmente contra o mundo? De qualquer forma, ao pai ninguém conseguirá meter algo na cabeça. Levai vossa filha para onde quiserdes, Galotti.

ODOARDO *(Para Marinelli.)* – Pois bem, meu senhor?

MARINELLI – Se é o que me ordenais!

ODOARDO – Não, não, de modo nenhum.

PRÍNCIPE – Que há convosco?

ODOARDO – Nada, honrado senhor, nada. Nós apenas estamos ponderando quem de nós se enganou em relação a vós.

PRÍNCIPE – Como assim? Falai, Marinelli.

MARINELLI – Sinto muito ter de opor objeções à graça de meu príncipe. Mas se é a amizade que clama por exortar o juiz que há nele...

PRÍNCIPE – Que amizade?

MARINELLI – Vós sabeis, meu senhor, o quanto eu amava o conde Appiani; quanto nossas duas almas pareciam unidas uma à outra...

ODOARDO – Vós sabeis disso? Então sois verdadeiramente o único a sabê-lo.

MARINELLI – Por ele mesmo declarado como sendo seu vingador...

ODOARDO – Vós?

MARINELLI – Perguntai a vossa esposa. Marinelli, o nome Marinelli foi a última palavra do conde moribundo. E em um tom! Em um tom! Um tom que jamais sairá de meus ouvidos, se eu não fizer tudo para que seus assassinos sejam descobertos e castigados!

PRÍNCIPE – Podeis contar com minha total colaboração.

ODOARDO – E com meus mais calorosos desejos de sucesso! Bem, bem! E o que mais?

PRÍNCIPE – É o que também pergunto, Marinelli.

MARINELLI – Suspeita-se que não foram ladrões os que atacaram o conde.

ODOARDO *(Irônico.)* – Não? Realmente não?

MARINELLI – Que um rival o tirou do caminho.

ODOARDO *(Amargo.)* – O quê, um rival?

MARINELLI – Exatamente.

ODOARDO – Mas então, que o diabo o carregue, esse patife assassino!

MARINELLI – Um rival, e um rival favorecido...

ODARDO – O quê? Um favorecido? Que estais dizendo?

MARINELLI – Nada mais do que os boatos espalham.

ODOARDO – Um favorecido? Favorecido por minha filha?

MARINELLI – Estou seguro de que não é certo. Impossível. Eu o nego, apesar do que me dizeis. Mesmo que em tal situação, meu senhor, e apesar de qualquer prejuízo, por mais fundado que seja, não ter o mais mínimo peso na balança da justiça... Em tal situação, não poderemos evitar que a bela infeliz seja interrogada.

PRÍNCIPE – Sim, certamente é verdade.

MARINELLI – E onde, então? Onde pode isso acontecer se não em Guastalla?

PRÍNCIPE – Nisto tendes razão, Marinelli, nisto tendes razão. Sim, isso muda a coisa de figura, querido Galotti. Não é verdade? Vós mesmos vedes...

ODOARDO – Sim, claro... é óbvio que eu vejo... Eu vejo o que eu vejo. Deus! Deus! Como pode...

PRÍNCIPE – Que há convosco? O que está acontecendo?

ODOARDO – Que eu não tenha visto antes, o que eu agora vejo. Isso me aborrece e nada mais. Pois bem, ela deve voltar a Guastalla. Eu a levarei de volta a sua mãe: e até que o mais rigoroso inquérito não livrá-la da culpa, eu mesmo não tirarei os pés de Guastalla. Quem pode saber *(com uma risada amarga)*, quem pode saber se a justiça não achará necessário me interrogar também.

MARINELLI – É bem possível! Nesses casos a justiça age melhor fazendo muito do que fazendo pouco. Por isso eu temo, da mesma forma...

PRÍNCIPE – O quê? O que temeis?

MARINELLI – Que desde logo não se possa permitir que mãe e filha possam se falar.

ODOARDO – Não se falar?

MARINELLI – Seria melhor providenciar para que mãe e filha sejam separadas.

ODOARDO – Separar mãe e filha?

MARINELLI – Mãe, filha e pai. A forma do interrogatório infelizmente exige essa precaução. E eu só lamento, meu senhor, que eu tenha de me obrigar a requerer expressamente que, pelo menos Emilia, seja levada em custódia especial.

ODOARDO – Custódia especial? Príncipe! Príncipe! Mas é claro! Naturalmente, naturalmente! Com toda razão; em custódia especial! Não é verdade, príncipe? Não é verdade? Oh, como é fina a justiça! Magnífico! *(Dirige-se rapidamente ao saco onde deixou o punhal.)*

PRÍNCIPE *(Correndo para ele, adulando.)* – Controlai-vos, querido Galotti...

ODOARDO *(De lado, enquanto tira a mão, ainda vazia.)* – Isso foi seu anjo da guarda quem falou!

PRÍNCIPE – Estais enganado, não o compreendeis. Quando ele fala na palavra custódia pensais em prisão e cárcere.

ODOARDO – Deixai que eu pense nisso e eu estarei tranquilo!

PRÍNCIPE – Nenhuma palavra sobre prisão, Marinelli! Aqui a severidade da lei facilmente pode ser unida à atenção com a virtude irrepreensível. Se Emilia tiver de ser levada em custódia especial, eu já sei... qual é a mais decente de todas! A casa de meu chanceler... Nenhuma objeção, Marinelli! Eu mesmo a levarei para lá, ali eu a deixarei sob a fiscalização de uma das damas mais honradas. Ela cuidará dela e responderá por ela. Estais indo muito longe, Marinelli, demasiado longe, se quereis pedir mais do que isso. Vós o conheceis, não Galotti, o chanceler Grimaldi e sua esposa?

ODOARDO – Como não haveria de conhecê-los? Até a amável filha desse nobre casal eu conheço. Quem não a conhece? *(A Marinelli.)* Não, meu senhor, não considerai a coisa como resolvida. Se Emilia tem de ser preservada, então ela deverá ser preservada no mais profundo dos cárceres. Providenciai para que isso aconteça, eu vos peço. Eu, tolo, com meu pedido! Eu, velho janota! Com certeza a velha Sibila[50] tem toda razão: quem não perde a razão a respeito de certas coisas, não tem razão a perder!

PRÍNCIPE – Não vos compreendo. Querido Galotti, que mais posso fazer? Deixai que seja assim, eu vos peço. Sim, sim, na casa de meu chanceler! É para lá que ela deve ir. É para lá que eu mesmo a levarei. E, se ela não for tratada com o mais extremo respeito, então minha palavra de nada valeu. Mas não vos preocupeis. É assim que será! É assim que será! Vós mesmo, Galotti, podereis ir para onde quiserdes. Podereis nos seguir a Guastalla, podeis voltar a Sabionetta, como quiserdes. Seria ridículo vos prescrever algo. E agora, até a vista, querido Galotti! Vinde, Marinelli, já é tarde.

ODOARDO *(Que estava em profunda meditação.)* – Como? De modo que nem poderei falar com minha filha? Nem mesmo aqui? Até aceito tudo, acho tudo excelente. A casa de um chanceler é, obviamente, um pilar da virtude. Oh, honrado senhor, levai sim minha filha para lá, a nenhum outro lugar que não lá. Mas antes disso eu gostaria de falar com ela. Ela ainda desconhece a morte do conde. Ela não poderá compreender por que a separam de seus pais. Para explicá-lo com boas palavras, para tranquilizá-la a respeito da separação... tenho de falar com ela, honrado senhor, tenho de falar com ela.

PRÍNCIPE – Se é assim, vinde...

ODOARDO – Oh, a filha também pode vir ao pai. Aqui, a sós, serei breve com ela. Fazei com que ela chegue até mim, honrado senhor.

PRÍNCIPE – Também pode ser assim! Oh, Galotti, se quisésseis ser meu amigo, meu condutor, meu pai! *(O príncipe e Marinelli saem.)*

---

[50] Na antiguidade clássica, nome das sacerdotisas que tinham o dom de profetizar e antecipar infortúnios. Aqui, a Sibila é, naturalmente, Orsina. (N. T.)

SEXTA CENA
Odoardo Galotti.

ODOARDO *(Seguindo-os com os olhos; depois de uma pausa.)* – Por que não? De todo o coração! Rá, rá, rá! *(Olha ferozmente a sua volta.)* Quem está rindo aí? Por Deus, creio que fui eu mesmo. Está certo! Engraçado, engraçado. O jogo chega a seu final. Assim, ou assado! Mas... *(pausa)* e se ela se entender com ele? E se fosse o jogo diário da farsa? E se ela não merecesse o que eu quero fazer por ela? *(Pausa.)* Quero fazer por ela? O que eu quero fazer por ela? Tenho o coração, para dizê-lo a mim? Estou pensando em algo, algo que apenas pode ser pensado. Horrível! Fora! Fora! Não vou esperá-la. Não! *(Para o céu.)* Quem a empurrou, inocente, ao precipício, esse mesmo a tirará de lá. Por que precisará da minha mão para isso? Fora! *(Quer ir, e vê Emilia se aproximando.)* Demasiado tarde! Ah! Ele quer minha mão, ele a quer!

SÉTIMA CENA
Emilia. Odoardo.

EMILIA – Como? Vós aqui, meu pai? E somente vós? E minha mãe? Não está aqui? E o conde? Não está aqui? E vós tão intranquilo, meu pai?

ODOARDO – E tu tão tranquila, minha filha?

EMILIA – Por que não deveria estar tranquila, meu pai? Ou nada está perdido, ou tudo! Poder estar tranquila e ter de estar tranquila: não é a mesma coisa?

ODOARDO – Mas qual pensas que seja o caso?

EMILIA – Que tudo está perdido, e que nós temos de estar tranquilos, meu pai.

ODOARDO – E tu estarias tranquila, por que tens de estar tranquila? Quem tu és? Uma menina? E minha filha? Assim deveria o homem e o pai se envergonhar diante de ti? Mas me permite ouvir a que tu chamas estar tudo perdido? Que o conde esteja morto?

EMILIA – E o porquê de ele estar morto! O porquê! Então é verdade, meu pai? Então é verdadeira toda essa tenebrosa história, que eu li nos olhos úmidos e furiosos de minha mãe? Onde está minha mãe? Para onde ela foi, meu pai?

ODOARDO – Saiu antes... mas nós podemos segui-la.

EMILIA – Quanto antes, melhor. Pois se o conde está morto, se está morto por causa disso... por causa disso! Que estamos esperando aqui? Vamos fugir, meu pai!

ODOARDO – Fugir? Que sentido teria então? Tu estás, tu ficarás nas mãos de teu ladrão.

EMILIA – Eu ficarei em suas mãos?

ODOARDO – E sozinha. Sem tua mãe, sem mim.

EMILIA – Eu, sozinha nas mãos dele? Nunca mais, meu pai. Ou não sois meu pai. Eu, sozinha nas mãos dele? Bem, podeis me deixar... podeis me deixar... Quero só ver quem me segurará... quem me obrigará... quem será o homem que poderá obrigar um outro ser humano a fazer algo.

ODOARDO – Eu pensei que tu estavas calma, minha criança.

EMILIA – E estou. Mas a que vós chamais estar calma? Cruzar as mãos para não fazer nada? Suportar aquilo que não se deveria suportar? Aguentar aquilo que não se deve suportar?

ODOARDO – Ahá! Que bom que pensas assim! Permite que eu te abrace, minha filha! Eu sempre disse: a natureza quis fazer da mulher sua obra-prima. Mas ela se enganou no tom, usou material demasiado fino. Afora isso, tudo em vós é melhor do que em nós. Ah, se é esta a tua calma, então eu voltei a achar a minha na tua! Permite que eu te abrace, minha filha! Pensa apenas, sob os pretextos de um inquérito judicial... oh que charlatanaria infernal! Ele te arranca de nossos braços, e te levará a Grimaldi.

EMILIA – Me arranca? Me levará? Quer me arrancar, quer me levar. Quer! Quer! Como se nós, como se nós não tivéssemos vontade própria, meu pai!

ODOARDO – Eu também já estava furioso a ponto de pegar neste punhal (*puxando-o para fora*), para atravessar o coração de um dos dois... dos dois.

EMILIA – Pelo amor dos céus não, meu pai! Esta vida é tudo que esses perversos têm. A mim, meu pai, a mim é que deveis dar esse punhal.

ODOARDO – Criança, isso não é um grampo de cabelo.

EMILIA – Se é assim, o grampo de cabelo é que será um punhal! Tanto faz.

ODOARDO – O quê? A coisa chegaria a esse ponto? Não, de jeito nenhum, não! Acalma-te! Tu também só tens uma vida a perder.

EMILIA – E só uma inocência!

ODOARDO – Que é superior a todo o poder.

EMILIA – Mas não a toda sedução. Poder! Poder! Quem não pode desafiar o poder? O que tem o nome de poder não é nada: a sedução é o verdadeiro poder. Eu tenho sangue, meu pai; sangue tão jovem, tão quente, como o de qualquer uma. Também sou de carne e osso. Eu não respondo por nada. Não se pode esperar isso de mim. Conheço a casa dos Grimaldi. É a casa da alegria. Uma hora ali, sob os olhos de minha mãe, e se levantarão de minha alma tantas turvações que os mais severos exercícios da religião mal poderiam apaziguar em semanas! A religião! E que religião! Para evitar algo que não era pior, milhares correram ao mar, e eram santos! Dai-me, meu pai, dai-me este punhal.

ODOARDO – É como se tu o conhecesses, este punhal!

EMILIA – E mesmo que eu não o conheça! Um amigo desconhecido é também um amigo. Dai-o a mim, meu pai, dai-o a mim.

ODOARDO – E se eu te o der... aqui! (*Dá-o a ela.*)

EMILIA – E aqui! (*Na intenção de atravessar o peito com ele, o pai volta a arrancá-lo de sua mão.*)

ODOARDO – Olha, que rapidez! Não, isto não serve para as tuas mãos.

EMILIA – É verdade, é com um grampo de cabelo que devo... (*dirige a mão aos cabelos, procurando um, mas acaba por segurar a rosa.*) Tu, ainda aqui?

Abaixo contigo! Tu não pertences aos cabelos de uma dessas... que meu pai quer que eu seja!

ODOARDO – Oh, minha filha!

EMILIA – Oh, meu pai, se eu adivinhasse vossa intenção... Mas não, isso vós também não quereis. Por que vacilais então? *(Em um tom amargo, enquanto arranca as pétalas da rosa.)* Outrora fez muito bem um pai que, para salvar sua filha da desonra, lhe afundou o primeiro, o melhor aço no coração... dando-lhe a vida pela segunda vez. Mas todas essas atitudes são de outrora! Já não há mais pais assim!

ODOARDO – Como não, minha filha, como não! *(Cravando-lhe o punhal.)* Deus, o que foi que eu fiz! *(Quando ela está para cair, ele a ampara nos braços.)*

EMILIA – Uma rosa colhida, antes que a tempestade a desfolhasse. Deixai que eu a beije, essa mão paternal.

OITAVA CENA

O príncipe. Marinelli. Os anteriores.

PRÍNCIPE *(Ao entrar.)* – Mas o que é isso? Emilia não está bem?

ODOARDO – Muito bem, muito bem!

PRÍNCIPE *(Enquanto se aproxima.)* – O que estou vendo? Horror!

MARINELLI – Ai de mim!

PRÍNCIPE – Pai terrível, o que foi que fizestes?

ODOARDO – Colhi uma rosa, antes que a tempestade a desfolhasse. Não foi isso, minha filha?

EMILIA – Não vós, meu pai... eu mesma... eu mesma...

ODOARDO – Tu não, minha filha. Tu não! Não te vás deste mundo com uma inverdade. Tu não, minha filha! Teu pai, teu desgraçado pai!

EMILIA – Ah... meu pai... *(Ela morre e ele a deita delicadamente ao chão.)*

ODOARDO – Vá em paz! Aí está, príncipe! Ela ainda vos agrada? Ainda acende vossos desejos? Ainda, nesse sangue, que clama por vingança contra vós? *(Depois de uma pausa.)* Mas vós esperais para ver até onde a coisa chegará? Vós esperais, talvez, que eu volte o aço contra mim mesmo, e encerre minha ação como uma tragédia insípida? Mas estais enganado. Aqui! *(Enquanto arroja o punhal aos pés do príncipe.)* Aqui está ele, testemunha sangrenta de meu crime! Eu vou e me entrego eu mesmo à prisão. Vou e vos aguardo como juiz. E então lá... vos aguardarei diante do juiz de todos nós!

PRÍNCIPE *(Depois de um silêncio, no qual contempla os corpos com horror e desespero, a Marinelli).* – Vamos! Levanta-o daí. E então? Ainda ousas pensar? Miserável! *(Enquanto lhe arranca o punhal das mãos.)* Não, teu sangue não deve se misturar a esse sangue. Vai-te, e te escondas para sempre! Vai-te, eu disse!... Deus! Deus!.. Não basta, para a desgraça de alguns, que príncipes sejam homens, tem de ainda os demônios fingirem ser seus amigos?

FIM DE *EMILIA GALOTTI*

NATHAN, O SÁBIO

Poema Dramático em cinco atos

1779

Nathan der Weise.

Ein
Dramatisches Gedicht,
in fünf Aufzügen.

Introite, nam et heic Dii sunt!
APVD GELLIVM.

Von
Gotthold Ephraim Lessing.

1779.

Folha de rosto da 1ª edição em 1779

PERSONAGENS:

SULTÃO SALADINO
SITTAH, *sua irmã*
NATHAN, *um judeu rico de Jerusalém*
RECHA, *sua filha adotada*
DAJA, *uma cristã, mas na casa do judeu, é a acompanhante de Recha*
UM JOVEM TEMPLÁRIO
UM DERVIXE
O PATRIARCA DE JERUSALÉM
UM MONGE
UM EMIR, ALÉM DE DIVERSOS MAMELUCOS DE SALADINO

O cenário do poema dramático é Jerusalém.

Introite, nam et heic Dii sunt!
APUD GELLIUM[51]

---
[51] Entrai, pois também aqui há deuses! (*apud Gellius*)

PRIMEIRO ATO

PRIMEIRA CENA
Cenário: corredor da casa de Nathan
Nathan volta de viagem, Daja vai a seu encontro.

DAJA:
      É ele! Nathan!...
      A Deus, eternas graças
      Por terdes enfim retornado.

NATHAN:
      Sim, Daja; graças a Deus!
      Mas por que *enfim*?
      Acaso disse eu
      Que pretendia antes voltar?
      E poderia voltar?
      A Babilônia fica
      A boas duzentas milhas,
      E eu, ademais,
      Fui bem obrigado a dobrar
      Ora à esquerda, ora à direita;
      E cobrar dívidas,
          Por certo também
      Não é negócio
      Que apressa a viagem de alguém,
      Nem que se pode deixar
      De lado assim sem mais.

DAJA:

>Oh, Nathan,
>>E como poderíeis sofrer,
>Sofrer enquanto isso por aqui!
>Vossa casa...

NATHAN:

>Ela pegou fogo,
>Já me dei conta
>Do que aconteceu...
>Deus sabe muito bem,
>Que já me dei conta
>De tudo que aconteceu!

DAJA:

>E teria queimado fácil
>Até o alicerce.

NATHAN:

>Se assim fosse, Daja,
>Nós construiríamos outra,
>E mais confortável.

DAJA:

>Pode até ser!...
>Mas Recha por um fio de cabelo
>Não queimou junto também.

NATHAN:

>Queimou? Quem?
>Minha Recha? Ela?
>Sobre isso nada ouvi.
>Pois bem! Se fosse assim
>Eu não precisaria mais de casa...
>Queimou junto
>Por um fio de cabelo!
>Ah! Então ela queimou!
>Queimou realmente junto!

Pode dizer!
Diz logo de uma vez!
Mata-me: e não me martiriza mais...
Sim, ela queimou com a casa e jaz.

DAJA:
Se ela tivesse queimado assim,
Vós o ouviríeis de mim?

NATHAN:
Por que me assustas
Desse jeito?
Oh, Recha!
Oh, minha Recha!

DAJA:
Vossa? Vossa Recha?

NATHAN:
Se eu tivesse de outra vez
Me desacostumar,
De chamar essa criança
De minha filha!

DAJA:
Vós chamais a tudo o que possuis,
De vosso com igual direito?

NATHAN:
A nada com maior direito!
Tudo o que de resto eu possuo,
A natureza e a ventura me deram.
Os bens desta propriedade
São a única coisa
Que eu devo à virtude.

DAJA:
Oh, como cobrais caro
Por vossa bondade, Nathan,
E eu tenho de pagar!

> Se é que a bondade,
> Exercida com tal intenção,
> Ainda pode se chamar bondade!

NATHAN:
> Com tal intenção? Que intenção?

DAJA:
> Minha consciência...

NATHAN:
> Daja, permite, que te conte
> De todas as coisas...

DAJA:
> Minha consciência,
> Foi o que eu disse...

NATHAN:
> Que tecido bonito
> O que comprei para ti
> Na Babilônia.
> Rico e de bom gosto
> Também rico!
> Nem mesmo para Recha
> Trago um mais bonito.

DAJA:
> De que adianta?
> Pois minha consciência,
> Preciso dizer,
> Não se deixa anestesiar
> Por mais tempo.

NATHAN:
> E como os brincos, as presilhas,
> Como os anéis, as gargantilhas,
> Que procurei em Damasco para ti
> Irão te agradar:
> Pede para vê-las, aqui.

DAJA:
    Sois assim, então!
    Se apenas podeis presentear!
    Só presentear!
NATHAN:
    Aceita de bom grado, o que te dou:
    E cala!
DAJA:
    E cala!
    Quem duvida, Nathan,
    Que não sois
    A honradez, a soberba
    Em pessoa?
    E mesmo assim...
NATHAN:
    Eu sou apenas um judeu, enfim...
    Não é isso
    Que estás querendo dizer?
DAJA:
    O que eu quero dizer,
    Vós sabeis melhor do que eu.
NATHAN:
    Se é assim, cala!
DAJA:
    Eu me calo, o que sucede
    Digno de punição diante de Deus,
    E não posso mudar,
    Não posso impedir,
    Não posso...
    Acabará por sobre vós recair!
NATHAN:
    Recair sobre mim!
    Mas onde ela está, então?

Por onde anda? Daja
Ai de ti se me enganas!
Por acaso ela sabe
Que eu já vim?

DAJA:
É o que eu vos pergunto!
O susto ainda treme
Nos nervos dela,
Em sua fantasia
O fogo ainda põe tinta
Em tudo que ela pinta.
No sono vigia,
Na vigília lhe dorme o espírito:
Ora menos que animal,
Ora mais que anjo.

NATHAN:
Pobre criança!
O que somos nós, os humanos!

DAJA:
Esta manhã ela estava deitada
Por um bom tempo
De olhos cerrados,
Como morta.
Às pressas se levantou, e gritou:
"Silêncio! Silêncio!
Aí vêm os camelos de meu pai!
Silêncio! É a voz suave
Dele em pessoa!"
E logo seus olhos
Se entregaram de novo,
E sua cabeça,
À qual seu braço recusou apoio,
Caiu sobre o travesseiro...

E eu saí pelo portão!
E, vejam só:
Sois vós que de fato vindes!
Vindes de fato!
Que maravilha!
A alma inteira dela
Estava o tempo todo convosco...
E com ele.

NATHAN:
Com ele? Que ele?

DAJA:
Com ele,
Aquele que a salvou do fogo.

NATHAN:
E quem foi? Quem?
Onde ele está?
Quem salvou minha Recha?
Quem?

DAJA:
Um jovem templário que,
Poucos dias antes,
Foi trazido preso para cá
E Saladino indultou.

NATHAN:
Como? Um templário,
Que o sultão Saladino
Deixou em vida?
Por um menor milagre
Recha não pôde ser salva?
Deus do céu!

DAJA:
Sem ele, que ousou de novo,
Apesar de há pouco

Ter se escapado,
Ela estaria perdida.

NATHAN:
Onde está ele, Daja,
Esse nobre homem?
Onde esta ele?
Me conduz aos pés dele.
Com certeza destes a ele,
Para começar,
Tudo que vos deixei
Em tesouros? Tudo?
E prometeram mais?
Bem mais?

DAJA:
Como poderíamos?

NATHAN:
Não? Então não?

DAJA:
Ele veio, e ninguém sabe de onde,
Ele foi, e ninguém sabe para onde,
Sem qualquer
Conhecimento da casa,
Conduzido apenas
Por seu ouvido,
Ele entrou,
Em seu casaco envolvido,
E atravessou as chamas
E a fumaça atrás da voz
Que invocava ajuda.
Já o considerávamos perdido
Quando em meio à fumaça,
Às chamas,
Ele veio até nós

>E no braço forte
>A trazia a sua frente.
>Frio e impassível, então,
>Aos júbilos
>De nosso agradecimento
>Ele deita seu butim ao chão,
>Se mistura em meio ao povo
>E desaparece de novo!

NATHAN:
>Não para sempre,
>É o que espero.

DAJA:
>Depois de alguns dias
>Nós o vimos
>Passeando
>De um lado a outro
>Entre as palmeiras,
>Que lá envolvem
>Com sua sombra
>O túmulo do ressuscitado.
>Eu me aproximei dele
>Com encanto,
>Agradeci, elevei,
>Entoei e o conjurei
>A apenas mais uma vez
>A criatura devota ver,
>Que não pode sossegar,
>Enquanto seu agradecimento
>Aos pés dele depositar.

NATHAN:
>E então?

DAJA:
>Em vão!

>   Ele foi surdo ao nosso pedido
>   E derramou amarga ironia
>   Mais que a tudo sobre mim...
> NATHAN:
>   Tu te assustaste com isso...
> DAJA:
>   E como!
>   Mas a cada dia
>   Para perto dele de novo ia;
>   E a cada dia
>   Aceitava de novo sua zombaria.
>   O que não sofri da parte dele!
>   O que não gostaria
>   Ainda mais de suportar!
>   Mas agora já faz tempo
>   Que ele não aparece mais
>   A visitar
>   As palmeiras
>   Que com sua sombra envolvem
>   O túmulo de nosso ressuscitado
>   E ninguém sabe onde tem ficado.
>   Vós vos surpreendeis?
>   Estais pensativo?
> NATHAN:
>   Apenas cogito,
>   Sobre a impressão
>   Que isso deve causar
>   Em um espírito
>   Como o de Recha.
>   Tanto assim ser desprezada,
>   Por alguém que tanto estima,
>   Se sentir tão obrigada;
>   E tão rechaçada,

E mesmo assim tão atraída;
De fato, cabeça e coração
Devem brigar por tanto tempo
E muitas vezes
Nenhum dos dois ganha;
E a fantasia,
Que se imiscui na briga,
Os delirantes cria,
Nos quais ora a cabeça
Faz o papel do coração
Ora o coração o papel da cabeça...
Troca ingrata!
E é o último,
Se conheço bem a Recha,
O caso de Recha: ela delira.

DAJA:
Mas de modo tão devoto,
Tão amável!

NATHAN:
Mesmo assim ainda é delírio!

DAJA:
Antes uma extravagância,
Se assim quiserdes,
Mas é para ela importante.
Seu templário da terra não seria
E de terreno nada teria;
O anjo de uma, a cuja proteção
Seu pequeno coração
Teria gostado de se confiar
Desde criança,
E ele teria saído de sua nuvem,
Na qual de resto
Sempre esteve envolvido,

Ainda quando no fogo,
E em torno dela pairado,
E na condição de templário saído...
Não deveis sorrir!
Quem pode saber?
Sorrindo,
Deixai-lhe uma alucinação
Na qual muçulmano,
Judeu e cristão
Se unem –
Oh, que doce alucinação!

NATHAN:
Também para mim ela é tão doce!
Vai, destemida Daja,
E vê o que ela faz,
Se posso com ela falar,
Depois também eu,
Procurarei
Pelo anjo da guarda selvagem,
E caprichoso,
E se ele ainda estiver
Passando seu tempo entre nós
Se ainda estiver
Praticando seu cavalheirismo
De modo tão incivilizado,
Eu por certo o acharei
E para cá o trarei.

DAJA:
Vós estais vos propondo muito.

NATHAN:
E então o doce delírio
Dará lugar à doce verdade:
Pois, Daja, acredita em mim;

      O ser humano
      Ainda prefere
      Um ser humano a um anjo
      De modo que não
      Te zangarás comigo
      Por ver a que delira
      Com anjos curada?

DAJA:
      Vós sois tão bom,
      E ao mesmo tempo tão mau!
      Vou! Mas ouvi! E vede!
      Ali vem ela mesma.

SEGUNDA CENA
Recha. Os anteriores

RECHA:
      Então sois mesmo vós, meu pai?
      E eu que pensei que teríeis apenas
      Mandado vossa voz na frente.
      Por onde andastes?
      Que montanhas,
      Que desertos palmilhastes,
      Que torrentes nos separam ainda?
      Parede a parede com ela respirais
      E não vos apressais
      Para abraçar vossa Recha?
      A pobre Recha
      Que enquanto isso se queimou!
      Quase, quase se queimou!
      Apenas quase. Não estremecei!
      É uma morte horrível,
      Morrer queimada, oh!

NATHAN:
>Minha filha! Minha querida filha!

RECHA:
>Vós deveis ter cruzado
>O Tigre, o Jordão, o Eufrates?
>Quem sabe quantas águas?
>Quantas vezes por vós tremi
>Antes de o fogo
>Se aproximar tanto de mim:
>Pois desde que o fogo
>Se aproximou tanto assim,
>Morrer na água me parece
>Um refrigério, bálsamo, salvação
>Mas vós não vos afogastes;
>E eu, eu não queimei não.
>Como vamos nos alegrar,
>E a Deus, a Deus agradecer!
>Ele vos carregou
>E a vosso bote sobre as asas
>De seus anjos invisíveis
>Pelas torrentes pérfidas
>Ao outro lado.
>E ele também acenou
>Para que meu anjo,
>Visível me carregasse
>Sobre suas penas brancas
>Através do fogo eu passasse...

NATHAN (*à parte*):
>As penas brancas!
>Sim, sim!
>O casaco branco aberto,
>Do templário, por certo.

RECHA:
>Ele, visível, me carregou visível
>Através do fogo,
>Levado por suas penas brancas.
>Eu vi, pois,
>Eu vi um anjo rosto a rosto;
>E o meu anjo.

NATHAN:
>Recha valeria isso tudo;
>E não veria nele nada mais belo
>Do que ele nela.

RECHA (*sorrindo*):
>A quem lisonjeais?
>A quem, meu pai?
>Ao anjo, ou a vós mesmo, ai?

NATHAN:
>Mas tivesse um só homem
>Um homem
>Como os que a natureza
>Cotidianamente concede
>Te prestado esse serviço,
>E teria de ser um anjo para ti.
>Teria de ser e seria.

RECHA:
>Não um anjo assim; não!
>Um anjo real;
>Com certeza seria um anjo real
>Vós mesmo não me ensinastes
>Que existem anjos,
>Que Deus também pode
>Fazer milagres
>Por aqueles que o amam?
>E eu o amo.

NATHAN:
> E ele te ama, e faz por ti
> E teus iguais,
> Faz milagres a cada hora;
> Sim, e já os fez
> Por toda a eternidade
> Por ti e por todos
> Os que merecem.

RECHA:
> Me agrada ouvir isso.

NATHAN:
> Como?
> Só porque soa bem natural,
> Que um verdadeiro templário
> Te salve
> Seria por isso menos
> Um milagre?
> O mais sublime nos milagres
> É que os milagres verdadeiros,
> Genuínos, podem, devem
> Se tornar tão cotidianos para nós.
> Sem esse milagre geral
> Alguém que pensa
> Certamente teria dificuldades
> De mencionar um só milagre,
> E apenas crianças,
> Que curiosas olham,
> Para o incomum e o novo,
> Os veriam.

DAJA (*a Nathan*):
> Quereis por acaso
> Explodir com tais sutilezas
> Seu cérebro já por demais tenso?

NATHAN:
>Me deixa!
>Não seria à minha Recha
>Suficiente um milagre,
>De ela ser salva por um homem,
>Que não precisou
>Ser salvo ele mesmo
>Por um milagre
>Nem um pouco pequeno?
>Sim, pois quem já ouviu
>Que Saladino
>Algum dia poupou um templário?
>Que um templário
>Algum dia exigiu,
>Esperou, ser poupado por ele?
>Lhe ofereceu
>Mais por sua liberdade
>Do que o cinto de couro
>Que arrasta seus ferros;
>E no máximo seu punhal?

RECHA:
>Isso explica tudo para mim,
>Meu pai.
>Por isso não foi um templário,
>Apenas pareceu.
>Nenhum templário preso
>Veio jamais
>A Jerusalém,
>A não ser para sua morte certa;
>Nenhum anda por Jerusalém
>Assim tão livre, não:
>Como é que poderia
>Um deles então
> Me salvar livremente à noite?

NATHAN:
>Vê! Que engenhoso.
>Agora, Daja, toma a palavra.
>De ti eu tenho
>Que ele foi mandado
>Preso para cá.
>Sem dúvida sabes bem mais.

DAJA:
>Pois sim. É o que se diz por aí:
>Mas se diz também,
>Que Saladino indultou o templário
>Porque ele se parecia muito
>Com um de seus irmãos
>Um que ele ademais
>Amava de modo especial.
>Mas uma vez que já faz
>Muitos vinte anos,
>Que esse irmão não vive mais
>Ele se chamava,
>Não sei mais como,
>Ele ficou, não sei mais onde...
>E assim tudo isso soa tão...
>Tão inacreditável
>Que nada deve haver
>Nisso de verdade.

NATHAN:
>Ei, Daja!
>Por que seria isso
>Tão inacreditável assim?
>Não seria,
>Como tantas vezes acontece,
>Só para poder acreditar no fim
>Em algo ainda mais inacreditável?

Por que Saladino,
Que ama tanto a seus irmãos
Não poderia
Em anos mais jovens ter amado
Um deles
De modo ainda mais especial?
Dois rostos
Não costumam ser parecidos?
Uma velha impressão
É uma impressão perdida?
Não consegue
O que sempre conseguiu?
Desde quando?
Onde está nisso o inacreditável?
Ora por certo, sábia Daja,
Isso não seria mais
Para ti um milagre
E só os teus milagre, não é,
Os teus, é que exigem...
Merecem, quero dizer, fé.

DAJA:
Vós estais zombando.

NATHAN:
Só porque tu zombas de mim.
Mas mesmo assim,
Recha, teres sido salva
Continua um milagre,
Que só se tornou possível
Para alguém cabível
Das mais severas decisões
Dos mais indomáveis
Lances de um rei,
Alguém que gosta

De conduzir seu jogo,
Se não sua zombaria, bem sei,
Com os mais fracos fios.

RECHA:
Meu pai!
Meu pai, se me engano,
Vós sabeis,
Não faço gosto em me enganar.

NATHAN:
Muito mais que isso,
Tu gostas de aprender
Vê! Uma testa,
Abaulada desse ou daquele jeito;
O dorso de um nariz,
De traço mais assim
Do que assado;
Sobrancelhas, que serpenteiam
Assim sobre um osso
Agudo ou chato;
Uma linha, uma espádua,
Uma quina,
Uma ruga, uma cicatriz,
Um nada,
No rosto de um selvagem europeu:
E tu escapas do fogo na Ásia!
Isso não seria um milagre,
Povo sedento de milagres?
Por que vos cansais ainda
Em busca de um anjo?

DAJA:
Que mal faz, Nathan,
Se é que posso falar,
Em tudo isso, preferir ser salva

Por um anjo
Do que por um homem?
Não se sente assim alguém
Bem mais próximo então
Do motivo incompreensível
De sua salvação?

NATHAN:
Orgulho! Nada mais que orgulho!
O pote de ferro
Bem gosta
De ser tirado das brasas
Com uma tenaz de prata,
A fim de pensar
Que é ele mesmo
Um pote de prata.
Puah! E que mal faz,
Perguntas?
Que mal faz?
De que adianta?
Eu poderia de volta perguntar.
Pois teu
"Sentir-se
Tanto mais perto de Deus",
É absurdo ou blasfemo.
Só prejudica:
Sim, prejudica por certo.
Vinde! Ouvi-me. Não é verdade?
Ao ser que te salvou,
Seja um anjo, seja um homem
Vós, e tu sobretudo, gostaríeis
De prestar
Muitos grandes favores?
Não é verdade?

Pois bem, a um anjo,
Que favores,
Que grandes favores
Poderíeis prestar?
Poderíeis lhe agradecer;
Suspirar para ele, orar;
De tanto encanto por ele derreter;
Poderíeis jejuar
No dia em sua homenagem,
Dar esmolas.
E tudo seria nada.
Pois a mim parecerá sempre
Que vós ganhareis bem mais
Do que vosso próximo com isso.
Ele não engordará
Com vosso jejum;
Não enriquecerá
Com vossas esmolas;
Não se tornará mais magnífico
Com vossos encantos;
Nem mais poderoso
Com vossa confiança.
Não é verdade? Só um homem!

DAJA:
Mas com certeza
Um ser humano teria
Nos dado mais oportunidade
De fazer algo por ele.
E Deus sabe,
Como estaríamos prontas a isso!
Só que ele queria,
Não tinha necessidade
De coisa alguma;

    Estava tão satisfeito em si,

    E consigo

    Como apenas os anjos

    Podem estar,

    Apenas os anjos.

RECHA:

    Tanto assim, que até desapareceu...

NATHAN:

    Desapareceu?

    Como assim desapareceu?

    Não se deixou mais ver

    Entre as palmeiras?

    Como?

    Ou realmente

    Já procurastes por ele alhures?

DAJA:

    Isso ainda não.

NATHAN:

    Não, Daja? Não?

    Vê então como isso prejudica!

    Delirantes cruéis! E se esse anjo...

    Se esse anjo estiver doente!...

RECHA:

    Doente!

DAJA:

    Doente! Mas ele não adoece!

RECHA:

    Que tremor frio

    Que toma conta de mim!

    Daja! Minha testa,

    De resto tão quente,

    Sente só,

    Está fria como o gelo de repente.

NATHAN:

    Ele é um francônio,

    Não acostumado a este clima;

    É jovem, não acostumado

    Ao trabalho pesado,

    À fome, à vigília que dele exigem.

RECHA:

    Doente! Doente!

DAJA:

    Nathan quer dizer apenas

    Que isso seria possível.

NATHAN:

    Agora jaz aí!

    Não tem amigo, nem dinheiro

    Para pagar amigos que lhe ajudem.

RECHA:

    Ah, meu pai!

NATHAN:

    Jaz sem esperança,

    Sem conselho, sem acolhida

    Um butim da dor e da morte!

RECHA:

    Onde? Onde?

NATHAN:

    Ele, que por uma

    Que jamais conheceu

    — Basta, era um homem —,

    Se precipitou no fogo...

DAJA:

    Nathan, poupai-a!

NATHAN:

    Ele, que o agradecimento

    A si poupou

>   Não quis conhecer
>   Aais de perto,
>   Nem ver de novo,
>   A quem salvou.

DAJA:
>   Poupai-a, Nathan!

NATHAN:
>   E também não pediu
>   Para ver de novo
>   — A não ser que fosse,
>   Para salvá-la uma segunda vez —
>   Pois, basta, é um homem...

DAJA:
>   Parai com isso, e vede!

NATHAN:
>   Ele, que morrendo
>   Nada mais tem para se animar
>   Do que a consciência desse ato!

DAJA:
>   Parai com isso! Vós a matais!

NATHAN:
>   E tu mataste a ele!
>   Poderias matá-lo assim!
>   Recha! Recha!
>   É remédio, não veneno,
>   O que eu te dou.
>   Ele está vivo! Volta a ti!
>   Ele também
>   Não deve estar doente!
>   Sequer doente!

RECHA:
>   Com certeza?
>   Não está morto?
>   Não está doente?

NATHAN:
>Com certeza, não está morto!
>Pois Deus premia o que é bom
>E foi feito aqui,
>Ainda aqui. Vai!
>Mas compreendes
>Como é mais fácil
>Delirar em fervor
>Do que agir bem?
>Como o mais frouxo humano
>Delira em fervor
>Apenas para
>— Ainda que sequer
>se dê conta com nitidez
>Da sua intenção —
>Apenas para
>Não precisar agir bem?

RECHA:
>Ah, meu pai! Não deixai,
>Não deixai jamais
>A vossa Recha sozinha!
>Não é verdade que ele também
>Pode ter viajado talvez?

NATHAN:
>Ide! Mas de todo modo
>Vejo que lá longe
>Um muçulmano
>Com olhos curiosos mede
>Meus camelos carregados.
>Vós o conheceis?

DAJA:
>Ahá! Vosso dervixe!

NATHAN:
>Quem?

DAJA:
>Vosso dervixe;
>Vosso companheiro de xadrez!

NATHAN:
>Al-Hafi?[52] É Al-Hafi?

DAJA:
>É o tesoureiro do sultão.

NATHAN:
>Como? Al-Hafi?
>Estás sonhando de novo?
>É ele! De fato, ele!
>E vem ao nosso encontro.
>Para dentro, vós duas, rápido![53]
>O que será que ouvirei?

TERCEIRA CENA

Nathan. O dervixe.

DERVIXE:
>Isso mesmo,
>Vossos olhos arregalei
>Tanto quanto podeis!

NATHAN:
>Então és tu? Ou não és?
>Nessas suntuosas vestes,
>Um dervixe...

DERVIXE:
>E daí? Por que não?
>Por acaso não se pode

---

[52] O nome significa: o descalço. (N. T.)
[53] Al-Hafi, na condição de muçulmano, não pode ver mulheres sem véu. (N. T.)

Fazer nada,
Absolutamente nada
De um dervixe?

NATHAN:
Pois bem, basta!
Eu sempre pensei que o dervixe
– Quero dizer
O dervixe de verdade –
Não quer fazer nada de si.

DERVIXE:
Pelo profeta!
Pode até ser
Que eu não seja um de verdade.
Mas quando se é obrigado...

NATHAN:
Obrigado! Dervixe!
Um dervixe é obrigado?
Nenhum homem é obrigado
A coisa alguma
E o dervixe seria?
A que então ele seria obrigado?

DERVIXE:
Se lhe oferecem direito
E ele considera bom:
Essa é, de um dervixe,
A obrigação.

NATHAN:
Por Deus nosso!
Nisso dizes a verdade!
Permita que te abrace, homem.
Mas ainda és meu amigo?

DERVIXE:
E não perguntais antes,
O que foi que me tornei?

NATHAN:
> Não importa
> O que foi que te tornaste!

DERVIXE:
> Será que eu não poderia
> Ter me tornado
> Um homem do Estado
> Cuja amizade talvez
> Inconveniente vos seja?

NATHAN:
> Se teu coração ainda for dervixe,
> Eu ouso garantir.
> E o homem do Estado
> Faz apenas te vestir.

DERVIXE:
> Veste que também
> Quer ser honrada.
> O que pensais? Adivinhai!
> O que eu seria em vossa corte?

NATHAN:
> Dervixe, mais que isso não.
> Mas provavelmente também –
> Cozinheiro.

DERVIXE:
> Pois é! E desaprender
> Meu ofício convosco!
> Cozinheiro!
> Talvez também taverneiro?
> Admiti que Saladino
> Me conhece melhor.
> Me tornei foi seu tesoureiro.

NATHAN:
> Tu? Seu tesoureiro?

DERVIXE:

    Compreendei:
    De seu menor tesouro.
    Sobre o maior,
    Ainda rege seu pai;
    Do tesouro de sua casa,
    Apenas.

NATHAN:

    A casa dele é grande.

DERVIXE:

    E maior do que pensais;
    Todos os mendigos
    Estão diante dela.

NATHAN:

    Mas Saladino
    É tão hostil aos mendigos...

DERVIXE:

    Tanto que se propôs
    A com eles acabar
    De cabo a rabo
    Ainda que ele mesmo
    Tivesse de se tornar
    Mendigo por causa disso.

NATHAN:

    Certo! É isso que eu quis dizer.

DERVIXE:

    E ele também já o é,
    Apesar de tudo!
    Pois seu tesouro
    Ao pôr do sol de cada dia
    Fica bem mais vazio do que vazio.
    A maré alta,
    Por mais que chegue pela manhã
    À tarde já se foi da ribalta...

NATHAN:
> Por que os canais,
> Que é impossível
> De encher ou de trancar
> A engolem em parte.

DERVIXE:
> Exatamente!

NATHAN:
> Conheço isso!

DERVIXE:
> É que de nada adianta, decerto,
> Se príncipes são abutres
> Entre a carniça.
> Mas se são a carniça
> Entre abutres
> É ainda dez vezes pior.

NATHAN:
> Oh, não, dervixe!
> Mas não é assim!

DERVIXE:
> Vós podeis bem falar, vós!
> Vamos lá:
> O que daríeis a mim?
> Se for bom, vos dou meu cargo.

NATHAN:
> O que teu cargo te dá?

DERVIXE:
> A mim? Não muito. Mas a vós,
> A vós ele poderá render, sobejo.
> Pois se há maré baixa no tesouro
> — Como tantas vezes —
> Vós podeis abrir vossas eclusas,
> Adiantais e tomais em juros
> O que bem vos convier.

NATHAN:

    E também juros

    De juros de juros?

DERVIXE:

    Por certo!

NATHAN:

    Até que meu capital

    Se transforme em puros juros.

DERVIXE:

    Isso não vos atrai?

    Se assim for, escrevei logo

    A carta de dispensa

    À nossa amizade!

    Pois realmente

    Contei muito convosco.

NATHAN:

    De fato? Mas como assim?

    Como?

DERVIXE:

    Que vós me ajudaríeis

    A exercer meu cargo com honra.

    Que eu o tempo todo

    Teria com vós caixa aberta.

    Vós sacudis a cabeça?

NATHAN:

    Ora, mas vamos

    Nos entender direito!

    Aqui há algo a diferenciar.

    Tu? Por que não tu?

    Al-Hafi, o dervixe,

    Será sempre bem-vindo

    Para tudo aquilo

    Que eu puder fazer,

>   Mas Al-Hafi o defterdar[54]
>   De Saladino
>   A ele, a ele...

DERVIXE:
>   Não adivinhei?
>   Que vós sempre
>   Sois tão bom
>   Quanto inteligente
>   Tão inteligente quanto sábio!
>   Paciência!
>   O que diferenciais em Hafi,
>   Em pouco terá
>   Se acabado de novo.
>   Vede aqui a veste de honra,
>   Que Saladino me deu.
>   Antes de estar puída,
>   Antes de virar trapos,
>   Como os que vestem um dervixe,
>   Estará penhorada em Jerusalém,
>   E eu no Ganges,
>   Onde pisarei de leve e descalço
>   As areias brancas
>   Com meus mestres.

NATHAN:
>   Isso é bem parecido
>   Com o que sei de ti!

DERVIXE:
>   E jogarei xadrez com eles.

NATHAN:
>   Teu bem maior!

---

[54] Tesoureiro. (N. T.)

DERVIXE:

    Pensai apenas,

    O que me desencaminhou!

    E fez com que eu,

    Não mendigando mais?

    Como o homem rico,

    Poderia brincar com mendigos?

    Por que poderia num vu

    O mais rico mendigo

    Se transformar em um pobre rico?

NATHAN:

    Isso por certo não.

DERVIXE:

    Algo bem mais falto de gosto

    Do que isso!

    Eu me senti lisonjeado

    Pela primeira vez;

    Lisonjeado pelo bondoso delírio

    Do sultão Saladino...

NATHAN:

    Que foi?

DERVIXE:

    "Um mendigo saberia apenas,

    Como se comportam mendigos;

    Um mendigo

    Apenas teria aprendido

    Dar de bons modos a mendigos.

    Teu antecessor, ele disse,

    Era frio demais pra mim,

    Rude demais.

    Dava com tanta hostilidade,

    Quando dava;

    Primeiro se informava

De modo tão violento
Sobre quem recebia;
Mamais satisfeito,
Com o fato de conhecer
Apenas a falta,
Também queria
Saber o motivo da falta
Para avaliar sovinamente
O que dava conforme o motivo.
Isso Al-Hafi não fará!
Com essa suavidade nada suave
Saladino não aparecerá em Hafi!
Al-Hafi não se parece
Com canos trancados,
Que devolvem
Impura e borbulhante
A água recebida
Clara e tranquila.
Al-Hafi pensa;
Al-Hafi sente como eu!"
Tão ameno soou
O apito do passarinheiro
Que o pardal
Caiu na rede de primeiro.
Eu, esperto!
Eu, o chiste de um esperto!

NATHAN:
Devagar, meu dervixe, devagar!
DERVIXE:
Ei, mas o quê!
Não seria uma piada,
Explorar, esgotar, saquear,
Martirizar, esganar

    Os homem
    Às centenas de milhares;
    E querer parecer filantropo
    Diante de alguns?
    Não seria uma brincadeira,
    Macaquear
    A brandura do mais alto,
    Que se espraia sem escolher
    Entre o mau e o bom,
    Entre a campina e o deserto,
    Ao clarão do sol e na chuva
    E não ter sempre
    A mão cheia do mais alto?
    O quê? Não seria brincadeira...

NATHAN:
    Basta! Para com isso!

DERVIXE:
    Deixai apenas,
    Que eu mencione também
    A minha brincadeira! O quê?
    Não seria brincadeira,
    Perceber ainda assim
    Em brincadeiras dessas,
    O lado bom,
    Para tomar parte
    Nessa mesma brincadeira
    Só por causa do lado bom? Hein?
    Por acaso não?

NATHAN:
    Al-Hafi,
    Cuida para que voltes de novo
    A teu deserto logo.
    Eu temo que justo entre homens

>Tu talvez esquecesses
>De ser também um homem.

DERVIXE:
>Certo, isso eu temo também.
>Adeus!

NATHAN:
>Assim tão apressado?
>Espera um pouco, Al-Hafi.
>O deserto por acaso fugirá de ti?
>Espera um pouco!
>Que ele me ouça!
>Hein, Al-Hafi! Aqui!
>E já se foi;
>E eu tanto teria gostado
>De lhe perguntar
>Por nosso templário.
>É bem possível
>Que ele o conheça.

QUARTA CENA

Daja se aproxima correndo. Nathan.

DAJA:
>Oh, Nathan, Nathan!

NATHAN:
>Sim? O que há?

DAJA:
>Ele pode ser visto de novo!
>Ele pode ser visto de novo!

NATHAN:
>Quem, Daja? Quem?

DAJA:
>Ele! Ele!

NATHAN:
    Ele? Ele?
    Quando é que ele não se deixa ver!
    Assim ele só é o ele de vocês.
    E isso ele não deveria ser!
    E mesmo que fosse um anjo,
    Não deveria!

DAJA:
    Ele passeia
    Entre as palmeiras de novo
    De um lado ao outro;
    E de tempos em tempos
    Quebra para si algumas tâmaras.

NATHAN:
    E as come?
    E na condição de templário?

DAJA:
    Por que vós me torturais?
    O olho sedento dela já o adivinhou
    Por trás das palmeiras cerradas;
    E o segue sem parar.
    Ela vos pede, vos implora
    Para vos dirigirdes
    A ele sem tempo.
    Oh, apressai-vos!
    Ela vos acenará da janela
    Para dizer se ele sobe
    Ou se está mais embaixo.
    Oh, apressai-vos!

NATHAN:
    Tanto como
    Quando desci do camelo?
    Isso é certo?

Vai, apressa-te tu até ele;
E anuncia-lhe o meu retorno.
Atenção, pois talvez
O homem íntegro
Não tenha querido
Adentrar minha casa
Apenas em minha ausência;
E não deixaria de gostar de vir
Se o pai mesmo
O mandar convidar.
Vai, que eu lhe peço, diz,
Que lhe peço cordialmente...

DAJA:
Tudo em vão!
Ele não viria até vós.
Pois, para ser breve,
Ele não viria até nenhum judeu.

NATHAN:
Então vai,
Vai e o retém pelo menos;
Acompanha-o
Pelo menos com os olhos.
Vai, eu irei logo atrás de ti.

(Nathan entra apressado e Daja sai.)

QUINTA CENA

Cenário: um lugar com palmeiras, debaixo das quais o templário caminha de um lado a outro. Um monge o segue a alguma distância, andando a seu lado, sempre como se quisesse lhe dirigir a palavra.

TEMPLÁRIO:
Ele não me segue por tédio!

Vê, como olha para as mãos!
Meu bom irmão...
Posso vos chamar de padre, não é?
MONGE:
Só irmão, irmão leigo apenas;
Para vos servir.
TEMPLÁRIO:
Sim, bom irmão,
Quisesse ter eu mesmo
Alguma coisa!
Por Deus! Por Deus!
Eu nada tenho...
MONGE:
E, ainda assim,
Meu mais caro agradecimento!
E que Deus vos dê
Por mil multiplicado
O que gostaríeis de dar.
Pois a vontade e não a doação
É que faz o doador.
E também não fui mandado
Pelas esmolas do senhor.
TEMPLÁRIO:
Mas mandado ainda assim?
MONGE:
Sim, pelo mosteiro.
TEMPLÁRIO:
Onde eu esperava
Justo agora encontrar
Uma pequena ceia de peregrino?
MONGE:
As mesas já estavam ocupadas;
Mas o senhor pode voltar
De novo comigo.

TEMPLÁRIO:
    E para quê?
    Já faz tempo que não como carne:
    Em que importa?
    As tâmaras já estão maduras.

MONGE:
    O senhor tome tento
    Com essa fruta.
    Desfrutada em excesso,
    Ela não sabe bem;
    Entope o baço;
    Deixa o sangue melancólico.

TEMPLÁRIO:
    E se eu fizesse gosto
    Em me sentir melancólico agora?
    Mas não foi por essa advertência
    Que foste mandado atrás de mim...

MONGE:
    Oh, não! Devo apenas
    Me informar a vosso respeito;
    Submeter-vos
    A uma análise detalhada.

TEMPLÁRIO:
    E isso vós o dizeis a mim mesmo
    Sem mais?

MONGE:
    E por que não diria?

TEMPLÁRIO:
    (Um irmão manhoso!)
    O mosteiro tem outros
    De vossa igualha?

MONGE:
    Não sei. Tenho de obedecer,
    Caro senhor.

TEMPLÁRIO:
    E também ouvis
    Sem cismar muito a respeito?
MONGE:
    Não fosse assim,
    Ainda seria obedecer,
    Caro senhor?
TEMPLÁRIO:
    (Como pode a ingenuidade
    Sempre ter razão!)
    Mas vós por certo
    Também podeis confiar
    Em quem quer
    Me conhecer melhor?
    Que não sois vós mesmos,
    Por certo quero crer.
MONGE:
    E por acaso me conviria?
    E me serviria?
TAMPLÁRIO:
    A quem convém e serve então,
    A ponto de deixar tão curioso?
    A quem?
MONGE:
    Ao patriarca;[55] devo crer.
    Pois foi ele que me enviou a vós.
TEMPLÁRIO:
    O patriarca?
    Ele não conhece melhor
    A cruz vermelha
    Sobre o manto branco?

---

[55] Desde o século V, título dos bispos de Jerusalém. (N. T.)

MONGE:
>Até eu a conheço!

TEMPLÁRIO:
>E então, irmão? E então?
>Eu sou um templário; e um preso.
>Se acrescento: preso em Tebnin[56]
>A fortaleza
>Que teríamos gostado de vencer
>Com a trégua[57] de última hora,
>Para então avançar sobre Sidônia;
>Acrescento:
>Eram vinte os aprisionados
>E apenas eu
>Por Saladino indultado:
>O patriarca sabe
>O que precisa saber:
>Mais do que precisa saber.

MONGE:
>Mas dificilmente por certo
>Mais do que já sabe,
>Ele gostaria de saber também
>Por que o senhor
>Foi indultado por Saladino;
>E apenas o senhor.

TEMPLÁRIO:
>E por acaso eu mesmo sei?
>Já com o pescoço desnudo,
>Ajoelhei sobre meu manto,
>Esperando o golpe:
>Quando Saladino olhou

---

[56] Cidade junto a Tiro, conquistada pelos sarracenos em 1187. (N. T.)
[57] Em 2 de setembro de 1192 foi acordada uma trégua por três anos e três meses. (N. T.)

Mais agudamente para mim,
Saltou para perto e acenou.
E eis que me levantam;
Tiram minhas cadeias;
Quero lhe agradecer;
Vejo seus olhos em lágrimas:
Mudo ele está,
E também estou eu:
Ele se vai, eu fico.
Qual o nexo em tudo isso,
Que decifre o patriarca,
Ele mesmo.

MONGE:
Ele conclui disso,
Que Deus deve ter
Vos preservado
Para altas coisas,
Bem altas coisas.

TEMPLÁRIO:
Sim, altas coisas!
Salvar uma moça judia
Do fogo que a envolvia;
Conduzir peregrinos curiosos
Ao monte Sinai;
E coisas assim.

MONGE:
Ainda haverá de vir!
Entrementes
Também não está mal,
Talvez o patriarca
Até mesmo já tenha
Negócios bem mais importantes
Para o senhor.

TEMPLÁRIO:
>Será?
>É o que pensais, irmão?
>Por acaso,
>Ele já vos insinuou
>Algo a respeito?

MONGE:
>Ei, mas é claro!
>Eu devo primeiro,
>Me informar a respeito do senhor,
>Para saber se é mesmo o homem.

TEMPLÁRIO:
>Pois bem; informai-vos!
>(Mas quero ver
>Como ele se informa!)
>E então?

MONGE:
>O mais simples por certo será
>Que eu abra ao senhor
>Bem diretamente
>Qual o desejo do patriarca.

TEMPLÁRIO:
>Por certo!

MONGE:
>Ele gostaria de pedir
>Que o senhor levasse
>Uma cartinha.

TEMPLÁRIO:
>Eu? Mas não sou mensageiro.
>E seria esse o negócio,
>Bem mais glorioso,
>Do que arrancar
>Moças judias do fogo?

MONGE:
>Por certo que sim!
>Pois – diz o patriarca –
>A cristandade inteira
>Depende muito dessa cartinha.
>Quem levar bem essa cartinha
>– Diz o patriarca –
>Será premiado um dia por Deus
>Com uma coroa
>Das mais especiais.
>E dessa coroa – diz o patriarca –
>Ninguém seria mais digno
>Do que meu senhor.

TEMPLÁRIO:
>Do que eu?

MONGE:
>Pois para merecer essa coroa
>– Diz o patriarca –,
>Dificilmente alguém
>Seria mais jeitoso
>Do que meu senhor.

TEMPLÁRIO:
>Do que eu?

MONGE:
>Ele seria livre
>Para andar por aqui;
>Poderia se deixar
>Ver por toda parte;
>Compreenderia,
>Como uma cidade
>Deve ser atacada e protegida;
>Poderia – diz o patriarca –
>Avaliar melhor

A força e a fraqueza
Do segundo muro, interno,
Construído, novo, por Saladino,
Descrevê-lo com mais nitidez
– Diz o patriarca –
Aos combatentes de Deus.
TEMPLÁRIO:
Bom irmão,
Se eu pelo menos pudesse
Conhecer o conteúdo da cartinha
Mais de perto.
MONGE:
Sim, mas eu,
Nem mesmo eu o conheço direito.
A cartinha, porém,
É para o rei Filipe,[58]
O patriarca...
Me admirei tantas vezes,
Como um santo que de resto vive
Completamente no céu,
Ao mesmo tempo pode
Estar tão bem informado
Das coisas deste mundo
E se rebaixar a elas.
Isso deve lhe saber amargo.
TEMPLÁRIO:
E então? O patriarca?
MONGE:
Sabe com exatidão,
Com toda a confiança,

---

[58] O rei Filipe II Augusto da França já havia retornado para casa em agosto de 1191, portanto antes do acordo que selou a trégua. (N. T.)

Como e onde, quão forte,
E de que lado Saladino,
No caso de tudo começar de novo,
Abrirá sua frente de batalha.

TEMPLÁRIO:
Ele sabe disso?

MONGE:
Sim, e gostaria de comunicá-lo
Ao rei Filipe:
A fim de que possa
Medir aproximadamente
Se o perigo
É realmente tão terrível,
Para voltar
A estabelecer com Saladino,
Custe o que custar,
A trégua que vossa ordem
Já rompeu, tão brava.

TEMPLÁRIO:
Que patriarca! Então é assim!
O caro e valente homem me quer,
Não como
Um mensageiro comum;
Me quer como espião,
Dizei a vosso patriarca,
Bom irmão,
Que, tanto quanto conseguistes
Vos informar a meu respeito,
Isso não seria coisa minha.
Que eu ainda preciso
Me considerar prisioneiro;
E o único ofício dos templários
É se bater com a espada,
E não levar recados.

MONGE:
>Foi o que pensei!
>E também não quero
>Levar assaz mal
>Ao senhor por isso.
>Embora o melhor
>Ainda esteja por vir.
>O patriarca
>Por enquanto já descobriu,
>Como se chama,
>E onde fica no Líbano,
>A fortaleza em que se encontram
>As monstruosas somas,
>Com as quais
>O cauteloso pai de Saladino,
>Paga o exército,
>E consegue
>Os armamentos para a guerra.
>De tempos em tempos,
>Saladino vai
>Por caminhos distantes,
>Até essa fortaleza,
>Quase desacompanhado.
>Estais percebendo?

TEMPLÁRIO:
>Jamais!

MONGE:
>O que seria mais fácil,
>Do que se apossar de Saladino
>Enquanto isso?
>De botar um fim nele?
>Vós estremeceis?
>Oh, não foram poucos

Os maronitas[59] tementes a Deus
Que já se ofereceram,
Se apenas um homem destemido
Os conduzir,
Para encaminhar a façanha.

TEMPLÁRIO:
E o patriarca teria
Por acaso medido
Que eu seria
Esse homem destemido?

MONGE:
Ele também acha que o rei Filipe
Poderia oferecer
A melhor mão para tanto
Partindo de Ptolemaida.[60]

TEMPLÁRIO:
A mim? A mim, irmão?
A mim?
Vós não ouvistes?
Não acabastes de ouvir
O quanto sou devedor
De Saladino?

MONGE:
Por certo que ouvi.

TEMPLÁRIO:
E mesmo assim?

MONGE:
Sim – acha o patriarca –,
Isso já seria bom:
Mas Deus e a ordem...

---

[59] Seita cristã na Síria e no Líbano, que recebeu seu nome do monge Maro. (N. T.)
[60] Ptolomeia (Akka) foi conquistada em 12 de julho de 1191 por Ricardo Coração de Leão e Filipe II Augusto da França. (N. T.)

TEMPLÁRIO:
>Nada mudam nisso!
>Não me ordenam
>Nenhuma velhacaria!

MONGE:
>Por certo não!
>Apenas – acha o patriarca –
>Velhacarias para os homens,
>Não são velhacarias para Deus.

TEMPLÁRIO:
>Eu deveria
>Minha vida a Saladino,
>E a dele lhe roubaria?

MONGE:
>Arre! Ainda assim –
>Acha o patriarca –
>Saladino continua
>Inimigo da cristandade
>E não terá como adquirir
>O direito de ser vosso amigo.

TEMPLÁRIO:
>Amigo?
>Para o qual não quero apenas
>Me tornar canalha;
>Um canalha ingrato?

MONGE:
>Com certeza!
>Muito embora – acha o patriarca –
>O agradecimento
>Só não precise ser dado,
>Diante de Deus e dos homens,
>Se o serviço não acontecer
>Em nosso favor

E não deixe claro —
Acha o patriarca —
Que Saladino
Apenas vos indultou,
Por que em vossa feição,
Em vosso ser,
Alguma coisa de seu irmão
Brilhou...

TEMPLÁRIO:
Também isso sabe o patriarca,
E mesmo assim?
Ah! Se isso fosse certo!
Ah, Saladino!
Como? A natureza teria formado
Um traço apenas de mim
No rosto de teu irmão:
E a ele não corresponderia
Nada em minha alma?
E o que lhe corresponderia,
Vós poderíeis reprimir,
Apenas para agradar
A um patriarca?
Natureza, tu não mentes assim!
Deus não se contradiz
Assim em suas obras!
Ide, irmão!
Não irritai minha bílis!
Ide! Ide!

MONGE:
Eu vou; e vou mais alegre
Do que posso.
Perdoai-me, senhor. Nós,
Os monges,

Somos em tudo culpados
Por obedecer nossos superiores.

SEXTA CENA

O templário e Daja, que já observava o templário há algum tempo de longe, e agora se aproxima dele.

DAJA:
    O monge, conforme penso,
    Não o deixou
    No melhor dos humores não.
    Mas mesmo assim
    Preciso arriscar meu petisco.

TEMPLÁRIO:
    Ora, maravilha!
    Por acaso mente o provérbio:
    Que monge e mulher
    E mulher e monge
    São as duas garras do demônio?
    Hoje ele me joga
    De uma para a outra.

DAJA:
    O que estou vendo?
    Nobre cavalheiro, vós!
    Graças a Deus! Mil graças a Deus!
    Onde estivestes todo esse tempo!
    Não estivestes, por certo, doente?

TEMPLÁRIO:
    Não.

DAJA:
    Com saúde, então?

TEMPLÁRIO:
   Sim.
DAJA:
   Nós realmente estávamos
   Muito preocupados convosco.
TEMPLÁRIO:
   É mesmo?
DAJA:
   Vós com certeza
   Estivestes viajando?
TEMPLÁRIO:
   Adivinha!
DAJA:
   E voltastes apenas hoje?
TEMPLÁRIO:
   Ontem.
DAJA:
   Também o pai de Recha
   Chegou hoje.
   E agora Recha por certo
   Pode ter esperanças?
TEMPLÁRIO:
   Do quê?
DAJA:
   Daquilo que vos pediu
   Tantas vezes.
   O pai dela manda vos convidar,
   Ele mesmo, com urgência.
   Ele chegou da Babilônia;
   Com vinte camelos
   Bem carregados,
   De tudo que a Índia,
   A Pérsia e a Síria,

       E até mesmo a Sina[61]
       Podem oferecer de valioso
       Em nobres especiarias,
       Pedras e tecidos.

TEMPLÁRIO:
       Eu não comprarei nada.

DAJA:
       Seu povo o festeja
       Como um príncipe.
       Mas que o chame
       De o sábio Nathan
       E não antes de o rico Nathan,
       Muitas vezes
       Me deixou surpresa.

TEMPLÁRIO:
       Para seu povo talvez
       Ser rico e sábio
       Signifiquem o mesmo.

DAJA:
       Mas sobretudo
       Deveria chamá-lo de o bom.
       Pois vós sequer
       Conseguiríeis imaginar
       O quanto ele é bom.
       Quando ficou sabendo
       Quanto Recha vos deve:
       O que ele não teria feito por vós,
       Vos dado nesse momento.

TEMPLÁRIO:
       Ah!

---

[61] A China. (N. T.)

DAJA:
> Tentai, vinde e vede!

TEMPLÁRIO:
> Mas o quê?
> Como um instante passa rápido?

DAJA:
> Por acaso eu teria,
> Não fosse ele tão bom,
> Aguentado tanto tempo
> Em casa dele?
> Pensais, acaso,
> Que não sinto
> Meu valor como cristã?
> Também para mim
> Não foi cantado ao berço,
> Que eu seguiria
> Meu esposo à Palestina,
> Apenas para educar
> Uma moça judia.
> Meu esposo querido
> Foi um servo nobre
> No exército
> Do imperador Frederico.

TEMPLÁRIO:
> De nascimento um suíço,
> Que teve a honra e graça
> De se afogar em um rio
> Com sua majestade imperial.[62]
> Mulher! Quantas vezes
> Já me contaste a história?

---

[62] Frederico I, Barbarrossa, se afogou durante uma Cruzada a Jerusalém em 1190, no Kalykydnos, um rio na Ásia Menor. (N. T.)

>   Por acaso não parareis
>   Jamais de me perseguir?

DAJA:
>   Perseguir! Deus do céu!

TEMPLÁRIO:
>   Sim, sim, perseguir.
>   Eu não quero mais vos ver,
>   Nunca mais!
>   Nem ouvir!
>   Não quero ser lembrado por vós
>   Sempre de novo, de um feito,
>   No qual nem pensei;
>   Um feito que, quando penso nele,
>   Se transforma em enigma
>   Para mim mesmo.
>   Embora não queira
>   Me arrepender dele.
>   Mas vede;
>   Se um caso desses
>   De novo acontecer:
>   Vós sereis culpada
>   Se eu não agir tão rápido;
>   Se eu me informar antes,
>   E deixar queimar
>   O que já está queimando.

DAJA:
>   Deus não permita!

TEMPLÁRIO:
>   De hoje em diante,
>   Fazei-me o favor, pelo menos,
>   E não me reconhecei de novo.
>   É o que vos peço.
>   Também seja mantido
>   O pai bem longe de mim.

Um judeu é um judeu.
Eu sou um grosso suábio.
A imagem da moça
Há tempo sumiu
Da minha alma;
Se é que um dia lá esteve.

DAJA:
Mas a vossa não saiu da dela.

TEMPLÁRIO:
Mas e o que faz ela por lá?
O que pode fazer?

DAJA:
Quem pode saber!
Os homens nem sempre são
O que fazem parecer.

TEMPLÁRIO:
Raramente são, porém,
Algo melhor. (*Ele sai.*)

DAJA:
Esperai um pouco!
Por que vos apressais?

TEMPLÁRIO:
Mulher, não me fazei odiar
As palmeiras sob as quais
De resto gosto tanto de passear.

DAJA:
Pois então vai, urso alemão!
De uma vez por todas, vai!
E mesmo assim
Não posso perder, não,
Os rastros do animal.

(*Ela o segue de longe.*)

Fim do primeiro ato

SEGUNDO ATO

PRIMEIRA CENA
Cenário: o palácio do sultão
Saladino e Sittah jogam xadrez.

SITTAH:
    Onde estás, Saladino?
    Como estás jogando hoje?
SALADINO:
    Não muito bem?
    Eu pensava que sim.
SITTAH:
    Pode desfazer a última jogada.
SALADINO:
    Por quê?
SITTAH:
    Desguarnecido ficará o cavalo.
SALADINO:
    É verdade. Então assim!
SITTAH:
    Assim meu próximo movimento
    Colocará a perigo
    Duas das tuas peças.
SALADINO:
    De fato, tens razão.
    Então xeque!

SITTAH:
    E de que isso te adianta?
    Eu me adianto e estarás de novo,
    Como estavas antes.

SALADINO:
    Desse gancho, já estou vendo,
    Não escapo sem perdas.
    Tome o cavalo. Que seja!

SITTAH:
    Eu não o quero.
    Vou passar por ele.

SALADINO:
    Não me dás nada de presente.
    Essa casa vale
    Mais do que o cavalo.

SITTAH:
    Pode até ser.

SALADINO:
    Mas não faz tuas contas
    Sem a presença do taverneiro.
    Mas vê só!
    Isso não foste
    Capaz de imaginar, não é?

SITTAH:
    Com certeza não.
    E, também,
    Como poderia imaginar,
    Que já estavas
    Tão cansado de tua rainha?

SALADINO:
    Eu, de minha rainha?

SITTAH:
    Já estou vendo: hoje devo ganhar

Meus mil dinares,
E nem um naserinho[63] a mais.
SALADINO:
Como assim?
SITTAH:
E ainda perguntas!
Por que te empenhas
Com todas as forças para perder.
Mas com isso não me satisfaço.
Pois não contado o fato
De que um jogo desses
Não é o que mais distrai
Não ganhei sempre mais de ti
Quando perdi?
Quando não me deste
A aposta perdida no jogo
Para me consolar depois,
E em dobro?
SALADINO:
Ora, veja! De modo que terias,
Se perdesses,
Empenhado todas as forças
Para perder,
Irmãzinha?
SITTAH:
Pelo menos no fundo pode até ser
Que a tua generosidade,
Meu querido irmãozinho,
Seja a culpada
Por eu não ter aprendido
A jogar melhor.

---

[63] Durante o governo de Saladino, moeda de menor valor cunhada na Síria e no Egito. (N. T.)

SALADINO:
    Estamos deixando o jogo de lado.
    Põe um fim nele!
SITTAH:
    É assim, então? Pois bem: xeque!
    E outra vez xeque!
SALADINO:
    Ora e essa; não antevi
    Essa carnificina
    Que leva junto inclusive
    Minha rainha.
SITTAH:
    E por acaso
    Ela ainda poderia ser salva?
    Deixa-me ver.
SALADINO:
    Não, não; pode tomar a rainha.
    Eu jamais fui muito feliz
    Com essa pedra.
SITTAH:
    Só com essa pedra?
SALADINO:
    Fora com ela!
    Isso não me importa.
    Pois assim estará
    Tudo protegido de novo.
SITTAH:
    Quão cortesmente
    Se deveria tratar com rainhas:
    Meu irmão por certo
    Me ensinou muito bem. *(Ela a deixa em pé.)*
SALADINO:
    Tome-a ou deixe-a!

De qualquer modo,
Não a tenho mais.
SITTAH:
Por que tomá-la?
Xeque! Xeque!
SALADINO:
Segue em frente.
SITTAH:
Xeque! E xeque! E xeque!
SALADINO:
E mate!
SITTAH:
Ainda não;
Ainda podes botar
O cavalo no meio;
Ou seja lá o que fazer queiras.
Pouco importa!
SALADINO:
Tens razão! Tu ganhaste,
E Al-Hafi paga.
Mandem chamá-lo! Logo!
Sittah, não estavas errada de todo;
Eu de fato hoje não me concentrei
Muito bem no jogo;
Estava distraído.
E, ademais:
Quem sempre nos manda
Essas pedras lisas?[64]
Que nada lembram,

---

[64] Uma vez que o Corão proíbe a reprodução de imagens animais e humanas, muçulmanos rigorosos não podem jogar xadrez com figuras identificadas como em geral as conhecemos. (N. T.)

>   Nada designam.
>   Por acaso joguei com o imã?
>   Mas o quê?
>   Uma derrota exige pretexto.
>   Foram as pedras informes, Sittah,
>   Que me fizeram perder:
>   Tua arte, teu olhar calmo e ágil...

SITTAH:
>   Nem com isso,
>   Embotarás o espinho da derrota
>   Mas basta, estavas distraído;
>   E mais do que eu.

SALADINO:
>   Do que tu?
>   O que poderia ter te distraído?

SITTAH:
>   A tua distração é que não!
>   Oh, Saladino, quando jogaremos
>   Com o mesmo empenho de novo?

SALADINO:
>   Então jogaremos
>   Com tanto mais avidez!
>   Ah! Pensas que é
>   Por que tudo começa outra vez?
>   Que seja! Adiante!
>   Não fiz eu
>   O primeiro movimento;
>   Eu teria gostado
>   De prorrogar a trégua;
>   E também teria gostado
>   De conseguir
>   Um bom esposo
>   Para a minha Sittah.

E ele tem de ser
O irmão de Ricardo:
E ele é o irmão de Ricardo.
SITTAH:
Se apenas podes
Louvar teu Ricardo!
SALADINO:
Se a nosso irmão Melek[65]
Teria sido consagrada
A irmã de Ricardo:
Ah! Como a casa estaria unida!
Ah, a primeira,
Entre as melhores
Casas do mundo a melhor!
Ouves bem que também
Não tenho preguiça demais
De louvar a mim mesmo.
Penso que sou digno
De meus amigos.
Ah, que homens
Que teriam nascido daí!
SITTAH:
Por acaso logo
Desse belo sonho eu não ri?
Tu não conheces os cristãos,
Não queres conhecê-los.
Seu orgulho é:
Ser cristãos; não homens.
Pois mesmo isso
Que ainda tempera

---

[65] Em 1192, nas negociações de paz entre Ricardo Coração de Leão e Saladino, estava planejado que o irmão de Saladino, Melek el Adhel, se casaria com a irmã de Ricardo. (N. T.)

Desde seu criador
Com humanidade a crendice,
Eles o amam não por ser humano:
Só porque Cristo o ensinou;
Porque Cristo assim o fez.
Que bom para eles,
Que ele ainda foi
Um homem tão bom!
Que bom para eles,
Que ainda podem
Tomar suas virtudes
Com fidelidade e fé!
Mas que é da virtude?
Não sua virtude e sim seu nome
É que deve ser espraiado
Em toda parte;
Deve profanar, engolir os nomes
De todos os bons homens.
É só do nome, do nome
Que eles se ocupam.

SALADINO:
Queres dizer:
Que de resto eles exigiriam,
Que também vós, tu e Melek,
Se tornassem cristãos
Antes de amar cristãos
Como vossos cônjuges?

SITTAH:
Com certeza!
Como se apenas de cristãos,
Como cristãos,
Se pudesse esperar o amor,
Com o qual o criador,
Proveu mulher e homem!

SALADINO:
>Os cristãos acreditam
>Em muitas misérias,
>Para não poder acreditar
>Também nessas!
>E do mesmo jeito tu te enganas.
>Os templários, não os cristãos,
>É que são culpados:
>E não são culpados como cristãos,
>Mas como templários.
>Só por causa deles
>É que a coisa vai dar em nada.
>Eles não querem,
>Lamentavelmente,
>Abrir mão de Acca,
>Que deveria trazer
>A irmã de Ricardo
>Como tesouro nubente
>A nosso irmão Melek.
>Para que a vantagem do cavaleiro,
>Não corra perigo,
>Eles bancam o monge,
>O tolo monge.
>E porque esperam de passagem
>Um bom golpe dar:
>Mal puderam esperar
>O fim da trégua.
>Engraçado! Que seja, por mim!
>Mas de resto tudo teria
>Corrido como deveria.

SITTAH:
>E então?
>O que foi que te incomodou?

>O que mais poderia te fazer
>A compostura perder?

SALADINO:
>O que desde sempre,
>Me fez perdê-la.
>Eu estava no Líbano,
>Com nosso pai.
>Ele ainda se preocupa...

SITTAH:
>Oh, lamentável!

SALADINO:
>Ele não consegue se virar;
>Em todos os lugares
>Fica emperrado;
>Ora falta aqui, ora acolá...

SITTAH:
>O que emperra? O que falta?

SALADINO:
>O que se não aquilo
>Que a mencionar mal me digno?
>O que, se eu o tenho,
>Me é tão supérfluo,
>E se não o tenho,
>Me parece tão indispensável?
>Mas por onde anda Al-Hafi?
>Ninguém saiu à procura dele?
>O lamentável e maldito dinheiro!
>Bom, Hafi, que tenhas vindo.

SEGUNDA CENA
O dervixe Al-Hafi. Saladino. Sittah.

AL-HAFI:
>O dinheiro do Egito,
>Ao que parece, chegou.
>Tomara que seja abundante e bom.

SALADINO:
>Tiveste notícia a respeito?

AL-HAFI:
>Eu? Eu não.
>Pensei que deveria recebê-lo aqui.

SALADINO:
>Paga mil dinares a Sittah! *(Caminhando de um lado a outro, mergulhado em pensamentos.)*

AL-HAFI:
>Pagar! Em vez de receber!
>Oh, muito bonito!
>Isso é ainda menos do que nada.
>A Sittah? Outra vez a Sittah?
>E perdeu?
>Perdeu no xadrez de novo?
>Ali ainda está o jogo!

SITTAH:
>Ora, mas tu me permites ter sorte?

AL-HAFI *(contemplando o jogo)*:
>Permitir o quê?
>Mas... vós sabeis muito bem.

SITTAH *(acenando para ele)*:
>Pssst! Hafi! Pssst!

AL-HAFI *(ainda voltado para o jogo)*:
>Permiti-o a vós antes!

SITTAH:
> Al-Hafi! Pssst!

AL-HAFI *(para Sittah)*:
> As brancas eram vossas?
> Destes xeque?

SITTAH:
> Bom, que ele nada ouça!

AL-HAFI:
> E era a vez de ele mexer?

SITTAH *(se aproximando dele)*:
> Diz de uma vez.
> Que eu poderei
> Meu dinheiro receber.

AL-HAFI *(ainda preso ao jogo)*:
> Pois é; vós deveis recebê-lo,
> Como sempre o tendes recebido.

SITTAH:
> Como? Estás louco?

AL-HAFI:
> É que o jogo ainda não terminou.
> Vós ainda não perdestes, Saladino.

SALADINO *(mal dando ouvidos)*:
> Mas é claro que sim! Paga! Paga!

AL-HAFI:
> Paga! Paga!
> Mas aí ainda está a vossa rainha.

SALADINO *(ainda ausente)*:
> Não vale;
> Ela não faz mais parte do jogo.

SITTAH:
> Portanto, anda e diz logo,
> Que posso mandar
> Buscar o dinheiro.

AL-HAFI *(ainda mergulhado no jogo)*:
>Mas é claro, como sempre.
>Muito embora...
>Muito embora a rainha
>Não conte mais:
>Ainda em xeque-mate não estais.

SALADINO *(se aproxima e desfaz o jogo, virando-o)*:
>Estou sim; e quero estar.

AL-HAFI:
>Assim, sim!
>Jogar como modo de lucrar!
>Como ganhou, também pagou.

SALADINO *(a Sittah)*:
>O que ele está dizendo? O quê?

SITTAH *(acenando de tempos em tempos a Hafi)*:
>Tu bem o conheces.
>Ele gosta de se negar;
>Gosta que lhe implorem;
>Talvez esteja até
>Com um pingo de inveja.

SALADINO:
>Mas não de ti?
>Não de minha irmã?
>O que estou ouvindo, Hafi?
>Com inveja? Tu?

AL-HAFI:
>Pode até ser!
>Eu preferiria ter eu mesmo
>O cérebro dela;
>Gostaria de ser eu mesmo
>Tão bom quanto ela.

SITTAH:
>Mesmo assim,

Sempre acabou
Pagando direitinho.
E também hoje pagará.
Deixa-o em paz!
Vai-te, Al-Hafi, vai!
Já vou mandar buscar o dinheiro.

AL-HAFI:
Não, eu não quero continuar
Essa palhaçada.
Ele precisa saber de tudo
E de enfiada.

SALADINO:
Quem? E o quê?

SITTAH:
Al-Hafi! Essa é a tua promessa?
Manténs assim,
A tua palavra comigo?

AL-HAFI:
Como eu poderia acreditar
Que as coisas assim
Iriam continuar.

SALADINO:
E então?
Não ficarei sabendo de nada?

SITTAH:
Eu te peço, Al-Hafi;
Sê modesto.

SALADINO:
Mas isso é estranho!
O que Sittah poderia
Querer invocar
De modo tão solene,
Tão caloroso, a um estranho,

Mais a um dervixe, que a mim,
Seu irmão.
Al-Hafi, eis que agora te ordeno:
Fala, dervixe!

SITTAH:
Não permite
Que uma insignificância,
Meu irmão,
Te incomode
Mais do que ela merece.
Sabes, que por vezes diversas
No xadrez eu ganhei
A mesma soma de ti.
E já que não necessito
Do dinheiro agora;
Por que agora o dinheiro
Não se faz tão abundante
Na caixa de Hafi:
As contas ficaram como estão.
Mas não te preocupes!
Não o quero dar de presente
Nem a ti, meu irmão,
Nem a Hafi, nem à caixa.

AL-HAFI:
Sim, se fosse apenas isso! Isso!

SITTAH:
E outras coisas do tipo.
Também ficou no caixa,
O que bem registras
Como débito para mim;
Há um bom par de luas.

AL-HAFI:
E ainda não é tudo.

SALADINO:
>Ainda não? Tu falarás?

AL-HAFI:
>Desde que esperamos
>O dinheiro do Egito,
>Ela...

SITTAH *(a Saladino)*:
>Por que ouvi-lo?

AL-HAFI:
>Não apenas nada recebeu...

SALADINO:
>Boa moça! Como também deu?
>Adiantou, não é verdade?

AL-HAFI:
>Manteve a corte inteira;
>Deu conta sozinha
>De vossos gastos.

SALADINO:
>Ahá! Esta é a minha irmã! *(Abraçando-a.)*

SITTAH:
>Quem foi que me fez tão rica
>A ponto de poder fazê-lo,
>Se não tu, meu irmão?

AL-HAFI:
>E já a fará
>Pobre como uma mendiga
>Como ele mesmo é.

SALADINO?
>Eu, pobre? O irmão pobre?
>Quando tive mais?
>Quando tive menos?
>Uma veste, uma espada,

Um cavalo, e *um* Deus![66]
Do que eu precisaria mais?
O que poderia me faltar,
Sendo assim?
E, apesar disso, Al-Hafi,
Eu poderia contigo ralhar.

SITTAH:
Não ralha, meu irmão.
Se eu pudesse também
Aliviar as preocupações
Do meu pai assim!

SALADINO:
Ah! Ah! Eis que voltas
A lançar ao chão
Minha alegria de uma só vez!
A mim, para mim nada falta,
E nada pode faltar.
Mas a ele, a ele falta;
E, faltando a ele, falta a todos nós.
Dizei, o que devo fazer?
Do Egito talvez
Demore a chegar algo?
A que se deve isso
Só Deus sabe.
Lá está ainda tudo em paz.
Interromper, recolher,
Economizar, gostarei de fazer,
E aceito com prazer;
Se isso apenas atingir a mim;
A mim apenas,
E ninguém mais sofrer assim.

---

[66] Expressão historicamente creditada a Saladino. (N. T.)

Mas de que adiantará isso?
De um cavalo, de uma veste,
De uma espada,
Eu ainda precisarei.
E a meu Deus também
Nada mais posso dar.
Mas a ele basta o pouco que dou;
De coração.
Contei muito
Com as sobras de tua caixa,
Meu caro Hafi.

AL-HAFI:
Sobras? Dizei vós mesmos
Se não mandaríeis me empalar,
Pelo menos me estrangular,
Se me surpreendesses
Com sobras no caixa.
Sim, com uma fraude!
Se eu a pudesse ousar.

SALADINO:
Pois bem,
Mas o que haveremos de fazer?
Não poderias
Tomar emprestado a ninguém,
A não ser a Sittah?

SITTAH:
E por acaso eu permitiria, irmão,
Que essa prerrogativa
Me fosse tomada?
A mim, da parte dele?
E continuo fazendo questão.
A minha fonte
De todo ainda não secou.

SALADINO:
>Apenas não de todo!
>Era só o que faltava!
>Vai logo, te vira, Hafi!
>A quem puderes,
>Toma emprestado!
>E como puderes!
>Vai, pede, promete.
>Apenas, Hafi,
>Não toma emprestado
>Junto àqueles
>Que eu mesmo enriqueci.
>Pois tomar a eles emprestado,
>Seria pedir de volta
>O que foi dado.
>Vai aos mais avarentos;
>Eles emprestarão
>Com mais cuidado.
>Pois sabem por certo,
>Como seu dinheiro
>Crescerá em minhas mãos.

SITTAH:
>Acabo de me lembrar
>De ter ouvido, Hafi,
>Que teu amigo
>Voltou de viagem.

AL-HAFI *(tocado)*:
>Amigo? Meu amigo?
>E quem seria?

SITTAH:
>O judeu que tanto louvas.

AL-HAFI:
>O judeu que eu louvo?

E tanto assim?

Por mim?

SITTAH:

Deus, me lembro ainda

Muito bem da expressão

Que tu mesmo no passado

Usaste para ele,

A quem seu Deus

Teria distribuído,

De todos os bens do mundo,

O menor e o maior

Em completa medida.

AL-HAFI:

Eu o disse assim?

O que quis dizer com isso?

SITTAH:

O menor: riqueza.

O maior: sabedoria.

AL-HAFI:

Como? De um judeu?

Eu teria dito isso de um judeu?

SITTAH:

Não terias dito isso

De teu Nathan?

AL-HAFI:

Ah sim! Dele! De Nathan!

Nem sequer

Estava me lembrando dele.

De fato?

Ele enfim retornou à casa?

Ei! Então as coisas

Não devem estar

Tão mal paradas com ele.

E certo:
O povo o chama de sábio!
E de rico também.

SITTAH:
De o rico o chama
Agora mais do que nunca.
A cidade inteira ecoa
As preciosidades, os tesouros
Que ele trouxe consigo.

AL-HAFI:
Pois bem, é de novo o rico:
Assim como também
Será por certo o sábio.

SITTAH:
O que pensas, Hafi,
De recorrer a ele?

AL-HAFI:
Em que sentido?
Por certo não
Para tomar emprestado?
Sim, nisso vós o conheceis.
Ele, emprestar!
Sua sabedoria
Reside no fato justamente
De não emprestar a ninguém.

SITTAH:
Mas tu sempre me desenhaste
Uma imagem dele
De todo diferente.

AL-HAFI:
Em caso de necessidade,
Ele vos emprestará mercadorias.
Mas dinheiro, dinheiro?

>   Dinheiro jamais.
>   É um judeu, de fato,
>   Como não há muitos.
>   Tem juízo; sabe viver,
>   Joga bem o xadrez.
>   Mas não se distingue no ruim,
>   Menos do que no bom,
>   De todos os outros judeus.
>   Não contai com ele, com ele não.
>   Embora dê aos pobres;
>   E dê talvez como Saladino.
>   Ainda que não tanto assim;
>   Mas com o mesmo gosto;
>   Com a mesma distinção.
>   Judeu e cristão,
>   E muçulmano e parsi,
>   Todos são iguais para ele.

SITTAH:
>   E um homem assim...

SALADINO:
>   Como pode ser, então,
>   Que jamais ouvi
>   A respeito desse homem?...

SITTAH:
>   Ele não emprestaria a Saladino?
>   Não a Saladino,
>   Que precisa apenas para os outros,
>   E não para si mesmo?

AL-HAFI:
>   Nisso vereis logo o judeu de novo;
>   O judeu mais vulgar!
>   Acreditai em mim!
>   Ele tem tantos ciúmes de vós ao dar,

Tanto zelo!
Tudo que se diz que Deus dá
No mundo inteiro,
Ele gostaria
De providenciar sozinho.
E só por isso
Não empresta a ninguém,
Para que sempre tenha o que dar.
E uma vez
Que a ternura
Lhe concedeu uma lei;
Mas não lhe deu o obséquio:
A ternura faz dele
O sujeito
Menos obsequioso do mundo.
Embora eu há um bom tempo
Já esteja um tanto
De pratos quebrados com ele;
Mas não penseis,
Que apenas por isso
Não me mostre justo com ele.
Ele é bom para tudo:
Apenas para isso não.
Para isso realmente não.
E eu também logo sairei
A fim de bater em outras portas...
Acabo de me lembrar
De um mouro,
Que é rico e avarento.
Eu já vou, já vou.

SITTAH:
Por que tanta pressa, Hafi?
SALADINO:
Deixa-o! Deixa-o ir!

TERCEIRA CENA
Sittah. Saladino.

SITTAH:
>Ora, mas ele se apressa,
>Como se quisesse
>Apenas fugir de mim!
>O que significa isso?
>Será que ele realmente
>Se enganou com ele,
>Ou está apenas querendo
>Enganar a nós por causa dele?

SALADINO:
>Como? E perguntas isso a mim?
>Eu mal sei de quem se falou;
>E ouço sobre esse vosso judeu,
>Vosso Nathan, pela primeira vez.

SITTAH:
>Será possível?
>Que ficou tão escondido
>De ti um homem
>Do qual se diz
>Que esquadrinhou
>Os túmulos de Salomão e de Davi,
>E que saberia solucionar
>Seu enigma com uma palavra
>Secreta e poderosa?[67]
>E deles traria,
>De tempos em tempos, ao dia,

---

[67] Segundo uma saga judaica, o enigma de Salomão expulsaria os espíritos, sobre os quais aquele que o solucionaria ganharia poder. Conforme conta o historiador judeu Flavius Josephus, no túmulo de Davi haveria tesouros imensuráveis. (N. T.)

As riquezas imensuráveis
Que não revelariam,
Uma fonte menos profícua.

SALADINO:
Se esse homem tem
A sua riqueza de túmulos,
Certamente não foi
Dos túmulos de Salomão, ou de Davi.
Eram tolos os que ali
Jazem enterrados.

SITTAH:
Ou malfeitores!
A fonte de sua riqueza
Também é bem mais generosa,
Bem mais inesgotável
Do que um túmulo
Cheio de Mammon.[68]

SALADINO:
Pois ele comercia, conforme ouvi.

SITTAH:
Seus animais de carga
Andam por todas as estradas,
Atravessam todos os desertos;
Seus navios ancoram
Em todos os portos.
Isso Al-Hafi me disse,
Ele mesmo, certa vez;
Acrescentando, cheio de encanto,
Como são grandiosos,
Como são nobres
Os usos desse seu amigo,

---

[68] Deus do dinheiro. (N. T.)

Como dá com generosidade,
O que não considerou
Pequeno demais
Para ganhar com dificuldade
Mostrando engenho e obstinação:
Acrescentando, como seu espírito
De preconceitos é livre;
E seu coração
Aberto para todas as virtudes,
E afinado a todas as belezas.

SALADINO:
E agora Hafi falou tão incerto,
Tão frio sobre ele.

SITTAH:
Frio por certo não; encabulado.
Como se considerasse
Perigoso louvá-lo,
E também não quisesse
Censurá-lo
Sem que ele o merecesse.
Como? Ou será que de fato
Até mesmo o melhor de seu povo
Não conseguiria escapar
Do que é seu de todo?
E de fato Al-Hafi
Teria porque se envergonhar
Por seu amigo por esse lado?
Seja como for!
O judeu seja mais ou menos judeu,
Ele é apenas rico:
E é o que nos basta!

SALADINO:
Mas tu não quererás

Com violência lhe arrancar,
Minha irmã, o que lhe pertence?
SITTAH:
Sim, o que quer dizer
Violência para ti?
Com fogo e espada?
Não, não!
Que violência
É necessária com os fracos
Mais do que sua fraqueza?
Que venha apenas junto
Para o meu harém,
Ouvir uma cantora,
Que ainda ontem comprei.
Talvez amadureça em mim
Nesse momento,
Um golpe que pretendo dar
Nesse tal de Nathan.
Vem!

QUARTA CENA

Cenário: diante da casa de Nathan, no limiar das palmeiras
Recha e Nathan saem de dentro da casa. Daja vai até eles.

RECHA:
Vós vos demorastes muito,
Meu pai.
Ele mal poderá
Ser de novo encontrado.
NATHAN:
Pois bem, se não está mais aqui,
Entre as palmeiras:

Por certo está alhures.
Fica calma agora. E vê!
Não é Daja que ali vem
Ao nosso encontro?

RECHA:
Ela com certeza o terá perdido.

NATHAN:
Por certo não.

RECHA:
Se assim fosse,
Viria com mais pressa.

NATHAN:
Talvez não nos tenha visto,
Ainda...

RECHA:
Mas agora nos vê.

NATHAN:
E duplica seus passos. Vê só!
Mas fica calma! Calma!

RECHA:
Queríeis uma filha, vós,
Que ficasse calma diante disso?
Não deixasse se perturbar,
Com a boa ação que é sua vida?
Sua vida, que só lhe é tão cara,
Por que a agradece
Primeiro a vós?

NATHAN:
Eu não te queria
Diferente do que és:
Mesmo que eu soubesse,
Que em tua alma
Algo bem diferente
Ainda se revele.

RECHA:
>O que, meu pai?

NATHAN:
>E perguntas a mim?
>Tão tímida a mim?
>O que quer que se passe
>Em teu interior,
>É natureza e inocência.
>Não deixa que te preocupe.
>Nem a mim, a mim,
>Isso deixa preocupado.
>Apenas me promete:
>Que se teu coração se explicar
>Algum dia de modo mais claro,
>De mim não esconderás
>Nenhum de seus desejos.

RECHA:
>Tão só a possibilidade de preferir
>Esconder meu coração de vós,
>Me faz sacudir.

NATHAN:
>Nada mais disso!
>O assunto acabou para sempre.
>Mas aqui já está Daja. E então?

DAJA:
>Ele ainda perambula
>Entre as palmeiras;
>E em pouco aparecerá
>Atrás daquele muro.
>Vede, ali vai ele!

RECHA:
>Ah! E parece
>Não saber para onde ir.

>   Adiante seguir? Descer?
>   Dobrar à direita?
>   Ou à esquerda?
> DAJA:
>   Não, não;
>   Ele com certeza ainda fará
>   O caminho em torno do mosteiro
>   Várias vezes;
>   E aí terá de por aqui passar.
>   Vamos apostar?
> RECHA:
>   Isso mesmo! Isso mesmo!
>   Falaste com ele?
>   E como ele está hoje?
> DAJA:
>   Como sempre.
> NATHAN:
>   Cuidai apenas
>   Para que ele não vos veja aqui.
>   Recuai um pouco.
>   Melhor entrar logo de uma vez.
> RECHA:
>   Só mais um olhar! Ah!
>   A moita que o rouba de mim.
> DAJA:
>   Vinde! Vinde!
>   Vosso pai tem razão.
>   Correis o risco de, se ele vos ver,
>   Dar meia-volta e desparecer.
> RECHA:
>   Ah! A moita!
> NATHAN:
>   E se ele aparecesse

Por trás dela de repente:
Não poderia deixar de vos ver.
Por isso ide, de uma vez!
DAJA:
Vinde! Vinde! Sei de uma janela.
Da qual podemos ver tudo.
RECHA:
Sim?
(*Ambas entram.*)

QUINTA CENA
Nathan, e logo depois o templário.

NATHAN:
Quase receio o estranho
Sua virtude rude
Quase me faz titubear.
Que um ser humano possa deixar
A outro tão confuso!
Ah! Ele vem. Por Deus!
Um rapaz como um homem.
Eu gosto dele,
De seu olhar bom e obstinado!
De seu passo enfunado!
A casca só pode ser amarga:
A polpa por certo não é.
Onde foi mesmo
Que vi coisa igual?
Perdão, nobre francônio...
TEMPLÁRIO:
O quê?
NATHAN:
Permiti...

TEMPLÁRIO:
    O quê, judeu? O quê?
NATHAN:
    Dirigir-vos a palavra.
TEMPLÁRIO:
    Por acaso posso vos impedir?
    Mas sede breve.
NATHAN:
    Demorai-vos, não vos apressais
    Com tanto orgulho,
    Com tanto desprezo,
    Passando por um homem ao qual
    Vos vinculastes para sempre.
TEMPLÁRIO:
    Como assim?
    Ah, mas quase adivinho.
    Não é? Vós sois...
NATHAN:
    Eu me chamo Nathan;
    Sou o pai da moça,
    Que vossa grande coragem
    Salvou do fogo;
    E venho...
TAMPLÁRIO:
    Agradecer a quem:
    Poupai-vos disso!
    Já precisei aguentar demais
    Pela pequenez do agradecimento.
    Vós não me deveis nada,
    Nada absolutamente.
    Por acaso eu sabia
    Que essa moça era vossa filha?
    É obrigação do templário,

Ajudar todo aquele,
Que encontra em necessidade.
Minha vida nesse momento,
Além disso,
Me parecia pesada demais.
Com gosto, muito gosto,
Agarrei a oportunidade,
Para arriscá-la em favor de outra:
De outra, ainda que fosse
Apenas a vida de uma judia.

NATHAN:
Grande! Grande e terrível!
Mas posso bem imaginar,
O que há por trás disso:
A grandeza humilde
Se esconde por trás do terrível,
Para fugir à admiração.
Mas se ela assim
Despreza o sacrifício
Dessa mesma admiração:
Que sacrifício
Ela desprezaria menos?
Cavaleiro,
Se vós não fosses aqui estrangeiro,
E prisioneiro,
Eu não vos perguntaria
De modo tão atrevido.
Dizei, ordenai:
Em que se pode vos servir?

TEMPLÁRIO:
Vós? Em nada.

NATHAN:
Eu sou um homem rico.

TEMPLÁRIO:
>O judeu mais rico
>Jamais foi para mim
>Um judeu melhor.

NATHAN:
>E só por isso não podeis usar,
>O que apesar disso,
>Ele tem de melhor?
>Não usar sua riqueza?

TEMPLÁRIO:
>Pois bem,
>Também não quero
>Desprezar isso de todo;
>Por causa do meu casaco, não.
>Assim que ele estiver
>De todo puído;
>E nem a costura,
>Nem os trapos aguentarem mais:
>Virei e tomarei junto a vós,
>Tecido ou dinheiro
>Para comprar um novo.
>Não me olhai tão sombrio!
>Ainda estais seguro:
>Ele ainda pode ser usado.
>Vós vedes;
>Ele até que ainda está bem.
>Apenas essa ponta ali,
>Tem uma mancha desagradável;
>Ele ficou chamuscado.
>E foi quando carreguei
>Vossa filha através do fogo.

NATHAN *(que pega a ponta do casaco e a observa)*:
>É tão estranho

Que uma mancha tão ruim
Que uma marca de queima assim
Dá do homem
Um testemunho melhor
Do que sua própria boca.
Eu gostaria de beijá-la logo,
A mancha! Ah, perdão!
Eu o fiz sem querer.

TEMPLÁRIO:
O quê?

NATHAN:
Uma lágrima caiu sobre a mancha.

TEMPLÁRIO:
Pouco importa!
Será só mais uma nódoa.
(Mas aos poucos esse judeu
Começa a me deixar confuso.)

NATHAN:
Seríeis tão bom
E mandaríeis vosso casaco
Também a minha filha?

TEMPLÁRIO:
E por quê?

NATHAN:
Também ela tocará
Essa mancha com sua boca.
Já que abraçar vossos joelhos
Ela por certo em vão deseja.

TEMPLÁRIO:
Mas, judeu,
Vós vos chamais Nathan?
Mas, Nathan,
Vós usais vossas palavras muito...

Muito bem... Com muita agudez...
Estou tocado... Mas dessa vez...
Eu teria...

NATHAN:
Podeis vos portar
E simular como quiserdes.
Também assim descobrirei
O que sois de verdade.
Fostes bom demais,
Correto demais,
Para ser mais cortês...
A moça, toda sentimento;
A enviada feminina,
Toda prontidão;
O pai bem distante.
Vós contribuístes
Para o bom nome delas;
Às provas que vos submeteram
Fugistes;
Fugistes, para não vencer.
Também por isso
Só tenho a vos agradecer.

TEMPLÁRIO:
Preciso confessar
Que sabeis
Como os templários
Devem pensar.

NATHAN:
Apenas os templários?
Só eles? E apenas,
Por que as regras da ordem
Assim dispõem?
Sei como pensam homens bons;

  E sei que há homens bons
  Em todos os países.
TEMPLÁRIO:
  Mas com diferenças,
  Assim espero!
NATHAN:
  Com certeza,
  Diferentes na cor,
  Nas vestes, nas feições.
TEMPLÁRIO:
  E aqui ora mais,
  Ora menos do que ali.
NATHAN:
  Essa diferença surgiu
  Há não muito.
  O grande homem em todo lugar
  Precisa de muito chão;
  E vários, plantados perto demais,
  Apenas se arrancam os galhos.
  Medianamente bons,
  Como nós, no entanto,
  Eles podem ser encontrados
  Em toda parte aos montes.
  Só que um não precisa
  Por isso o outro criticar.
  O tronco precisa saber lidar
  Com o nó que o marca.
  Um cumezinho
  Não deve apenas achar,
  Que saiu, sozinho,
  Sa terra que o cerca, sem mais.
TEMPLÁRIO:
  Muito bem dito!

Mas vós conheceis
Também o povo,
Que foi o primeiro a praticar
Toda essa crítica aos homens?
Sabeis, Nathan, que povo
Se chamou primeiro
De o povo eleito?
Como?
Ainda que eu
Não odiasse esse povo,
Como poderia
Escapar de desprezá-lo
Por causa de seu orgulho?
Seu orgulho,
Que ele deu de herança
A cristão e muçulmano,
O orgulho de que seu Deus
Era o Deus certo?
Vós vos admirais de que eu,
Um cristão, um templário,
Assim fale?
Quem e onde a loucura devotada
De ter o melhor Deus,
E de impingir esse melhor
Ao mundo inteiro,
Se mostrou mais
Em sua feição negra
Do que aqui, do que agora?
A quem aqui, a quem agora,
As traves que lhe tapam os olhos
Não caírem...
Mas seja cego quem quiser!
Esquecei o que eu disse;
E me deixai em paz! *(Quer ir embora.)*

NATHAN:
    Ahá! Vós não sabeis
    Com quanto maior insistência
    Me aproximarei de vós agora.
    Vinde, nós precisamos,
    Precisamos ser amigos!
    Desprezai meu povo
    O quanto quiserdes.
    Nós não escolhemos, ambos,
    O nosso povo.
    E somos nós o nosso povo?
    O que é povo, afinal?
    Cristão e judeu
    São antes cristão e judeu,
    Do que ser humano?
    Ah! Se eu tivesse
    Encontrado em vós
    Mais um ao qual basta
    Se chamar de homem!

TEMPLÁRIO:
    Sim, por Deus,
    Isso vós tendes, Nathan!
    Isso tendes! Vossa mão!
    Eu me envergonho
    De não ter reconhecido
    Quem sois
    Por um momento.

NATHAN:
    E eu me sinto orgulhoso.
    Só o comum
    Se reconhece com facilidade.

TEMPLÁRIO:
    E o raro
    Se esquece com dificuldade.

    Nathan, sim; nós precisamos,
    Precisamos nos tornar amigos.
NATHAN:
    Já o somos.
    Como minha Recha se alegrará!
    E ah! Que distância serena se abre
    Aos meus olhos agora!
    Conhecei-a apenas, antes!
TEMPLÁRIO:
    Eu queimo de ânsias...
    Mas quem se precipita
    Ali de vossa casa?
    Não é Daja?
NATHAN:
    Sim, claro. E com tanto medo?
TEMPLÁRIO:
    Não terá acontecido
    Algo a nossa Recha?

SEXTA CENA

Os anteriores e Daja, apressada.

DAJA:
    Nathan! Nathan!
NATHAN:
    Sim?
DAJA:
    Perdoai, nobre cavaleiro,
    Por ter de vos interromper.
TEMPLÁRIO:
    O que é?

DAJA:
>O sultão mandou alguém.
>O sultão quer falar convosco.
>Deus, o sultão!

NATHAN:
>Comigo? O sultão?
>Ele deve estar curioso para ver
>O que eu trouxe de novo.
>Diz apenas que pouco
>Ou ainda quase nada
>Já foi desempacotado.

DAJA:
>Não, não; ele nada quer ver;
>Quer falar convosco,
>Convosco em pessoa,
>E logo; assim que puderdes.

NATHAN:
>Eu irei.
>E agora pode ir de novo, vai!

DAJA:
>Não nos leveis a mal,
>Severo cavaleiro.
>Deus do céu,
>Estamos tão preocupados
>Com o que o sultão
>Pode estar querendo.

NATHAN:
>Isso já se mostrará.
>E agora pode ir, vai!

SÉTIMA CENA
Nathan. O templário.

TEMPLÁRIO:
    De modo que ainda não o conheceis?
    Pessoalmente, quero dizer.
NATHAN:
    Saladino? Ainda não. Não evitei,
    Nem procurei conhecê-lo.
    A fama geral falava bem demais dele,
    Para que eu não preferisse
    Querer acreditar a ver.
    Mas agora – se é que é de fato assim –
    Ele conseguiu,
    Poupando vossa vida...
TEMPLÁRIO:
    Sim; é exatamente assim.
    A vida que vivo
    É uma dádiva dele.
NATHAN:
    Através da qual
    Ele me presenteou
    Dupla, triplamente com a vida.
    Isso tudo entre nós mudou;
    De uma só vez
    Lançou uma corda
    Em torno de mim
    Que me prende eternamente
    Ao seu serviço.
    Mal e mal posso esperar,
    O que ele tem a me ordenar.
    Estou pronto para tudo;
    Pronto a lhe confessar
    Que estou pronto por vós.

TEMPLÁRIO:
>Eu ainda não pude lhe agradecer,
>Eu mesmo:
>Por mais que tenha me postado
>Em seu caminho.
>A impressão, que lhe causei,
>Veio tão rápida
>Quanto também desapareceu.
>Quem sabe, se ele sequer
>Ainda lembra de mim.
>E mesmo assim,
>Pelo menos uma vez precisa,
>Se lembrar de mim,
>Para decidir sobre meu destino.
>Não basta eu ainda ser
>Por sua ordem,
>Viver por sua vontade,
>Preciso também esperar
>Da parte dele,
>Segundo a vontade
>De quem devo viver.

NATHAN:
>Que seja assim;
>Tanto mais não quero
>Perder a oportunidade.
>Talvez seja dita uma palavra,
>Que me dê ensejo
>De falar de vós.
>Permiti, perdoai,
>Estou com pressa, mas quando,
>Quando vos veremos
>Em nossa casa?

TEMPLÁRIO:
>Assim que me permitirdes.

NATHAN:
>Assim que vós quiserdes.

TEMPLÁRIO:
>Ainda hoje.

NATHAN:
>E vosso nome? Preciso pedir.

TEMPLÁRIO:
>Meu nome era...
>É Curd von Stauffen... Curd!

NATHAN:
>Von Stauffen?... Stauffen?...
>Stauffen?

TEMPLÁRIO:
>Por que isso vos chama
>Tanto a atenção?

NATHAN:
>Von Stauffen?
>Há por certo outros dessa estirpe...

TEMPLÁRIO:
>Oh sim! Aqui já estiveram,
>Aqui apodrecem,
>Vários da estirpe.
>Até mesmo meu tio,
>Meu pai quero dizer,
>Mas por que vosso olhar
>Se torna tão agudo,
>Mais e mais, ao se dirigir a mim?

NATHAN:
>Oh, nada! Oh, nada!
>Como poderia
>Me cansar de vos ver?

TEMPLÁRIO:
>Por isso vos deixo por agora.

O olhar do investigador
Não raro encontrou
Bem mais do que desejou.
Eu o temo, Nathan.
Deixai o tempo,
E não a curiosidade,
Construir aos poucos,
A nossa amizade.

NATHAN *(que o segue com os olhos, estupefato)*:
"O investigador
Não raro encontrou
Mais do que desejou."
É como se ele lesse
Em minha alma!
De fato, sim;
Isso poderia
Acontecer também comigo.
Não apenas a altura de Wolf,
O andar de Wolf:
Também sua voz.
Assim, exatamente assim,
Wolf mexia até a cabeça;
Wolf carregava
Sua espada no braço;
E Wolf acariciava
As sobrancelhas com a mão,
Como se para esconder
O fogo de seu olhar.
E como imagens
Marcadas tão fundo
De quando em vez podem
Dentro de nós dormir,
Até que uma palavra,

Um som as desperta.

Von Stauffen!

Exatamente, exatamente!

Filnek von Stauffen!

Em pouco quererei saber melhor;

Em pouco.

Antes a Saladino, no entanto.

Mas como?

Daja não está ali,

De ouvido atento?

Ora, aproxima-te, Daja.

OITAVA CENA
Daja. Nathan.

NATHAN:
    O que há?

    Agora vós ambas

    Já tendes o coração confrangido

    Por saber ainda outra coisa,

    Além do que quer Saladino.

DAJA:
    Vós a censurais por isso?

    Há pouco ainda,

    Começastes a falar

    Mais familiarmente com ele:

    Quando chegou

    A mensagem do sultão

    E para longe da janela

    Nos espantou.

NATHAN:
    Pois bem, diz a ela apenas,

    Que ela pode esperá-lo
    Para qualquer momento.
DAJA:
    É certo? É certo?
NATHAN:
    Ora, mas eu posso
    Confiar em ti, Daja?
    Fica atenta; eu te peço.
    E não permitas ter motivo
    Para me arrepender.
    Tua consciência apenas,
    Deve cuidar disso.
    Só cuida para não estragar
    Nada em meu plano com ela.
    E conta e pergunta apenas
    Com humildade, com cautela...
DAJA:
    Que vós ainda podeis
    Vos lembrar disso antes!
    Eu vou; ide vós também.
    Pois vede! Acho até que ali vem
    Um segundo mensageiro do sultão,
    Al-Hafi, vosso dervixe. *(Ela sai.)*

NONA CENA
Nathan. Al-Hafi.

AL-HAFI:
    Ahá! Ahá!
    Era até vós que eu tencionava ir.
NATHAN:
    Então a pressa é tanta?
    O que ele quer de mim?

AL-HAFI:
>Quem?

NATHAN:
>Saladino. Eu vou, eu já vou.

AL-HAFI:
>Para onde? A Saladino?

NATHAN:
>Não foi Saladino
>Quem te mandou?

AL-HAFI:
>A mim? Não.
>Por acaso ele já mandou alguém?

NATHAN:
>Sim, mandou sim.

AL-HAFI:
>Pois bem, então está certo.

NATHAN:
>O quê? O que está certo?

AL-HAFI:
>Que... eu não tenho culpa;
>Deus sabe, que não tenho culpa.
>O que não disse,
>Não menti sobre vós
>Para evitá-lo!

NATHAN:
>Evitar o quê? O que está certo?

AL-HAFI:
>Que vós vos tornásseis
>O defterdar dele.
>Lamento por vós.
>Mas nem por isso
>Acompanharei tudo.
>Eu de uma hora a outra

Me vou; vou.
Vós já ouvistes para onde;
Se tendes algo a pedir
No caminho, dizei:
Estou às ordens.
Realmente não é necessário mais
Do que um nu
Pode carregar consigo.
Eu vou, dizei logo.

NATHAN:
Lembre, Al-Hafi.
Lembre que eu de nada sei ainda.
Do que estás falando aí?

AL-HAFI:
Vós a levareis logo convosco,
A bolsa?

NATHAN:
A bolsa?

AL-HAFI:
O dinheiro, ora,
Que devereis emprestar a Saladino.

NATHAN:
E isso é tudo?

AL-HAFI:
Eu por certo devo acompanhar
Como ele irá vos escavar
Dia a dia
Até o último dedão do pé?
Por certo devo acompanhar
Como o desperdício
Arranca e arranca
E por tanto tempo arranca
De galpões

    Devido à sábia sobriedade
    Jamais vazios
    Tanto que ao final das contas
    Até os pobres camundongos,
    Que já nascem com eles,
    Morrerão de fome?
    Talvez imaginais
    Que quem precisa
    De vosso dinheiro,
    Também haverá
    De seguir vosso conselho?
    Sim; ele, seguir conselhos!
    Desde quando
    Saladino se deixou aconselhar?
    Nathan, apenas pensai,
    No que agora acontece comigo
    Desde que estou a ele servindo.

NATHAN:
    E o que é?

AL-HAFI:
    Eis que vou até ele,
    E ele acaba de jogar
    Xadrez com a irmã.
    Sittah não joga mal; e o jogo,
    Que Saladino acreditou,
    Já deu por perdido
    Ainda estava sobre a mesa.
    Eis que olho para ele e vejo,
    Que o jogo há tempo
    Ainda não havia terminado.

NATHAN:
    Ai! E isso foi para ti um achado!

AL-HAFI:

    Ele precisaria apenas,

    Mexer o rei para perto do peão,

    Em direção ao xeque dela...

    Se eu pudesse

    Vos mostrar logo como era!

NATHAN:

    Oh, eu acredito em ti!

AL-HAFI:

    Pois assim a torre

    Voltaria a estar livre:

    E ela teria dado xeque em vão:

    E quero lhe mostrar tudo isso

    E o chamo.

    Imaginai!

NATHAN:

    Ele não concorda contigo?

AL-HAFI:

    Nem sequer me ouve,

    E com todo o desprezo

    Vira o jogo sobre a mesa.

NATHAN:

    Mas será possível?

AL-HAFI:

    E diz: que queria

    Estar em xeque-mate;

    Queria! Isso por acaso é jogar?

NATHAN:

    Difícil, de fato;

    Significa antes jogar por jogar.

AL-HAFI:

    Ou seja, não vale uma noz oca.

NATHAN:
>Por dinheiro ou não!
>É o que menos importa.
>Mas não te ouvir, apenas!
>Nem sequer te ouvir
>Sobre um ponto de tal importância!
>Não admirar teu olhar de águia!
>Ora, mas isso clama por vingança?

AL-HAFI:
>Ora, ora! Apenas o digo a vós
>A fim de poderdes ver,
>Que cabeça ele tem.
>Para resumir, não aguento mais
>Trabalhar com ele.
>Então corro
>Até o mais sujo dos mouros,
>Por aí,
>E pergunto
>Quem lhe emprestará algum.
>Eu, que jamais
>Mendiguei para mim,
>Agora sou obrigado
>A pedir a outros.
>Tomar emprestado
>Não é muito melhor
>Do que mendigar:
>Assim como emprestar,
>Emprestar com usura,
>Não é muito melhor do que roubar.
>Entre os meus guebos,[69]

---

[69] Nome histórico de uma seita parsi de adoradores do fogo; aqui, a-historicamente, nome dado a sábios maometamenos e eremitas que vivem junto ao Ganges. (N. T.)

Junto ao Ganges,
Eu não preciso
De nenhuma das duas,
Nem ser o instrumento de ambas.
Junto ao Ganges, apenas,
É que há homens.
Aqui vós sois o único,
Que ainda seria digno
De viver junto ao Ganges.
Quereis ir comigo?
Deixai de uma só vez
A tralha toda com ele,
Para que ele faça
Com ela o que quiser.
Ele vos arrancará
Tudo mesmo aos poucos.
E assim a dureza acabaria
Logo de uma vez.
Consigo-vos um talar de dervixe.
Vinde! Vinde!

NATHAN:
Embora eu pudesse pensar,
Era só o que faltava,
Al-Hafi, prometo refletir.
Mas espera...

AL-HAFI:
Refletir?
Não, sobre algo assim
Não se reflete.

NATHAN:
Apenas até eu voltar do sultão;
Até eu me despedir...

AL-HAFI:
> Quem reflete, procuras motivos
> Para não se mexer.
> Quem em um zás-trás
> Não consegue se decidir
> A viver só por si,
> Viverá para sempre
> Como escravo dos outros.
> Mas seja como quiserdes!
> Adeus!
> Talvez seja como pensais!
> Meu caminho está lá;
> E o vosso, aqui.

NATHAN:
> Al-Hafi! Mas tu mesmo
> Ainda deixarás arrumado
> Tudo o que é teu?

AL-HAFI:
> Ah, grande coisa!
> O que há em minha caixa
> Não vale a pena nem contar;
> E por minhas contas
> Vós ou Sittah
> Vos responsabilizareis.
> Adeus! *(Sai.)*

NATHAN *(seguindo-o com os olhos)*:
> Eu me responsabilizo!
> Selvagem, bom, nobre,
> Como devo chamá-lo?
> O verdadeiro mendigo é,
> Ao fim das contas,
> O único verdadeiro rei!

(Sai por outro lado.)

Fim do segundo ato

TERCEIRO ATO

PRIMEIRA CENA

*Cenário: na casa de Nathan
Recha e Daja.*

RECHA:
 Como foi, Daja,
 Que meu pai se expressou?
 "Posso esperá-lo
 A qualquer instante?"
 Isso soa – não é verdade –
 Como se em pouco ele aparecerá.
 Mas quantos instantes
 Já se passaram!
 Ah! Mas quem pensa
 Nos que já se foram?
 Quero viver apenas
 Ao encontro dos que ainda vêm,
 E com certeza virá,
 Aquele que os trará consigo.

DAJA:
 Oh, a maldita mensagem do sultão!
 Pois sem ela por certo Nathan
 O traria logo consigo até aqui.

RECHA:
 E se ele chegar, esse instante;

  E se entre meus desejos
  O mais quente,
  O mais caro for atendido.
  O que virá depois?
  O que virá depois?
DAJA:
  O que virá depois?
  Aí esperarei que também
  Entre meus desejos o mais quente
  Seja atendido.
RECHA:
  O que ocupará
  O lugar disso em meu peito,
  Ele que já se esqueceu
  De se expandir
  Sem esse desejo
  Dominando entre todos os desejos?
  Nada? Ah, de susto eu estremeço!...
DAJA:
  O meu,
  O meu desejo ocupará então
  O lugar livre; o meu.
  Meu desejo de te ver na Europa,
  Em mãos dignas de ti.
RECHA:
  Tu te enganas.
  O que faz esse desejo teu
  É impedir o essencial,
  Aquilo mesmo que jamais
  O tornará possível de ser meu.
  A ti, tua pátria te chama:
  E a minha,
  A minha não me seguraria?

    Uma imagem da tua,
    Que ainda não se apagou
    Em tua alma,
    Poder mais deveria,
    Do que aquela que posso ver,
    Tocar e ouvir
    A minha?

DAJA:
    Pode te trancar como quiseres!
    Os caminhos do céu
    São os caminhos do céu.
    E que tal se teu cavaleiro,
    Escolhido pelo Deus
    Pelo qual luta,
    Quisesse te levar ao país,
    Ao povo,
    Pelo qual foste dada a luz?

RECHA:
    Daja! O que estás dizendo de novo,
    Querida Daja!
    Tu tens mesmo
    As conclusões mais estranhas!
    "Seu, seu Deus!
    Pelo qual ele luta!"
    A quem pertence Deus?
    Que Deus é esse,
    Que pertence a alguém?
    Que precisa mandar lutar por si?
    E como se pode saber,
    Para qual torrão
    De terra se nasceu?
    Se meu pai te ouvisse falar assim!
    O que ele te fez,

A não ser apenas
Me mostrar minha ventura
Tanto quanto lhe foi possível
Desde sempre?
O que ele te fez,
A semente da razão,
Que ele semeou
Tão pura em minha alma,
Para gostares tanto
De misturá-la,
Com o inço ou as flores
Do teu torrão?
Querida, querida Daja,
Ele não quer tuas flores coloridas
No meu chão!
E eu sou obrigada a dizer,
Eu mesma sinto meu chão,
Por mais bonito que elas o vistam,
Tão esgotado,
Tão consumido por tuas flores;
Sinto tanta tortura, tanta vertigem
Com o perfume,
O perfume agridoce delas!
Teu cérebro
Está mais acostumado a elas.
Nem por isso censuro
Os nervos mais fortes
Que o toleram.
Só que esse perfume nada me diz;
E até mesmo teu anjo,
Quão pouco faltou
Para ele fazer de mim uma tola?
Ainda me envergonho da farsa
Diante de meu pai!

DAJA:
> Farsa! Como se o juízo,
> Apenas aqui estivesse em casa!
> Farsa! Farsa!
> Se eu pelo menos pudesse falar!

RECHA:
> E por acaso não podes?
> Quando não fui toda ouvidos,
> Sempre que te agradou
> Conversar comigo
> Sobre os heróis de tua fé?
> Por acaso sempre não dediquei
> Admiração a seus feitos,
> E lágrimas a seus sofrimentos?
> Sua fé, no entanto,
> Jamais me pareceu
> O que havia de mais heroico neles.
> Tanto mais consoladora foi a lição,
> De que a submissão a Deus,
> Não depende nem um pouco
> Da nossa cogitação.
> Querida Daja,
> O meu pai disse isso tantas vezes;
> Sobre isso estavas
> De acordo com ele
> Tantas vezes:
> Por que enterras sozinha,
> O que construíste
> A duas mãos com ele?
> Querida Daja,
> Isso não é a conversa,
> Com a qual podemos
> Melhor nos aproximar

Do nosso amigo que vem.
Para mim, talvez sim!
Pois para mim
Infinitas coisas dependem disso,
Ainda que ele... Ouve, Daja!
Não há alguém à nossa porta!
Ah, se fosse ele! Ouve!

SEGUNDA CENA
*Recha, Daja e o templário, para o qual alguém abre
a porta por fora, dizendo as palavras:*

É só entrar aqui!
RECHA *(estremecendo, consegue se conter,
e quer cair aos pés dele):*
É ele! Meu salvador, ah!
TEMPLÁRIO:
Apenas para evitá-lo,
Cheguei tarde demais:
E ainda assim...
RECHA:
Quero apenas,
Aos pés desse orgulhoso homem
Agradecer a Deus mais uma vez,
Não ao homem.
O homem não quer agradecimento;
E tão pouco quanto o balde de água
Que se provou tão útil
Para apagar o incêndio.
Ele se deixou encher,
Depois esvaziar,
Sem se importar:

    E agora também o homem,
    Também ele
    Se precipitou às chamas;
    Então caí mais ou menos
    Em seus braços;
    E ali fiquei, em seus abraços,
    Mais ou menos
    Como uma centelha em seu casaco;
    Até que então, não sei o que foi,
    Que nos jogou para fora das brasas.
    O que há nisso para agradecer?
    Na Europa o vinho leva
    A feitos bem diferentes.
    Templários são obrigados
    A agir assim;
    Precisam tirar
    Tanto do fogo quanto da água
    Como cães
    Um tanto melhor treinados.

TEMPLÁRIO (*que fica olhando o tempo inteiro para ela, surpreso e impaciente*):
    Oh Daja, Daja! Se em instantes
    De aflição e de bílis,
    Meu humor te soube mal
    Por que levar a ela toda a tolice
    Que a minha língua disse?
    Isso seria se vingar demais, Daja!
    Só espero que de agora em diante,
    Queiras me apresentar melhor
    Diante dela.

DAJA:
    Não penso, cavaleiro,
    Não penso

Que esse pequeno espinho,
Lançado ao coração dela,
Possa ter vos prejudicado tanto.

RECHA:
Como? Vós estivestes aflitos?
E fostes mais avaro
Com vossa aflição
Do que com vossa vida?

TEMPLÁRIO:
Boa, graciosa criança!
Como minha alma
Se encontra dividida
Entre olho e ouvido!
Não foi essa a moça,
Não, não foi ela,
Que eu tirei do fogo.
Pois quem a teria conhecido,
E não teria tirado do fogo?
Quem por mim teria esperado?
Embora... o susto... deformado...
(Pausa, na qual ele como que se perde ao admirá-la.)

RECHA:
Eu, no entanto,
Ainda vos acho o mesmo
(Ela faz o mesmo: até se adiantar para o interromper em sua admiração.)
E então, cavaleiro, dizei-nos,
Por onde andastes tanto tempo?
Eu quase poderia
Perguntar também?
Por onde andais agora mesmo?

TEMPLÁRIO:
Eu estou...
Onde talvez não devesse estar.

RECHA:
>Onde estivestes?
>Talvez também
>Onde não devêsseis estar.
>Isso não é bom.

TEMPLÁRIO:
>No... no...
>Como é mesmo o nome do monte?
>No monte Sinai.

RECHA:
>No monte Sinai? Ah, que bonito!
>Então posso saber,
>Confiando, se é verdade...

TEMPLÁRIO:
>O quê? O quê? Se é verdade
>Que ali ainda pode ser visto o lugar,
>Em que Moisés
>Esteve diante de Deus,
>Quando...

RECHA:
>Não, isso não.
>Pois onde ele esteve,
>Ele esteve diante de Deus.
>E disso já conheço o bastante.
>Se é verdade,
>Eu gostaria de saber de vós,
>Que não é de longe tão cansativo,
>Subir a esse monte,
>Quanto descer dele?
>Pois vede;
>Por mais montanhas
>Que eu tenha subido,
>Foi sempre o contrário.

E então, cavaleiro? O que dizeis?
Qual o sentido?
Vós vos desviais de mim?
Me ver não quereis?

TEMPLÁRIO:
Por que quero vos ouvir.

RECHA:
Por que não me quereis
Deixar perceber,
Que minha ignorância
Vos faz sorrir;
Que sorris por eu não saber
Perguntar nada mais importante
Sobre esse monte sagrado?
Não é verdade?

TEMPLÁRIO:
Então tenho de vos olhar
Nos olhos de novo.
O quê?
Agora sois vós que os baixais?
E vós que o sorriso me ocultais?
Quando quero ler em feições,
Em feições duvidosas,
O que ouço com tanta nitidez,
E vós me dizeis tão claramente...
Ou escondeis?
Ah, Recha! Recha!
Como foi mesmo que ele disse,
Tão verdadeiro:
"Conhecei-a apenas, primeiro!"

RECHA:
Quem disse?
Quem foi que o disse a vós?

TEMPLÁRIO:
"Conhecei-a apenas, primeiro!"
Foi vosso pai
Que me disse de vós.

DAJA:
E eu por acaso também não?
Eu também não?

TEMPLÁRIO:
Mas onde ele se encontra então?
Onde está vosso pai?
Ainda com o sultão?

RECHA:
Sem dúvida.

TEMPLÁRIO:
Ainda, ainda por lá?
Oh, esquecido que sou!
Não, não, ali não está,
Não deve estar,
Mas antes a me esperar
Lá embaixo no mosteiro;
Com certeza.
Terminemos pois,
O que temos a dizer.
Permiti! Mas eu vou buscá-lo.

DAJA:
Isso é dever meu.
Ficai, cavaleiro, ficai.
Eu agora mesmo o trarei.

TEMPLÁRIO:
Não, de jeito nenhum!
Ele mesmo quer que eu vá.
Não vós.
Para isso, ele poderia facilmente...

Quem sabe?
Com o sultão
Ele poderia facilmente...
Vós não conheceis o sultão...
Facilmente ter se confundido.
Acreditai em mim; há perigo
Se eu mesmo não for.

RECHA:
Perigo? Mas que perigo?

TEMPLÁRIO:
Perigo para mim, para vós, para ele:
Se eu não for o mais rápido possível
Ao encontro dele. *(Sai.)*

TERCEIRA CENA
Recha. Daja.

RECHA:
O que é isso, Daja!
Assim tão rápido?
O que foi que lhe aconteceu?
O que lhe chamou a atenção?
O que o persegue?

DAJA:
Deixai, deixai.
Penso que não seja um mau sinal.

RECHA:
Sinal? E Do quê?

DAJA:
De que algo acontece internamente.
Tudo ferve, e não deve transbordar.
Deixai-o como está.
Agora depende apenas de vós.

RECHA:
    O que depende de mim?
    Assim como a ele,
    Não consigo te entender.
DAJA:
    Em pouco podereis vos vingar
    De toda a intranquilidade
    Que ele vos causou.
    Mas não sede severa demais,
    Vingativa demais.
RECHA:
    Do que estás falando,
    Tu mesma deves saber.
DAJA:
    E já tão calma de novo estais?
RECHA:
    Estou, sim, estou...
DAJA:
    Pelo menos confessais,
    Que vos alegrais
    Com a intranquilidade dele;
    E agradeceis a sua intranquilidade
    A tranquilidade
    Da qual agora desfrutais.
RECHA:
    De todo inconsciente para mim!
    Pois o que no máximo
    Poderia te confessar,
    Seria que a mim mesma,
    A mim mesma estranha
    Como depois
    De uma tempestade assim,
    Possa se seguir um silêncio

> De repente em meu coração.
> Vê-lo inteiro, sua conversa,
> Seus gestos me...

DAJA:
> Satisfizeram já?

RECHA:
> Que me satisfizeram, eu não diria,
> Nem de longe...

DAJA:
> Apenas mataram
> A fome mais premente.

RECHA:
> Pois sim, se assim quiseres.

DAJA:
> A mim, justamente não.

RECHA:
> Ele será para mim
> Para sempre valioso,
> Eternamente mais valioso
> Que minha própria vida:
> Ainda que meu pulso
> Não fique mais descompassado
> Tão só ao ouvir seu nome;
> Nem meu coração bata mais forte,
> Mais rápido
> Assim que penso nele.
> Mas que estou dizendo?
> Vem, vem, querida Daja,
> Vamos de novo à janela
> Voltada para as palmeiras.

DAJA:
> Se é assim a fome premente
> Ainda não foi de todo satisfeita.

RECHA:
>	Agora verei de novo
>	Também as palmeiras:
>	 E não apenas ele
>	A andar debaixo delas.

DAJA:
>	Esse frio por certo apenas anuncia
>	Uma nova febre.

RECHA:
>	Que frio? Eu não estou fria.
>	Mas de fato
>	Não vejo com menos gosto,
>	O que vejo com tranquilidade.

QUARTA CENA

Cenário: uma sala de audiências no palácio de Saladino
Saladino. Sittah.

SALADINO (*ao entrar, para a porta*):
>	Aqui, mandai o judeu para cá
>	Assim que ele chegar.
>	Ele não parece estar
>	Apressado demais.

SITTAH:
>	Talvez ele também
>	Não estivesse à mão;
>	E não foi encontrado logo.

SALADINO:
>	Irmã! Irmã!

SITTAH:
>	Te comportas como se estivesses
>	Perto de um recontro.

SALADINO:
> E com armas,
> Que não aprendi a manusear.
> Eu devo fingir;
> Parecer me preocupar;
> Botar armadilhas, enganar?
> Quando consegui fazer algo assim?
> Onde o teria aprendido?
> E para que tudo isso?
> Para quê? Para pescar dinheiro;
> Dinheiro!
> Para arrancar dinheiro
> A um judeu, a um judeu;
> Dinheiro!
> Para espertezas assim
> Eu seria levado
> Para conseguir apenas
> Entre todas as pequenezas
> A menor com certeza?

SITTAH:
> Toda a pequeneza,
> Desprezada demais,
> Acaba se vingando, meu irmão.

SALADINO:
> Lamentavelmente é verdade.
> E se esse judeu
> For de fato o homem bom
> E razoável que o dervixe
> Um dia te descreveu?

SITTAH:
> Oh, e se for assim!
> Por que tudo isso seria necessário!
> O laço só é deitado, ao judeu avaro,

Problemático, terrível:
Não ao homem bom e sábio.
Esse já é nosso desde logo,
Sem laço.
O prazer de ouvir as desculpas
De um homem desses;
Com que forças impertinentes
Ele rasga a corda;
Ou então com que cautela esperta
Ele se desvia da rede que o aperta:
Esse prazer terás de acréscimo.

SALADINO:
Bem, isso é verdade.
Por certo me alegro com isso.

SITTAH:
Sendo assim, nada mais
Pode te deixar embaraçado.
Pois se for apenas
Um em meio à multidão;
Será apenas um judeu,
Como um judeu:
Diante deles
Não haverás de te envergonhar
Por pareceres
Como ele imagina todos os homens?
Muito antes;
Quem se mostra melhor para ele,
Se mostra como palhaço,
Como insensato.

SALADINO:
De modo que tenho de agir mal,
Para que o mau
Não pense mal de mim?

SITTAH:
>Deveras!
>Se é que chamas de agir mal
>Fazer uso de cada a seu modo.

SALADINO:
>O que pensaria
>Uma cabeça de mulher,
>Que não soubesse
>Embelezar depois!

SITTAH:
>Embelezar!

SALADINO:
>A coisa fina, delicada,
>Me preocupo apenas,
>Pode se quebrar
>Em minha mão abrutalhada!
>Algo assim
>Precisa ser encaminhado,
>Como foi planejado;
>Com toda a agudeza, habilidade.
>Mas que seja, que seja!
>Eu danço como puder;
>E no fundo preferiria
>Dançar pior do que melhor.

SITTAH:
>Também não confia
>De menos em ti!
>Estou aqui para te apoiar,
>Se apenas quiseres.
>Que os homens de tua igualha
>Gostem tanto de nos convencer,
>Que apenas sua espada,
>Sua espada os levou tão longe.

O leão se envergonha,
Quando caça com a raposa:
Se envergonha da raposa,
Com certeza,
Mas não da esperteza.

SALADINO:
É que as mulheres gostariam tanto
De baixar os homens
Até onde elas estão!
Vai, pode ir!
Eu acho que dou conta
Da minha lição.

SITTAH:
O quê? Eu devo ir?

SALADINO:
Mas por certo não quererias ficar?

SITTAH:
Talvez até não ficar...
Rosto a rosto convosco,
Mas no quarto ao lado.

SALADINO:
E nos ouvir?
Também isso não, irmã;
Se posso insistir.
Fora, fora!
A cortina farfalha; ele vem!
Mas que não fiques aí!
Vou averiguar.

*(Enquanto ela se fasta por uma porta,
Nathan entra pela outra; e Saladino senta-se.)*

QUINTA CENA
Saladino e Nathan

SALADINO:
    Aproxima-te, judeu! Mais perto!
    Aqui! Sem temor!
NATHAN:
    Fique o temor
    Reservado a teu inimigo!
SALADINO:
    Tu te chamas Nathan?
NATHAN:
    Sim.
SALADINO:
    O sábio Nathan?
NATHAN:
    Não.
SALADINO:
    Por certo!
    Mas se tu não te chamas assim,
    O povo te chama, enfim.
NATHAN:
    Pode ser; o povo!
SALADINO:
    Tu não deves acreditar,
    Que penso com desprezo
    Sobre a voz do povo?
    Há tempo conhecer
    O homem já desejo
    Que ele chama de sábio.
NATHAN:
    E se ele o chamasse assim
    Para zombar dele?

>   Se, para o povo, sábio não seria
>   Nada mais que arguto?
>   E arguto apenas aquele que sabe
>   Defender seu proveito?
>
> SALADINO:
>   Seu verdadeiro proveito,
>   É a ele que deves te referir?
>
> NATHAN:
>   Se assim fosse,
>   O egoísta seria o mais arguto.
>   Então de fato arguto e sábio
>   Seriam a mesma coisa, justo.
>
> SALADINO:
>   Eu te ouço provar,
>   O que pretendes refutar.
>   Os verdadeiros proveitos do homem,
>   Que o povo não conhece,
>   Tu conheces.
>   Pelo menos tentaste reconhecer;
>   Pensaste a respeito:
>   E só isso já faz o sábio.
>
> NATHAN:
>   Que todo mundo pensa ser.
>
> SALADINO:
>   Mas agora basta de humildade!
>   Pois ouvi-la sem parar,
>   Onde se espera a razão seca,
>   Asco irá causar.
>   *(Ele se levanta de um salto.)*
>   Vamos logo ao ponto!
>   Mas retos, judeu, retos!
>
> NATHAN:
>   Sultão, eu por certo quero te servir

A ponto de continuar
Merecendo tua amizade.
SALADINO:
Servir? Como?
NATHAN:
Tu deves ter, de tudo, o melhor;
E pelo menor preço.
SALADINO:
Mas do que estás falando?
Por certo não de tuas mercadorias?
Negociar, minha irmã irá contigo.
(Isso para que ela ouça!)
Nada tenho a ver
Com o comerciante.
NATHAN:
Então por certo quererás saber,
O que em meu caminho
Percebi do inimigo,
Que de fato se reergue de novo,
Acertei?
Se posso falar sem esconder...
SALADINO:
Também não é por isso
Que me dirijo a ti.
Disso já sei,
Quanto preciso saber.
Para breve ser...
NATHAN:
Ordena, sultão.
SALADINO:
Preciso de teu ensinamento
Em coisa diferente;
Bem diferente.

Uma vez que és tão sábio:
Me diz de uma vez,
Que fé, que lei
A mais iluminada te pareceu?

NATHAN:
Sultão, eu, sou judeu.

SALADINO:
E eu muçulmano.
O cristão está entre nós dois.
Dessas três religiões, uma apenas
Pode ser a verdadeira.
Um homem como tu,
Não fica parado
Onde o acaso
Do nascimento o lançou:
Ou se fica, fica por entendimento,
Por motivos,
Pela escolha do melhor.
Pois bem!
Comunica a mim teu entendimento.
Permite-me ouvir os motivos
Que eu não tive tempo de cogitar.
Deixa-me conhecer a escolha
Que esses motivos determinaram
— Em confiança, por certo —
A fim de que eu
Também a torne a minha.
Como? Tu titubeias?
Me medes com teus olhos?
Pode ser que eu seja
O primeiro sultão,
Que tem uma dúvida assim;
Que porém não me parece

Completamente indigna
De um sultão...
Não é verdade?
Fala! Diz, então!
Ou preferes pensar
Por um momento?
Pois bem; eu o dou a ti...
(Será que ela está ouvindo?
Quero eu mesmo escutá-la;
Saber se fiz tudo certo.)
Pensa! E pensa rápido!
Eu não demoro a estar de volta!
(*Ele vai para o quarto contíguo, no qual entrou Sittah.*)

SEXTA CENA
Nathan sozinho.

NATHAN:
Hum! Hum! Singular!
O que estou sentindo?
O que o sultão quererá comigo?
O quê?
Eu penso em dinheiro:
E ele quer... verdade.
Verdade! E a quer,
Tão palpável, e reluzente
Como se a verdade
Fosse uma moeda!
Sim, se ela fosse
Uma moeda ancestral,
E pesada como tal.
Isso ainda daria!

Mas uma moeda nova
Que se joga sobre a mesa,
Isso ela não é!
Como dinheiro no bolso,
Assim também
Se poderia apalpar
A verdade na cabeça?
Quem é aqui o judeu, então?
Eu ou ele? Mas como?
E se ele na verdade,
Não estiver querendo a verdade?
Embora eu suspeite
De que ele utilize a verdade apenas
Como armadilha.
Mas seria pequeno demais!
Pequeno demais?
Mas o que é, para um grande,
Pequeno demais? Claro, claro;
Ele adentrou a porta
Trocando os pés pelas mãos!
Ora, mas primeiro se bate,
Se ouve primeiro,
Quando nos aproximamos
Como amigo.
Preciso ser cuidadoso!
E como? Como o serei?
Ser assim profundamente judeu,
Já não dá.
E não ser nem um pouco judeu,
Ainda menos, ah.
Pois, se não sou judeu,
Ele poderia me perguntar,
Por que não muçulmano? É isso!

Isso pode me salvar!
Não é apenas às crianças,
Que se contenta com fábulas.
Ele vem! E que venha!

SÉTIMA CENA
Saladino. Nathan.

SALADINO:
    (Assim que o campo aqui está livre!)
    Mas não venho depressa demais
    Para perto de ti?
    Deves ter chegado ao fim
    Com tua reflexão.
    Fala, portanto!
    Nenhuma alma nos ouve.
NATHAN:
    Ainda que o mundo inteiro ouvisse.
SALADINO:
    Tanta certeza assim
    Tem Nathan do que pensa?
    Ah! É isso que eu chamo de sábio!
    Não esconder a verdade jamais!
    Botar tudo em jogo por causa dela!
    Pele e vida! Bens e sangue!
NATHAN:
    Sim! Sim! Quando se faz necessário
    E é proveitoso.
SALADINO:
    De agora em diante posso esperar,
    Assumir com todo o direito
    Um dos meus títulos,
    Melhorador do mundo e da lei.

NATHAN:
>	Deveras, um belo título!
>	Mas, sultão,
>	Antes que eu me confie
>	De todo a ti,
>	Por certo permitirás
>	Que te conte uma historinha?

SALADINO:
>	E por que não?
>	Sempre fui amigo de historinhas,
>	Bem contadas.

NATHAN:
>	Sim, mas bem contar,
>	Não é muito coisa minha.

SALADINO:
>	Outra vez
>	Tão orgulhosamente humilde!
>	Vamos! Conta, conta logo!

NATHAN:
>	Há anos gris
>	Vivia um homem no oriente,
>	Que possuía um anel
>	De valor incalculável
>	Ganho de mão querida.
>	A pedra era uma opala,
>	Que refulgia
>	Em centenas de belas cores,
>	E tinha a força secreta
>	De tornar agradável
>	Diante de Deus e dos homens
>	Quem o usava confiante disso.
>	Uma maravilha tal
>	Que o homem do oriente

Jamais o tirava do dedo,
E tomou a decisão
De mantê-lo em sua casa
Para sempre.
E foi assim:
Deixou seu anel ao mais amado
De seus filhos;
E dispôs que este por sua vez,
O entregasse
Ao mais querido de seus filhos;
E assim sempre o mais querido,
Sem considerar o nascimento,
Por força apenas do anel, seria,
A cabeça, o príncipe da casa.
Compreende-me, sultão.

SALADINO:
Eu te compreendo. Adiante!

NATHAN:
E assim esse anel
Passou de filho a filho,
Até chegar, enfim,
A um pai de três filhos;
Que eram todos os três
Igualmente obedientes,
E que por isso
Ele não podia deixar
De igualmente também amar.
Só de tempos em tempos
Ora este, ora aquele,
Ora o terceiro,
Assim que um se encontrava
Sozinho com ele,
E seu coração transbordante,

Não era dividido
Pelos outros dois,
Lhe parecia mais digno
De receber o anel;
E a esse ele também tinha
A fraqueza devota
De prometer a joia.
E isso continuou assim,
Enquanto continuou.
Só que um dia chegou,
O momento da morte,
E o bom pai fica confuso.
Sente dor por magoar
Dois de seus filhos
Que confiaram em sua palavra.
O que fazer? Ele manda o anel
Secretamente a um ourives,
Com o qual,
Segundo o modelo do seu,
Encomenda mais dois,
E manda não poupar
Custos nem esforços,
Para deixá-los
Completamente iguais ao outro.
O ourives tem sucesso.
E quando lhe leva os anéis,
Nem mesmo o pai
Consegue distinguir
Qual foi o que de modelo serviu.
Alegre e feliz,
Ele chama seus filhos,
Cada um por sua vez;
Dá a cada um, isoladamente,

Sua benção,
E seu anel, e morre.
Estás ouvindo, sultão?

SALADINO (*que se virou para outro lado*):
Estou ouvindo, estou ouvindo!
Termina logo com tua fábula.
Pode ser?

NATHAN:
Já terminei.
Pois o que se segue,
Compreende-se por si mesmo.
Mal o pai morreu,
Cada um vem com seu anel,
E quer ser o príncipe da casa.
Investigam, discutem,
Se queixam, em vão;
Não pode ser provado,
Qual é o verdadeiro anel;
(*depois de uma pausa, na qual espera a resposta do sultão.*)
Quase como não pode
Ser provado a nós agora,
Qual é a verdadeira religião.

SALADINO:
Como? E essa é a resposta
À minha pergunta?...

NATHAN:
Apenas deve me desculpar,
Por não me atrever
A distinguir os anéis,
Que o pai mandou fazer
Na intenção,
De que não pudessem
Ser distinguidos.

SALADINO:
>Os anéis! Não brinca comigo!
>Pensei que as religiões,
>Que mencionei a ti,
>Poderiam ser distinguidas.
>Inclusive nas roupas;
>Na comida e na bebida!

NATHAN:
>Mas apenas não,
>Pelo lado de seus fundamentos.
>Pois todas fundadas
>Na história não estão?
>Escrita ou contada!
>E a história por certo
>Deve ser aceita
>Em fidelidade e fé? Não é?
>Mas qual é, no entanto,
>A fidelidade e a fé
>Que se pode botar
>Menos em dúvida?
>A dos seus?
>Os de cujo sangue viemos?
>Mas e a daqueles
>Que desde a infância
>Nos deram prova de seu amor?
>Que jamais nos enganaram,
>Onde ser enganados inclusive seria
>Mais benfazejo para nós?
>Como posso acreditar
>Menos nos meus ancestrais
>Do que nos teus?
>Ou então, posso exigir de ti,
>Que acuses teus antepassados

De mentirosos,
Para que não contrariem os meus?
Ou o contrário.
E o mesmo vale para o cristão.
Não é verdade?

SALADINO:
(Pelo Deus redivivo!
O homem tem razão,
E só me resta calar, então.)

NATHAN:
Permite que voltemos
Aos nossos anéis.
Conforme eu disse:
Os filhos se acusam;
E todos juram ao juiz
Ter recebido o anel
Direto das mãos do pai.
Como de fato foi!
E depois de já ter dele
Há tempo a promessa
De desfrutar o privilégio do anel.
Como aliás também é verdade!
O pai, cada um deles encarecia,
Ter sido falso com ele não poderia;
E antes que ele pudesse permitir
Que se suspeite algo assim,
De um pai tão querido:
Ele teria,
Por mais que sempre tenha podido
Acreditar dos irmãos o melhor,
Acusá-los de trapacear;
E ele saberia
Encontrar os traidores;
Saberia se vingar.

SALADINO:
    E o juiz? Preciso ouvir,
    O que farás o juiz dizer.
    Fale de uma vez!
NATHAN:
    O juiz disse:
    Se vós não me trouxerdes
    O pai imediatamente aqui,
    Eu vos mando para longe de mim.
    Pensais por acaso que estou aqui
    Para solucionar enigmas?
    Ou esperais, talvez,
    Que o anel certo abra o bico?
    Mas basta! Ouvi que o anel certo
    Tem a força miraculosa
    De tornar amado:
    Por Deus e pelos homens
    Ser agradado.
    Que isso decida! Pois os falsos
    Não conseguirão a mesma coisa!
    Pois bem, dizei,
    Quem dois de vocês amam mais?
    Vamos, falai! Silenciais?
    Os anéis só atuam para dentro?
    E não para fora?
    E cada um de vocês
    Só ama mais a si mesmo?
    Oh, então sois todos os três
    Trapaceadores trapaceados!
    Vossos anéis não são verdadeiros
    Nenhum dos três.
    O verdadeiro anel
    Provavelmente se perdeu.

E, para compensar,
A perda esconder,
O pai mandou fazer
De um os três.

SALADINO:
Maravilha! Maravilha!

NATHAN:
Pois bem, continuou o juiz,
Se não quereis meu conselho
Em lugar de minha sentença:
Ide embora!
Meu conselho no entanto é:
Vós aceitais
A coisa como está. em pé.
Se cada um tem o anel de seu pai:
Cada um acredite
Que o seu é o verdadeiro.
É possível até,
Que o pai não quisesse mais tolerar
A tirania do único anel em sua casa!
E por certo, amando vós três,
E do mesmo jeito,
Não quis magoar dois,
Para a um favorecer.
Então!
Cada um persiga
Seu amor incorruptível
E livre de preconceitos!
Que todos os três apostem entre si
Botar a força do seu anel
Na ordem do dia!
E que essa força
Ajude com suavidade,

Com tolerância cordial,
Com bondade,
Com a mais fervorosa
Devoção a Deus!
E quando então
A força das pedras do anel
Se expressar
Nos filhos de vossos filhos:
Eu voltarei a convidá-los
Em mil anos
Para virem até aqui de novo.
E então um homem
Mais sábio do que eu
Estará sentado sobre esta cadeira
E irá falar.
E agora ide!
Disse o humilde juiz.

SALADINO:
Deus! Deus!

NATHAN:
Saladino, se sentes que és
Esse homem mais sábio...

SALADINO (*que se precipita para ele e agarra sua mão, que não quer mais soltar*):
Eu, pó? Eu, nada?
Deus do céu, oh!

NATHAN:
O que se passa, sultão?

SALADINO:
Nathan, querido Nathan!
Os mil anos de teu juiz
Ainda não se passaram.
Sua cadeira de juiz

Está longe de ser a minha.
Vai! Vai! Mas sê meu amigo.

NATHAN:
E mais do que isso Saladino
Não teria a me dizer?

SALADINO:
Nada.

NATHAN:
Nada?

SALADINO:
Absolutamente nada.
E por quê?

NATHAN:
Eu teria desejado a oportunidade
De te pedir uma coisa.

SALADINO:
E é necessária oportunidade
Para fazer um pedido?
Fala!

NATHAN:
Eu venho de uma longa viagem,
Na qual cobrei dívidas.
Tenho dinheiro vivo
Quase demais.
Os tempos começam
A se tornar preocupantes de novo;
E eu não sei ao certo,
O que fazer seguramente com ele.
Então pensei se tu talvez,
Porque uma guerra próxima
Sempre exige mais dinheiro,
Não poderias precisar de algo.

SALADINO (*olhando fixamente em seus olhos*):
    Nathan! Não quero perguntar
    Se Al-Hafi já esteve em tua casa;
    Não quero investigar,
    Se não é outro incômodo
    Que te leva;
    A me fazer esse favor
    Sem que eu peça.

NATHAN:
    Um incômodo?

SALADINO:
    Eu o valho. Perdoa-me!
    Mas de que adianta?
    Preciso apenas confessar a ti
    Que estava a ponto de permitir...

NATHAN:
    Mas não procurar comigo
    O mais natural?

SALADINO:
    Com certeza.

NATHAN:
    Assim seríamos ambos ajudados!
    Mas uma vez
    Que não posso te enviar
    Tudo que tenho em espécie,
    Quem o fará
    Será o jovem templário.
    Tu o conheces, de qualquer modo,
    Ainda tenho a lhe pagar
    Uma grande soma antes.

SALADINO:
    Templário?
    Tu não quererás apoiar

    Meus piores inimigos
    Com teu dinheiro?
NATHAN:
    Eu falo apenas de um,
    Ao qual poupaste a vida.
SALADINO:
    Ah! Do que me lembras!
    Já havia me esquecido
    Completamente desse jovem!
    Tu o conheces? Onde ele está?
NATHAN:
    Como? Então não sabes
    Quanto de tua clemência por ele,
    Jorrou sobre mim pela mão dele?
    Ele, botando em risco de novo
    A vida apenas recebida,
    Salvou do fogo a minha filha.
SALADINO:
    Ele? Ele o fez! Ahá!
    Parecia mesmo capaz disso.
    Meu irmão também
    Por certo o faria,
    Com quem ele é tão parecido!
    Mas acaso ele continua por aqui?
    Traze-o para cá se assim for!
    Falei tanto a minha irmã,
    Desse irmão que ela não conhece
    Que preciso permitir que ela veja
    Essa cópia perdida dele!
    Vai, busca-o!
    Como de uma boa ação,
    Ainda que nascida apenas da paixão,
    Podem nascer

Tantas outras coisas boas!
Vai, busca-o!
NATHAN *(largando a mão de Saladino)*:
Um instante?
E o que de resto combinamos
Fica assim? *(Sai.)*
SALADINO:
Ah! Por que não deixei
Minha irmã nos ouvir!
Vou até ela! Até ela, é hora!
Mas como poderei
Lhe contar tudo agora?

(Sai pelo outro lado.)

OITAVA CENA

Cenário: sob as palmeiras, nas proximidades do mosteiro, onde o templário espera por Nathan.

TEMPLÁRIO *(anda, lutando consigo mesmo, de um lado a outro; até que explode)*:
Aqui o animal sacrificado
Para, cansado.
Pois bem! Não quer saber,
Saber melhor
O que se passa dentro de mim;
Não gosto de farejar
O que irá se passar.
Basta, eu fugi em vão!
Em vão.
Mas eu também não poderia
Fazer mais do que fugir!

Que agora venha o que tiver de vir!
Para me desviar,
A peça foi demasiado rápida;
E acabei por sucumbir,
Por mais que tenha me recusado.
Vê-la, a quem fui
Tão pouco ávido em ver,
Vê-la, e a decisão de voltar
A dos olhos perdê-la.
Qual decisão?
Decisão é intenção, ação:
E eu, eu sofreria, apenas sofreria.
Por vê-la, ter o sentimento
Enrolado nela,
Estar entretecido nela,
Era uma coisa.
E fica sendo.
Viver separado dela,
É de todo inimaginável para mim;
Seria minha morte,
E mesmo em todo lugar
Onde deixamos a morte para trás,
Ainda ali seria a minha morte.
Será que é isso o amor?
É assim, sim,
Que ama o cavaleiro templário,
Que o cristão
Ama a moça judia, hum,
Mas que importa?
Estou na terra prometida,
E comprometido para sempre!
Já me livrei de vários preconceitos.
O que minha ordem pode dizer?

Eu, templário, estou morto;
Estava morto já desde o momento,
Em que Saladino me aprisionou.
A cabeça com que Saladino
Me presenteou,
Seria a minha cabeça de outrora?
É uma cabeça nova,
Que de nada sabe,
Do que foi dito a outra,
Dos vínculos da outra.
E é uma melhor, feita mais
Para o céu dos pais,
Eu já sinto.
Pois apenas com ela
Começo a pensar,
Como meu pai
Deve ter pensado quando aqui;
Se não me contaram,
Mentiram, fabulando.
Fabulando?
Mas fábulas dignas de fé,
As mais dignas de fé que já ouvi,
Como se agora
Tivessem acontecido,
Uma vez que corro perigo,
De tropeçar e cair onde ele caiu.
Ele caiu, tombou?
Prefiro com homens tombar
Do que com crianças andar.
Seu exemplo me basta
Para ganhar seu aplauso
E que aplauso
Eu poderia querer mais?

O de Nathan?
Oh, seu encorajamento,
Mais que seu aplauso,
Me torna ainda mais forte.
Que judeu!
E que quer parecer apenas judeu!
Ali vem ele, amigo meu!
E vem apressado;
Queima em alegria serena
Quem já veio de Saladino
De outro jeito!
Ei! Ei, Nathan!

NONA CENA
Nathan. O templário.

NATHAN:
Como? Sois vós?
TEMPLÁRIO:
Ficastes um bom tempo
Com o sultão.
NATHAN:
Tanto tempo não.
Tive de parar muitas vezes
No caminho.
Ah, realmente, Curd,
O homem merece sua fama.
E sua fama é apenas sua sombra.
Mas antes de tudo deixa
Que eu vos diga
Rapidamente apenas...

TEMPLÁRIO:
    O quê?
NATHAN:
    Ele quer falar convosco;
    Quer que eu vos leve
    Comigo até ele.
    Acompanhai-me
    Até minha casa antes,
    Onde ainda preciso resolver
    Outra coisa para o bem dele.
    E então iremos correr...
TEMPLÁRIO:
    Nathan, vossa casa é melhor que...
    Que eu não a adentre outra vez...
NATHAN:
    Quer dizer então
    Que já estivestes por lá?
    Já falastes com ela entrementes?
    E então? Dizei:
    Que achastes de Recha?
TEMPLÁRIO:
    Ela está acima
    De qualquer expressão!
    Só que não poderei
    Voltar a vê-la jamais!
    Jamais! Jamais!
    A não ser que me deis
    Agora mesmo a promessa
    De que sempre,
    Sempre poderei voltar a vê-la.
NATHAN:
    Como quereis que eu entenda isso?

TEMPLÁRIO *(depois de uma breve pausa, caindo a seu pescoço de repente)*:

    Meu pai!

NATHAN!

    Rapaz!

TEMPLÁRIO *(deixando-o de modo igualmente repentino)*:

    Não filho? Eu vos peço, Nathan!

NATHAN:

    Querido rapaz!

TEMPLÁRIO:

    Não filho? Eu vos peço, Nathan!
    Eu vos invoco
    Pelo primeiro laço da natureza!
    Não preferi
    Cadeias posteriores a ele!
    Contentai-vos em ser um homem!
    Não me afasteis de vós!

NATHAN!

    Querido, querido amigo!...

TEMPLÁRIO:

    E filho? Filho não?
    Mesmo não,
    Nem sequer se o reconhecimento
    Já tivesse aplainado
    O caminho para o amor
    Ao coração de vossa filha?
    Nem mesmo se,
    Ambos apenas esperássemos
    Vosso aceno
    Para derretermos e sermos um?
    Vós silenciais?

NATHAN:
>	Vós me surpreendeis,
>	Jovem cavaleiro.

TEMPLÁRIO:
>	Eu vos surpreendo?
>	Vos surpreendo, Nathan,
>	Com vossos próprios pensamentos?
>	Vós não os reconheceis mais
>	Só por que vêm da minha boca?
>	Eu vos surpreendo?

NATHAN:
>	Antes preciso saber de uma vez
>	Que Stauffen vosso pai foi!

TEMPLÁRIO:
>	Que dizeis, Nathan? O quê?
>	Nesse instante não sentis mais
>	Do que curiosidade?

NATHAN:
>	Pois vede! Eu mesmo
>	Conheci um Stauffen certa vez,
>	Que se chamava Conrad.

TEMPLÁRIO:
>	E então?
>	E se meu pai
>	Tivesse se chamado assim?

NATHAN:
>	Realmente?

TEMPLÁRIO:
>	Meu próprio nome
>	É uma homenagem a meu pai:
>	Curd é Conrad.

NATHAN:
>	Nem por isso,

Meu Conrad foi vosso pai.
Pois meu Conrad
Jamais foi o que sois,
Era templário,
Mas jamais foi casado.

TEMPLÁRIO:
Por isso, então?

NATHAN:
Como?

TEMPLÁRIO:
Oh, mesmo assim
Ele por certo poderia
Ser meu pai.

NATHAN:
Vós brincais.

TEMPLÁRIO:
E vós quereis exatidão demais!
E se fosse assim?
Um filho espúrio ou bastardo!
A estirpe mesmo assim
Não será desprezada.
Mas me livrai sempre
Da prova dos meus ancestrais.
E eu vos livraria da vossa.
Não que eu ponha a menor dúvida
Na árvore genealógica
Da qual procedeis.
Deus me livre!
Vós por certo podeis,
Subi-la folha a folha
Até chegar a Abraão.
E de lá em diante,
Eu mesmo a conheço;
Eu mesmo posso invocá-la.

NATHAN:
>Vós vos tornais amargo.
>Mas eu o mereço?
>Por acaso vos neguei algo um dia?
>Eu apenas não quero
>Vos levar agora a sério.
>Mais do que isso não.

TEMPLÁRIO:
>Com certeza?
>Nada mais do que isso?
>Oh, perdoai então!...

NATHAN:
>Mas agora vinde, apenas vinde!

TEMPLÁRIO:
>Não! Convosco a vossa casa?
>Isso não! Isso não!
>Há fogo ali!
>Esperarei por vós aqui.
>Ide! Se eu devo voltar a vê-la,
>Vê-la-ei suficientes vezes.
>Se não,
>Já a terei visto uma vez demais...

NATHAN:
>Vou me apressar
>O máximo que puder.

DÉCIMA CENA

O templário, e logo depois Daja.

TEMPLÁRIO:
>Já é mais do que o suficiente!
>O cérebro do homem abarca tanto,

Infinitamente tanto;
E mesmo assim às vezes
Se mostra tão de repente
Cheio também!
De uma pequeneza,
Assim tão repente cheio!
Mas que importa, que importa;
Esteja ele cheio do que quiser.
Apenas paciência!
A alma em pouco transformará
O material inflado em outro,
Novo espaço abrirá,
E luz e ordem existirão de novo.
Por acaso eu amo
Pela primeira vez?
Ou o que eu conheço como amor
Não era amor?
Será amor
Apenas o que eu sinto agora?...

DAJA (*que se aproxima se esgueirando, vindo do lado*):
    Cavaleiro! Cavaleiro!

TEMPLÁRIO:
    Quem chama? Ahá, Daja, sois vós?

DAJA:
    Eu passei por ele
    Sem que ele me visse.
    Mas aí onde estais
    Ele ainda poderia nos ver.
    Por isso vinde
    Para mais verto de mim,
    Atrás dessa árvore.

TEMPLÁRIO:
    O que há? Por que tanto mistério?
    Dizei lá!

DAJA:
>De fato não deixa de ser
>Um segredo,
>O que me traz até vós;
>E ainda por cima duplo.
>De uma coisa sei apenas eu,
>Da outra vós.
>Que tal se fizéssemos uma troca?
>Vós me confiais a vossa,
>Eu vos confio a minha.

TEMPLÁRIO:
>Com prazer.
>Se eu apenas soubesse
>O que considerais a minha.
>Mas isso por certo esclarecereis.
>E começar já podeis.

DAJA:
>Ai, pensai apenas!
>Não, senhor cavaleiro:
>Vós primeiro; eu depois.
>Pois garanto que meu segredo
>Não vos será em nada útil,
>Se eu não tiver antes o vosso.
>Mas rápido!
>Pois se eu vos interrogar primeiro:
>Não me confiastes nada.
>Meu segredo então,
>Permanecerá meu segredo;
>E vós tereis contado o vosso.
>Mas, pobre cavaleiro!
>Que vós, homens, ousais guardar
>Um segredo assim de nós, mulheres!

TEMPLÁRIO:
>
> Muitas vezes sequer sabemos
> Que o temos.

DAJA:
>
> Pode até ser.
> Por isso preciso primeiro
> Fazer com que vós mesmos
> Tomeis conhecimento dele,
> Vos apresentar por inteiro.
> Dizei: por que partiste assim,
> Intempestivamente?
> Deixando-nos sentadas
> Daquele jeito?
> E por que não viestes de novo,
> Junto com Nathan?
> Recha, por acaso,
> Vos marcou tão pouco?
> Como? Ou também tanto?
> Tanto! Tanto!
> Ensinais ao pássaro de vez,
> Preso à armadilha,
> Que bata as asas para me conhecer!
> Em resumo: confessai logo a mim
> Que vós a amais,
> A amais a ponto de enlouquecer;
> E eu vos direi algo então...

TEMPLÁRIO:
>
> A ponto de enlouquecer?
> Realmente,
> Vós entendeis mesmo do assunto.

DAJA:
>
> Então admiti apenas o vosso amor.
> E vos livrarei de vos enlouquecer.

TEMPLÁRIO:
>   Por que ele
>   Se compreende por si mesmo?
>   Um templário amar
>   Uma moça judia!...

DAJA:
>   Parece realmente
>   Fazer pouco sentido.
>   Mas às vezes
>   O sentido de uma coisa
>   É bem mais amplo
>   Do que suspeitamos;
>   E também não seria tão inédito,
>   Que o salvador nos conduza até si
>   Por caminhos,
>   Que o esperto por si mesmo
>   Talvez não palmilhasse facilmente.

TEMPLÁRIO:
>   E isso assim tão solene?
>   (E se no lugar do salvador
>   Eu botasse a cautela:
>   Mas por acaso ela
>   Não tem a razão dela?)
>   Vós me tornais mais curioso
>   Do que por certo costumo ser.

DAJA:
>   Oh! Este é o país dos milagres!

TEMPLÁRIO:
>   (Pois! Do maravilhoso.
>   Mas será que também
>   Poderia ser diferente?
>   O mundo inteiro se acotovela
>   Se juntando aqui.)

Querida Daja,
Tomai como confessado,
O que estais pedindo,
Que eu a amo;
Que não compreendo,
Como viverei sem ela;
Que...

DAJA:
É certo? É certo?
Então jurai para mim, cavaleiro
Torná-la vossa; salvá-la;
No mundo aqui, na eternidade lá.

TEMPLÁRIO:
E como? Como eu poderia fazer?
Posso jurar,
O que não se encontra
Em meu poder?

DAJA:
Está sim em vosso poder.
Com uma só palavra,
Coloco-o em vosso poder.

TEMPLÁRIO:
De modo que nem mesmo o pai
Teria algo contra?

DAJA:
Ah, o pai! Pai!
O pai deverá, sim, aceitar.

TEMPLÁRIO:
Deverá aceitar, Daja?
Ele ainda não caiu
Entre bandoleiros.
E portanto não precisa aceitar.

DAJA:
>Se é assim, precisa querer
>E gostar de querer ao fim,
>Inclusive.

TEMPLÁRIO:
>Precisa e ainda gostar!
>Mas, Daja, e se eu agora vos dizer
>Que eu mesmo já tentei
>Tocar essa corda dele?

DAJA:
>O quê? E ele não se fez soar?

TEMPLÁRIO:
>Fez, mas o som que ouvi
>Não foi bom,
>Me ofendeu.

DAJA:
>O que dizeis? Como?
>Vós revelastes,
>Uma sombra que fosse,
>Do desejo por Recha:
>E ele não teria saltado de alegria?
>E sim se encolhido, a alma fria?
>Teria imposto dificuldades?

TEMPLÁRIO:
>Mais ou menos isso.

DAJA:
>Se é assim, não quero mais
>Refletir um instante sequer. *(Pausa.)*

TEMPLÁRIO:
>E vós refletis então?

DAJA:
>O homem de resto é tão bom!
>Eu mesma lhe devo tanto!

Mas como ele pode
Nem querer ouvir falar!
Deus sabe que o coração me sangra,
Por obrigá-lo assim.

TEMPLÁRIO:
Eu vos peço, Daja,
Me tirai logo dessa incerteza.
Mas talvez estejais vós incerta;
Se chamar
Alguma coisa pretendeis,
De boa ou má,
De danosa ou louvável:
Silenciai! Haverei de esquecer
Que tivestes algo a me esconder.

DAJA:
Isso me instiga,
Em vez de me deter;
Sabei, então: Recha não é judia;
E sim cristã.

TEMPLÁRIO (*que estaca*):
Sim? Desejo-vos sorte!
Foi difícil guardar?
Não deixai
Que as dores vos assustem!
Segui com vontade adiante,
Para povoar o céu;
Se já não podeis mais povoar a terra!

DAJA:
Como, cavaleiro?
Minha notícia
Merece essa zombaria?
O fato de Recha ser cristã,
Não vos alegra mais não,

A vós, um cristão,
Um templário que a ama?

TEMPLÁRIO:
Sobretudo, por ser ela
Uma cristã da vossa lavra.

DAJA:
Ah! Assim o entendeis então?
Mas deixa estar!
Não! Quero ver
Quem a tiver de converter!
A sorte dela é há tempo já ser,
O que está condenada a se tornar.

TEMPLÁRIO:
Explicai-vos, ou... ide embora!

DAJA:
Ela é filha de cristão;
De pais cristãos nascida;
É batizada...

TEMPLÁRIO (*precipitadamente*):
E Nathan?

DAJA:
Não é pai dela!

TEMPLÁRIO:
Nathan não é o pai dela?
Sabeis o que estais dizendo?

DAJA:
A verdade, que tantas vezes
Me fez chorar lágrimas de sangue...
Não, ele não é pai dela...

TEMPLÁRIO:
E teria apenas
A criado como sua filha
Criado a filha de cristãos
Como uma judia?

DAJA:

    Com certeza.

TEMPLÁRIO:

    E ela não saberia como nasceu?

    Jamais teria sabido dele,

    Que nasceu cristã, e não judia?

DAJA:

    Jamais!

TEMPLÁRIO:

    E nessa loucura

    Não teria criado a criança apenas?

    Mas a mantido?

DAJA:

    Lamentavelmente!

TEMPLÁRIO:

    Nathan... Mas como?

    O bom e sábio Nathan

    Teria se permitido,

    Falsificar assim a voz da natureza?

    Desviar assim

    O que brota de um coração

    Que, abandonado a si mesmo,

    Teria escolhido

    Caminhos bem diferentes?

    Daja, vós por certo

    Me confiastes algo...

    De importância,

    Qe pode ter consequências,

    Algo que me deixa confuso,

    Ao que não sei absolutamente

    O que fazer.

    Por isso me dai um tempo.

    Por isso ide embora!

Ele passará por aqui de novo.

E poderia nos encontrar.

Ide embora!

DAJA:

Eu seria morta!

TEMPLÁRIO:

Eu agora sequer

Sou capaz de falar com ele.

Se vós o encontrardes,

Dizei apenas,

Que haveremos de nos encontrar

Junto ao sultão em outro momento.

DAJA:

Mas não deixai que se perceba

Nada em vós contra ele.

Isso deve apenas dar às coisas

O último impulso;

Tomar a vós todos os escrúpulos,

Em relação a Recha!

Mas se vós, então,

A levares à Europa:

Não havereis

De me deixar de volta?

TEMPLÁRIO:

Isso haverá de se decidir.

Mas agora ide, ide!

Fim do terceiro ato

QUARTO ATO

PRIMEIRA CENA
Cenário: nos corredores do mosteiro
O monge e logo depois o templário.

MONGE:
    Sim, sim! Ele até tem razão,
    O patriarca!
    De tudo aquilo que me encarregou
    O que consegui acabar bem
    Foi pouco.
    Mas também
    Por que ele me encarrega
    Apenas de coisas assim?
    Não gosto de ser polido;
    Não gosto de convencer;
    Nem de enfiar meu nariz
    Em tudo que é lugar;
    Não gosto de meter
    minha mão em tudo.
    Por acaso deixei de lado o mundo
    Por mim mesmo, para me enrolar
    Ainda mais com ele
    Por causa de outros?

TEMPLÁRIO *(correndo precipitadamente ao encontro dele)*:
    Bom irmão! Aqui estais, ora.
    Já vos procuro há um bom tempo.
MONGE:
    A mim, senhor, e agora?
TEMPLÁRIO:
    Por acaso não me conheceis mais?
MONGE:
    Sim, sim! Apenas achei
    Que não voltaria mais
    A ver o senhor
    A minha vida inteira.
    Pois esperei, implorando a Deus.
    A Deus querido,
    Que sabe como me foi amargo
    O pesado encargo
    Que me vinculou ao senhor.
    Ele sabe se desejei,
    Encontrar abertos vossos ouvidos;
    Sabe, como me alegrei,
    Me alegrei
    No mais fundo do meu eu
    Por terdes rechaçado de vós
    Assim tão redondamente
    E sem pensar muito,
    O que não parece adequado
    A um templário...
    E eis que agora vindes;
    De modo que acabou
    Tendo efeito, enfim!
TEMPLÁRIO:
    Vós já sabeis por que eu venho?
    Como, se eu mesmo mal sei?

MONGE:
>Vós pensastes melhor, agora;
>Descobristes que o patriarca
>Não estava tão errado;
>Que se pode chegar
>À honra e ao dinheiro
>Por sua sugestão;
>Um inimigo é um inimigo, então,
>Ainda que tenha sido
>Por sete vezes o nosso anjo.
>Isso agora considerastes
>De carne e sangue,
>E vinde, e vos inscreveis de novo.
>Oh, Deus!

TEMPLÁRIO:
>Meu caro e devoto homem!
>Dai-vos por satisfeito.
>Não é por isso que venho;
>Nem por isso que quero
>Falar com o patriarca.
>Penso ainda naquele ponto,
>Como pensava,
>E por nada nesse mundo
>Queria perder
>A opinião
>Com a qual um homem tão bom,
>Devoto e correto
>Me honrou uma vez.
>Venho apenas,
>Para pedir o conselho do patriarca
>Acerca de uma coisa...

MONGE:
>Vós, ao patriarca?

Um cavaleiro, a um... frade? *(olhando intimidado em volta.)*

TEMPLÁRIO:
Pois é, a coisa é por assim dizer
Bem fradesca.

MONGE:
Embora o frade
Não pergunte ao cavaleiro jamais,
Por mais que o assunto
Tenha a ver com cavalaria.

TEMPLÁRIO:
Não haverei de o invejar
Porque ele tem
O privilégio de errar;
Por certo,
Se eu tivesse apenas
De agir por mim;
Por certo,
Se tivesse de prestar contas
Apenas a mim:
Por que precisaria
De vosso patriarca?
Mas certas coisas,
Eu prefiro fazê-las mal
Seguindo a vontade de outros;
Do que bem seguindo
Apenas a minha.
Além disso, agora vejo sim,
Religião é também partido;
E por mais apartidário
Que alguém se ache,
Sem mesmo saber
Segura o cajado apenas da sua.

E, uma vez que é assim,
Haverá de ser certo.
MONGE:
Sobre isso prefiro calar.
Pois não compreendo
Muito bem o senhor.
TEMPLÁRIO:
E ainda assim!
(Deixa ver do que se trata
Para mim!
De veredito sem apelação
Ou de conselho?
O conselho de uma alma pura
Ou de um homem competente?)
Eu vos agradeço, irmão;
Obrigado pelo bom aceno.
Patriarca o quê?
Vós sois meu patriarca!
De qualquer modo,
Quero perguntar muito mais
O cristão no patriarca,
Do que o patriarca no cristão.
A questão é que...
MONGE:
Não continue, senhor,
Não continue!
Para quê? O senhor parece
Que não me conhece;
Quem muito sabe
Tem muito do que se ocupar;
E eu me entreguei apenas
À jura de uma só ocupação.
Pois bem! Ouvi! Vede!

Lá vem, para minha sorte,
Ele mesmo.
Apenas ficai parado aqui.
Ele já vos viu.

SEGUNDA CENA

O patriarca, que vem por um dos corredores do mosteiro com toda a pompa espiritual. Os anteriores.

TEMPLÁRIO:
Eu preferiria me desviar dele.
Não seria meu homem!
Um prelado gordo,
Rubicundo e amável!
E que suntuosidade!
MONGE:
Deveríeis vê-lo antes
Se levantar para ir à corte.
Agora ele vem apenas
Da visita a um doente.
TEMPLÁRIO:
Como Saladino
Terá de se envergonhar com isso.
PATRIARCA (*ao se aproximar, acena para o monge*):
Aqui! Esse por certo é o templário.
O que ele quer?
MONGE:
Não sei.
PATRIARCA (*dirigindo-se ao encontro dele, enquanto monte e séquito recuam*):
Pois bem, senhor cavaleiro!
Estou muito alegre

Em o bravo e jovem homem ver!
Ai, e tão jovem assim!
Pois bem, com a ajuda de Deus,
Pode se fazer algo disso.

TEMPLÁRIO:
Mais do que já há,
Por certo só
Com muita dificuldade,
Honorável senhor.
E antes com certeza menos.

PATRIARCA:
Desejo, pelo menos,
Que um cavaleiro tão devoto
Por muito tempo ainda
Possa florescer
Pela querida cristandade,
Em honra e devoção
Às coisas de Deus!
E isso por certo
Não faltará se apenas
O jovem destemor
Seguir o maduro
Conselho da idade!
Em que mais se poderia
Ajudar o senhor?

TEMPLÁRIO:
Justamente com aquilo
Que falta à minha juventude:
Conselho.

PATRIARCA:
Com gosto!
Mas o conselho
Também deve ser seguido.

TEMPLÁRIO:
    Mas por certo não cegamente?
PATRIARCA:
    Quem diz isso?
    Ah, é claro que ninguém
    Precisa deixar,
    No lugar em que deve ficar,
    A razão que Deus lhe deu.
    Mas por acaso
    Ela deve estar em toda parte?
    Oh, não! Por exemplo:
    Se Deus
    Através de um de seus anjos,
    Quer dizer,
    De um servidor de sua palavra,
    Se digna a dar a conhecer um meio,
    De assegurar o bem
    De toda a cristandade,
    A saúde da igreja,
    De algum modo bem especial:
    Quem ainda poderia
    Ousar investigar
    A arbitrariedade daquele
    Que criou a própria razão
    Averiguando se é razoável?
    E submeter a eterna lei
    Da soberania dos céus,
    Às regras miúdas
    De uma honra vaidosa?
    Mas basta disso.
    Mas sobre o quê, então,
    O senhor agora pede
    O nosso conselho?

TEMPLÁRIO:
Supondo, pai honorável,
Que um judeu tivesse
Um único filho,
E que seria uma menina,
Que ele educou
Com o maior cuidado
Para tudo o que é bom,
Que ele ama
Mais do que à sua própria alma,
E que por sua vez o ama
Com o mais devoto dos amores.
E agora alguém nos revelasse,
Que essa menina
Filha do judeu não seria;
Que ele a teria achado,
Comprado, roubado –
Como quiserdes – na infância;
Sabe-se que essa menina
É filha de cristão
E que foi batizada;
O judeu, no entanto,
A educou apenas como judia;
Deixou que ficasse apenas
Como judia e como sua filha;
Dizei, honorável pai,
O que se deveria fazer
Em um caso assim?

PATRIARCA:
Como me horrorizo!
Mas antes de tudo,
Explique o senhor,
Se esse caso é um fato

Ou uma hipótese.
Deve se saber:
Se o senhor apenas imagina isso,
Ou se aconteceu,
E continua acontecendo.

TEMPLÁRIO:
Eu achei que pouco importava,
E queria apenas ouvir a opinião
De vossa santíssima pessoa.

PATRIARCA:
Pouco importava?
Pois veja o senhor
Como a orgulhosa e humana razão
Pode se enganar
Nas coisas do espírito.
De modo algum!
Pois se o caso exposto
É apenas um jogo do chiste:
Não vale a pena o esforço
De avaliá-lo com seriedade.
Com isso quero apenas
Lembrar ao senhor do teatro[70]
Onde prós e contras como esse
Se poderia
Tratar com muito aplauso.
Mas se o senhor não tratou apenas
De uma farsa teatral;
Se o caso for um fato;
Se tivesse até mesmo acontecido
Em nossa diocese,

---

[70] Anacronismo intencional. Comparar também com o Segundo "Anti-Goeze" do mesmo Lessing. (N. T.)

　　　　Em nossa querida
　　　　Cidade de Jerusalém,
　　　　Sim, nesse caso...
TEMPLÁRIO:
　　　　E o quê, nesse caso?
PATRIARCA:
　　　　Então seria necessário
　　　　Antes de mais nada
　　　　Submeter o judeu à punição,
　　　　Que o direito papal e imperial
　　　　Indicam a tal ultraje, a sacrilégio tal.
TEMPLÁRIO:
　　　　É mesmo?
PATRIARCA:
　　　　E as leis acima mencionadas
　　　　Determinam ao judeu,
　　　　Que assim desviou
　　　　À apostasia um cristão,
　　　　A fogueira, a pilha de lenha.
TEMPLÁRIO:
　　　　É mesmo?
PATRIARCA:
　　　　E tanto mais ao judeu,
　　　　Que com violência tiver arrancado
　　　　Uma criança cristã
　　　　Do vínculo de seu batismo!
　　　　Pois não é violência
　　　　Tudo que se faz com uma criança?
　　　　A dizer:
　　　　Excetuado o que a igreja faz
　　　　Com crianças.
TEMPLÁRIO:
　　　　Mas e se a criança,

Caso o judeu
Não tivesse clemência com ela,
Tivesse morrido talvez na miséria?

PATRIARCA:
Pouco importa!
O judeu será queimado!
Pois seria melhor para ela,
Ter morrido na miséria,
A ser salva assim
Para a deterioração eterna.
E além disso,
Por que o judeu
Se antecipa a Deus?
Deus pode, se quiser,
Salvar sem a ajuda dele muito bem.

TEMPLÁRIO:
E também apesar dele,
Eu devo pensar...
Abençoar.

PATRIARCA:
Pouco importa!
O judeu será queimado.

TEMPLÁRIO:
Isso me toca!
Sobretudo uma vez que se diz,
Que educou a menina não em sua,
Mas muito antes em fé nenhuma,
E não lhe ensinou mais
Nem menos sobre Deus,
Do que basta à razão.

PATRIARCA:
Pouco importa!
O judeu será queimado...

Sim, só por causa disso já deveria,
Ser queimado três vezes! O quê?
Deixar uma criança
Crescer sem qualquer fé?
Como?
Não ensinar nada a uma criança,
Sobre a grande obrigação de crer?
Isso é terrível demais!
Admira-me muito,
Senhor cavaleiro,
Vós mesmo...

TEMPLÁRIO:

Honorável senhor, o restante,
Se Deus assim quiser, na
confissão. *(Quer ir embora.)*

PATRIARCA:

O quê? E nem sequer
Me contar tudo agora?
Não mencionar
O nome do bandido, do judeu?
Não trazê-lo até mim logo?
Oh, sobre isso posso aconselhar!
Vou imediatamente ao sultão.
Saladino,
Por força do contrato que assinou,
É obrigado a nos dar proteção;
Proteção diante de todas as leis,
Todas as doutrinas,
Que podemos contar
Na nossa mais sagrada religião!
Deus seja louvado!
Temos o original.
Temos a mão dele,

Seu selo. Nós!
Também lhe explicarei
Com facilidade,
Como é perigoso
Até mesmo para o Estado,
Em nada acreditar!
Todos os vínculos cidadãos
Ficam rompidos, rasgados,
Se o homem não pode
Acreditar em nada.
Para longe!
Para longe
Com um sacrilégio desses!...

TEMPLÁRIO:
Pena que eu não possa desfrutar
O sermão certeiro
Com mais tempo!
Fui chamado a Saladino.

PATRIARCA:
Sim? Pois então...
Tudo bem... então...

TEMPLÁRIO:
O sultão,
Quero deixá-lo preparado,
Se vossa magnificência
Considerar acertado.

PATRIARCA:
Oh! Sei que o senhor
Encontrou clemência,
Junto a Saladino!
Peço apenas
Que por minha lembrança
Lhe seja bem apresentado.

Eu sou levado apenas
Pelo zelo de Deus.
O que faço demais, faço por ele.
E que o senhor, por favor,
Considere isso!
E, não é verdade, senhor cavaleiro?
O antes mencionado
Sobre o judeu,
Era apenas um caso pensado?
Devo dizer, portanto...
TEMPLÁRIO:
Um caso pensado. *(Sai.)*
PATRIARCA:
(Que no entanto
Devo investigar até o fundo.
Esse seria outra vez uma tarefa
Para o irmão Bonafides.)
Aqui, meu filho!
(Ele fala com o monge ao sair.)

TERCEIRA CENA
Cenário: um aposento no palácio de Saladino, no qual vários sacos são carregados por escravos e dispostos no chão, uns ao lado dos outros Saladino e logo depois Sittah.

SALADINO *(que chega)*:
Pois realmente!
Isso não chega mais ao fim.
Ainda há muito da coisa a trazer?
UM ESCRAVO:
Por certo foi apenas a metade.

SALADINO:
>Então levai o resto a Sittah.
>E por onde anda Al-Hafi?
>Isso aqui
>Al-Hafi deve pegar logo para si.
>Ou será que não devo mandar
>Tudo antes a meu pai?
>Aqui apenas me escapará mesmo
>Entre os dedos.
>Mas talvez ao fim
>Se fique duro, enfim;
>E ademais custará
>Por certo muito arte,
>Arrancá-lo de mim.
>Até que pelo menos
>Os dinheiros do Egito
>Tenham chegado,
>A pobreza haverá de dar um jeito!
>As doações do túmulo,
>Se elas apenas acabarem!
>Se os peregrinos cristãos
>Não puderem sair de vazias mãos!
>Se apenas...

SITTAH:
>Mas o que é isso?
>A que vem esse dinheiro
>Até mim?

SALADINO:
>Deixa-te pagar por ele;
>E guarda o resto, se algo sobrar.

SITTAH:
>Nathan ainda não chegou
>Com o templário?

SALADINO:
　　Ele procura em toda parte.
SITTAH:
　　Vê só o que encontrei aqui,
　　Enquanto meus dedos passam
　　Pela velha joalheria. *(Lhe mostrando uma pequena pintura.)*
SALADINO:
　　Ah! Meu irmão! É ele, é ele!
　　Era ele! Era ele! Ah!
　　Ah, jovem querido e destemido,
　　Que tão cedo perdi!
　　O que teria podido fazer contigo,
　　A teu lado!
　　Sittah, deixa a pintura comigo!
　　Eu também já a conhecia:
　　Ele a deu, a tua irmã mais velha,
　　A sua Lilla,
　　Que certa manhã não quis
　　Deixá-lo de jeito nenhum,
　　Nem sair de seus braços.
　　Foi o último em que ele
　　Saiu a cavalo.
　　Ah, e eu deixei-o sair, e sozinho!
　　Ah, Lilla morreu de desgosto,
　　E jamais me perdoou,
　　Por tê-lo deixado
　　Cavalgar sozinho.
　　Ele foi, e não voltou!
SITTAH:
　　O pobre irmão!
SALADINO:
　　Mas deixa estar!

Um dia não voltaremos todos!
E, além disso, quem pode saber?
Não é a morte, apenas ela,
Que desvia
Um jovem da estirpe dele
De seu objetivo.
Ele tinha vários inimigos;
E muitas vezes o mais forte
Sucumbiu ao mais fraco.
Mas seja como for!
Eu preciso comparar a pintura
Com o jovem templário;
Preciso ver quanto foi
Que minha fantasia me enganou.

SITTAH:
Só por isso eu a levarei.
Mas dá, por favor, dá.
Quero te dizer uma coisa:
Disso entende melhor
O olho feminino.

SALADINO (*a um guarda, que entra*):
Quem está aí? O templário?
Ele vem!

SITTAH:
Não quero vos perturbar;
Nem atrapalhar a ele
Com minha curiosidade...
(*Ela senta-se, de lado, em um sofá, e deixa
o véu cair sobre o rosto.*)

SALADINO:
Bom assim! Bom!
(E agora a voz dele!
Como ela haverá de ser!

A de Assad por certo ainda dorme
Em algum lugar da minha alma!)

QUARTA CENA
O templário. Saladino.

TEMPLÁRIO:
Eu, teu prisioneiro, sultão...
SALADINO:
Meu prisioneiro?
A quem dou a vida,
Não darei também a liberdade?
TEMPLÁRIO:
O que te convém fazer,
Convém também a mim,
Primeiro ouvir, não pressupor.
Mas, sultão, o obrigado encarecer,
O especial obrigado,
Por minha vida não é adequado
Nem à minha posição,
Nem ao meu caráter.
Em todo caso,
Ela está de novo a teu serviço.
SALADINO:
Apenas não volte
A fazer uso dela contra mim!
Embora eu cedesse com gosto
Algumas mãos a mais
Ao meu inimigo.
Mas lhe ceder um coração assim,
É difícil para mim.
Não me enganei em nada contigo,

Bravo jovem!
Tu és de corpo e alma meu Assad!
Vê só! Eu poderia te perguntar:
Por onde estiveste a andar
O tempo inteiro?
Em que caverna dormiste?
Em que fábula, por que fada
Essa flor foi guardada
Para se manter tão fresca?
Vê só!
Eu poderia querer te lembrar,
Do que fizemos juntos aqui e lá.
Poderia brigar contigo,
Por teres guardado
Um segredo comigo!
Uma aventura me escondido:
Sim, eu poderia; se visse apenas a ti,
E não também a mim.
Mas, basta!
Desses doces sonhos
Tanto é verdadeiro,
Que no outono da minha vida
Um Assad florescerá
De novo para mim.
Mas estás satisfeito,
Não, cavaleiro?

TEMPLÁRIO:
Tudo, que vem de ti –
Seja o que for –
Já existia como desejo
Em minha alma.

SALADINO:
Vamos testar isso logo, pois.

>   Ficarias bem comigo? Por mim?
>   Como cristão, como muçulmano:
>   Pouco importa!
>   De manto branco ou jagmurluk;[71]
>   De turbante ou com teu feltro;
>   Como quiseres!
>   Pouco importa! Jamais exigi
>   Que todas as árvores
>   Tivessem a mesma casca.

TEMPLÁRIO:
>   Do contrário também
>   Dificilmente serias quem és:
>   O herói, que melhor seria
>   O jardineiro de Deus.

SALADINO:
>   Pois bem,
>   Se não pensas pior de mim:
>   Já estaríamos meio acertados,
>   Não é assim?

TEMPLÁRIO:
>   Completamente!

SALADINO *(lhe oferecendo a mão)*:
>   Palavra?

TEMPLÁRIO *(dando a sua)*:
>   De homem!
>   E com isso recebo
>   Mais do que poderias ter de mim.
>   Sou completamente teu!

SALADINO:
>   É ganho demais para um dia!
>   Ele não veio contigo?

---

[71] A sobreveste dos árabes. (N. T.)

TEMPLÁRIO:
    Quem?
SALADINO:
    Nathan.
TEMPLÁRIO (frio):
    Não. Eu vim sozinho.
SALADINO:
    Que gesto da tua parte!
    E que ventura sábia
    Que um gesto assim
    Tenha acontecido
    Em favor de um homem assim.
TEMPLÁRIO:
    Sim, sim!
SALADINO:
    Tão frio! Não, meu rapaz!
    Se Deus faz alguma coisa boa
    Através de nós,
    Não se deve reagir
    Tão friamente assim!
    Nem querer parecer ser tão frio
    Mesmo por humildade!
TEMPLÁRIO:
    Mas que todas as coisas no mundo,
    Tenham tantos lados
    Dos quais muitas vezes
    Nem sequer se pensa
    Como podem combinar!
SALADINO:
    Segura-te sempre no lado melhor,
    E louva a Deus!
    Ele sabe como eles combinam.
    Mas se quiseres ser tão difícil,

Meu rapaz:
Também eu
Terei de ficar precavido
No meu trato contigo?
Lamentavelmente também eu
Sou uma coisa de muitos lados,
Que muitas vezes,
Não querem parecer tão adequados.

TEMPLÁRIO:
Isso dói!
Pois a desconfiança de resto
Raramente é uma falha minha...

SALADINO:
Mas então diz,
De quem desconfias?
Parece até que é de Nathan.
Como?
Desconfiado de Nathan? Tu?
Explica-te! Fala! Vamos,
Me dá a primeira prova
De tua confiança.

TEMPLÁRIO:
Não tenho nada contra Nathan.
Apenas me incomodo
Comigo mesmo...

SALADINO:
E por quê?

TEMPLÁRIO:
Por ter sonhado que um judeu
Poderia se esquecer de ser judeu:
Por ter sonhado assim, acordado.

SALADINO:
Conta, pois, esse sonho acordado!

TEMPLÁRIO:
> Tu sabes bem
> Da filha de Nathan, sultão.
> O que fiz por ela, eu o fiz...
> Porque o fiz.
> Orgulhoso demais,
> Para colher agradecimento,
> Onde não o semeei,
> Dia a dia desprezei
> Ver a moça mais uma vez.
> O pai estava longe:
> Ele vem; ouve; procura por mim;
> Agradece; deseja
> Que sua filha me agrade;
> Fala de perspectivas,
> De distâncias serenas.
> Deixo que ele me convença,
> Vou, vejo,
> Encontro de fato uma moça...
> Ah, tenho de me envergonhar,
> Sultão!

SALADINO:
> Envergonhar-te?
> Com o fato de uma moça judia
> Te deixar impressionado?
> Oh, mas por certo não mais?

TEMPLÁRIO:
> Que meu coração apressado
> Pudesse oferecer
> Tão pouca resistência
> A essa impressão
> Depois da tagarelice suave do pai!
> Tolo que fui!

Saltei no fogo pela segunda vez.
Pois cortejei
E logo a mim mesmo me desprezei.
SALADINO:
Desprezou?
TEMPLÁRIO:
O sábio pai por certo
Nada conta a mim.
Mas o sábio pai
Faz bem em antes se informar,
Pensar.
Com certeza!
Por acaso não o fiz também?
Não me informei,
Não pensei também
Quando a ouvi
Em meio ao fogo gritar!
E como! Por Deus!
É inclusive bonito demais,
Ser tão sábio, tão ponderado!
SALADINO:
Sim, e então?
Perdoa, então,
Um velho por também ser assim!
Por quanto tempo
Suas recusas haverão de durar?
Por acaso ele exigirá de ti,
Que te tornes judeu antes?
TEMPLÁRIO:
Quem pode saber!
SALADINO:
Quem pode saber?
Quem melhor
Esse Nathan conhecer.

TEMPLÁRIO:
>A crendice na qual crescemos,
>Não perde,
>Ainda quando a reconhecemos,
>Seu poder sobre nós.
>Nem todos que zombam
>De suas correntes
>São livres.

SALADINO:
>Assaz maduro da tua parte!
>Mas Nathan, por certo, Nathan...

TEMPLÁRIO:
>A pior das crendices é
>Considerar a sua a mais suportável...

SALADINO:
>Pode até ser! Mas Nathan...

TEMPLÁRIO:
>Confiar a ela apenas
>A humanidade estúpida,
>Até que se acostume
>Aos dias mais claros da verdade,
>A ela apenas...

SALADINO:
>Pois bem! Mas Nathan!
>Essa fraqueza
>Não é o destino de Nathan!

TEMPLÁRIO:
>Foi o que também pensei!...
>Ainda que esse exemplo
>Para todos os homens,
>Seria um judeu tão vil,
>A ponto de tentar
>Crianças cristãs buscar,

> Para educá-las como judias:
> E se fosse assim?

SALADINO:
> E quem diz dele uma coisa dessas?

TEMPLÁRIO:
> A própria moça
> Com a qual ele me atrai,
> Com cuja esperança
> Ele pareceu bem
> Querer me pagar,
> O que eu não teria feito
> Por ela em vão:
> Essa moça mesma,
> Sua filha... não é;
> É uma filha de cristãos perdida.

SALADINO:
> Que ele, ainda assim,
> Não queria dar a ti?

TEMPLÁRIO (*com ímpeto*):
> Queira ou não queira!
> Ele foi descoberto.
> O palrador tolerante
> Foi descoberto!
> Haverei de saber
> botar cachorros
> Que haverão de muito bem
> Desgrenhar
> Esse lobo judeu
> Em pele filosófica de cordeiro!

SALADINO (*sério*):
> Fica quieto, cristão!

TEMPLÁRIO:
> O quê? Fica quieto, cristão?

Se o judeu e o muçulmano
Fazem questão
De serem judeu e muçulmano,
Apenas o cristão
Não poderá ser cristão?

SALADINO (*ainda mais sério*):
Fica quieto, cristão!

TEMPLÁRIO (*tranquilo*):
Sinto o peso todo da censura,
Que Saladino
Expressa nessas sílabas!
Ah, se eu soubesse como Assad...
Como Assad teria
Se comportado em meu lugar!

SALADINO:
Não muito melhor!
Provavelmente,
Do mesmo jeito ruidoso!
Mas quem foi que já te ensinou
A me corromper como ele
Com apenas uma palavra?
Por certo,
Se tudo for como me contas:
Eu mesmo mal consigo
Me encontrar em Nathan.
Ainda assim, ele é meu amigo,
E entre meus amigos,
Nenhum deve se zangar
Com outro.
Procura saber melhor!
Toma cuidado!
Não o entregue logo
Aos alucinados do teu povo!

       Silencia o que tua classe sacerdotal
       Exigiria que eu vingasse nele!
       Não seja a nenhum judeu,
       A nenhum muçulmano,
       Cristão por teimosia, apenas!

TEMPLÁRIO:
       Em pouco para tanto
       Seria tarde demais!
       Graças ao desejo de sangue
       Do patriarca,
       De quem tanto me horrorizo
       De ser o instrumento!

SALADINO:
       Como?
       Foste antes ao patriarca,
       Do que a mim?

TEMPLÁRIO:
       Na torrente da paixão,
       No redemoinho da indecisão!
       Perdão!
       Por certo não querer mais,
       Continuar reconhecendo
       Em mim teu Assad.

SALADINO:
       Se esse temor
       Também não fosse dele!
       Me parece que sei,
       De que erros brota nossa virtude.
       Mas continue cultivando esta,
       E aqueles só um pouco
       Me prejudicarão.
       Mas vai! Procura Nathan
       Como ele te procurou;

E o traz até aqui.
Eu preciso fazer
Com que os dois se entendam.
Se pensas em ficar a sério
Com a menina:
Fica tranquilo: ela é tua!
Nathan também haverá de sentir
O significado de educar
Uma criança cristã
Sem carne de porco!
Vai!
(O templário sai, e Sittah deixa o sofá.)

QUINTA CENA
Saladino. Sittah.

SITTAH:
Muito estranho!
SALADINO:
Não é mesmo, Sittah?
Por acaso não foi meu Assad
Um rapaz bravo, um belo rapaz?
SITTAH:
Se ele fosse assim,
E não se parecesse muito mais
Com a imagem desse templário!
Mas como foi
Que pudeste esquecer
De te informar sobre seus pais?
SALADINO:
E sobre sua mãe, ainda mais?
Será que sua mãe

Não esteve jamais
Por estas terras? Não é verdade?
SITTAH:
Isso fazes muito bem!
SALADINO:
Oh, mais possível que isso
Nada seria!
Pois Assad
Era sempre tão bem-vindo,
Entre as belas damas cristãs,
Tão ansioso
Pelas belas damas cristãs,
Que certa vez se disse até...
Pois é;
Não me faz gosto falar disso...
Mas basta; eu o tenho de novo!
E quero tê-lo de novo
Com todos seus erros,
Com todos os caprichos
De seu coração mole!
Oh! Nathan terá de lhe dar a moça.
Não achas?
SITTAH:
Dá-la a ele? Deixá-la para ele!
SALADINO:
Com certeza!
Que direito teria Nathan sobre ela
Se não for o pai dela?
Quem lhe manteve assim a vida,
Só os direitos
Indevidamente ocupou
Daquele que a vida lhe doou.

SITTAH:
> Como, Saladino?
> E que tal se logo tomasses
> A moça para ti?
> Se logo a tirasses
> De seu dono ilegítimo?

SALADINO:
> E isso seria necessário?

SITTAH:
> Talvez não fosse!
> A querida curiosidade
> Apenas me leva
> A te dar esse recado.
> Pois de certos homens
> Gosto demais
> De saber
> Tão logo quanto possível,
> Que moça eles podem amar.

SALADINO:
> Pois bem, então manda buscá-los.

SITTAH:
> Posso, irmão?

SALADINO:
> Poupa apenas Nathan!
> Nathan não precisa
> Por certo saber,
> Que se quer
> Separá-lo dela à força.

SITTAH:
> Não te preocupes.

SALADINO:
> E eu, terei de eu mesmo ver,
> Por onde anda Al-Hafi.

SEXTA CENA

*Cenário: o corredor aberto da casa de Nathan, perto das palmeiras;
como na primeira cena do primeiro ato. Parte das mercadorias e relíquias,
das quais logo se falará, se encontra espalhada em torno.
Nathan. Daja.*

DAJA:
    Oh, tudo maravilhoso!
    Tudo escolhido!
    Oh, tudo...
    Como apenas vós o poderíeis dar.
    Onde é feita essa prataria
    De gavinhas douradas?
    Quanto ela custaria?
    E é isso que eu chamo
    De vestido de noiva!
    Nenhuma rainha,
    Melhor o exigiria.

NATHAN:
    Vestido de noiva?
    E por que vestido de noiva?

DAJA:
    Pois é! Vós por certo
    Não pensastes nisso,
    Quando o comprastes...
    Mas realmente, Nathan,
    Tem de ser este, e nenhum outro!
    Ele foi como que encomendado
    Para ser vestido de noiva.
    O fundo branco;
    A imagem da inocência:
    E as bordas douradas,
    Que por todo lugar

Recortam esse fundo,
Uma imagem da riqueza.
Estais vendo? Uma maravilha!

NATHAN:
Por que estás brincando assim?
Do vestido de noiva de quem
Me falas tão sabida?
Por acaso tu estás noiva?

DAJA:
Eu?

NATHAN:
Se não tu, quem?

DAJA:
Eu? Deus do céu!

NATHAN:
Quem, então?
Do vestido de noiva de quem
Estás falando?
Tudo isso é teu
E de ninguém mais.

DAJA:
É meu? É para mim?
Não é para Recha?

NATHAN:
O que eu trouxe para Recha,
Se encontra em outro fardo.
Vamos! Pega!
Leva tuas coisas embora!

DAJA:
Tentador!
Não, e mesmo que fossem
As relíquias do mundo inteiro!
Não as tocaria!

Se vós antes não me jurardes,
Fazer uso dessa única
Oportunidade,
Que o céu não vos mandará
Duas vezes.

NATHAN:
Fazer uso? Do quê?
Oportunidade? De quê?

DAJA:
Oh, não vos fazeis
De desentendido!
Em poucas palavras:
O templário ama Recha,
Dai-a a ele,
Assim vosso pecado,
Que não posso mais esconder,
Terá de vez um fim.
A menina assim,
Voltará a estar entre cristãos;
Será de novo o que é;
Será de novo o que foi.
E vós, com tudo de bom
Que não cansamos
De vos agradecer,
Não tereis juntado apenas brasas
Sobre vossa cabeça.

NATHAN:
De novo a velha ladainha?
Apenas tocada
Em novos instrumentos,
Que, assim eu temo,
Não são harmônicos
Nem duradouros.

DAJA:
　　Como assim?
NATHAN:
　　Eu até acharia o templário bom.
　　Eu lhe daria Recha
　　Mais do que a outro no mundo.
　　Só que... Espera um pouco,
　　Tem paciência.
DAJA:
　　Paciência?
　　Paciência vossa velha ladainha
　　Por certo não é?
NATHAN:
　　Só ainda alguns dias
　　De paciência!
　　Mas vê só! Quem vem ali?
　　Um monge?
　　Vai, pergunta a ele o que quer.
DAJA:
　　O que ele haverá de querer? *(Ela vai ao encontro dele e pergunta.)*
NATHAN:
　　E assim é! E antes de ele pedir...
　　(Se eu soubesse apenas,
　　Como ao templário chegar,
　　Sem revelar
　　O motivo de minha curiosidade!
　　Pois se eu o revelar,
　　E a suspeita não tiver motivo:
　　Terá sido de todo em vão
　　Que botei o pai em jogo.)
　　E o que é?

DAJA:
>Ele quer falar convosco.

NATHAN:
>Pois bem, deixa-o vir;
>E vai enquanto isso.

SÉTIMA CENA
Nathan. O monge.

NATHAN:
>(Eu gostaria tanto
>De continuar sendo
>O pai de Recha!
>Será que não posso
>Continuar a sê-lo,
>Mesmo que cessem
>De me chamar assim?
>Para ela, para ela mesma
>Eu serei ainda chamado assim,
>Se ela reconhecer
>Como eu gostaria de sê-lo.)
>Vai! O que posso fazer por vós,
>Devoto irmão?

MONGE:
>Não muito.
>Eu me alegro, senhor Nathan,
>Por ainda vos ver bem.

NATHAN:
>Então me conheceis?

MONGE:
>Sim; e quem não vos conhece?
>Não foram poucos os que fizestes

>   Falar em vosso nome.
>   E assim também eu falo,
>   Há muitos anos.
> NATHAN (*buscando sua bolsa*):
>   Vinde, irmão, vinde;
>   Eu posso renovar o propósito.
> MONGE:
>   Muito obrigado!
>   Eu o roubaria de mais pobres;
>   Não quero nada.
>   Se apenas quiserdes me permitir,
>   Que vos faça lembrar
>   Um pouco melhor do meu nome.
>   Pois eu posso me orgulhar
>   De também ter colocado
>   Algo em vossa mão,
>   Que não poderia ser desprezado.
> NATHAN:
>   Perdão! Sinto vergonha?
>   Mas dizei, o quê?
>   E tomai por penitência
>   Sete vezes o valor
>   Daquilo que vos tomei.
> MONGE:
>   Mas ouvi, antes de mais nada,
>   Como também eu
>   Apenas hoje fui lembrado,
>   Desse meu penhor a vós confiado.
> NATHAN:
>   Penhor a mim confiado?
> MONGE:
>   Há pouco, ainda,
>   Eu estava como eremita,

De quarentena,
Não longe de Jericó.
Então bandoleiros
Árabes vieram,
Devastaram
Minha casinha de Deus
E minha cela,
E me arrastaram consigo.
Por sorte, consegui escapar,
E fugi até aqui, ao patriarca,
Para solicitar
Um outro lugarzinho,
Onde pudesse servir
A meu Deus em solidão
Até o fim abençoado de meus dias.

NATHAN:
Estou em pé sobre brasas,
Bom irmão.
Mas sede breve. O penhor!
O penhor confiado a mim!

MONGE:
Logo, senhor Nathan.
Pois bem,
O patriarca me prometeu
Uma ermida em Tabor,
Assim que uma estiver vazia;
E ordenou entrementes,
Que ficasse
Como irmão leigo no mosteiro.
E é lá que agora estou,
Senhor Nathan;
E sinto falta
Cem vezes ao dia de Tabor.

Pois o patriarca
Precisa de mim para coisas,
Das quais sinto grande nojo.
Por exemplo:
NATHAN:
Vamos, diga, eu vos peço!
MONGE:
Já vai!
Hoje alguém lhe pôs no ouvido,
Que por aqui vive um judeu,
Que educa uma criança cristã
Como sua filha.
NATHAN (*tocado*):
Como?
MONGE:
Ouvi tudo o que tenho a dizer!
E como ele agora me encarregou,
De encontrar o rastro desse judeu,
E tão rápido quanto possível,
E se enfurece terrivelmente
Por causa do sacrilégio
Que lhe parece
O verdadeiro pecado
Contra o espírito santo;
Este é o pecado que
Entre todos os pecados
Para nós é o pecado maior,
Só que nós, graças a Deus,
Não sabemos ao certo,
Em que ele consiste, no fundo:
Então minha consciência
Desperta de repente:
E me ocorre,

>   Que eu mesmo poderia
>   Oportunidade ter dado,
>   No passado
>   A esse pecado
>   Imperdoavelmente grande.
>   Dizei:
>   Um estribeiro não vos trouxe
>   Há dezoito anos,
>   Uma filhinha de poucas semanas?

NATHAN:
>   Como pode ser?
>   Pois é, até sim,
>   Mas de todo modo...

MONGE:
>   Ai, olhai para mim direito!
>   O estribeiro sou eu.

NATHAN:
>   Sois vós?

MONGE:
>   O senhor,
>   Do qual vos trouxe a criança,
>   Era — tenho certeza —
>   Um senhor Von Filnek.
>   Wolf von Filnek!

NATHAN:
>   Certo!

MONGE:
>   Por que a mãe
>   Havia morrido pouco antes;
>   E o pai tinha de partir de repente —
>   Eu acho — a Gaza,
>   Onde a frágil criatura
>   Não poderia acompanhá-lo:

Ele assim a enviou a vós.
E não foi com ela
Que vos encontrei em Darun?

NATHAN:
Exatamente!

MONGE:
Não seria um milagre,
Se minha memória me traísse.
Servi a tantos bravos senhores;
E a esse servi
Apenas por pouco tempo.
Pouco depois
Ele ficou em Ascalão;
E de resto era um bom senhor.

NATHAN:
Isso mesmo! Isso mesmo!
A quem tenho tanto,
Mas tanto a agradecer!
Que me salvou da espada
Mais de uma vez!

MONGE:
Oh, que bom!
Assim por certo cuidastes
Tanto melhor de sua filhinha.

NATHAN:
Disso podeis ter certeza.

MONGE:
Pois bem, e onde ela está?
Ela por acaso não terá morrido?
É melhor que não tenha morrido!
Se ninguém mais do caso sabe:
Tudo por certo estará bem.

NATHAN:
    Estará?
MONGE:
    Confiai em mim, Nathan!
    Pois vede, eu penso assim!
    Ainda que talvez,
    O bem que penso ter feito,
    Esteja no limite
    De algo por demais mau;
    De modo que seria melhor
    Não ter feito o bem;
    Por que conhecemos o mau
    Quase com certeza,
    Mas o bem de longe não.
    Mas por certo era natural;
    Se a filhinha de cristãos
    Seria educada muito bem por vós:
    Que a educastes
    Como vossa própria filhinha.
    E isso o teríeis feito
    Com todo amor e fidelidade,
    E assim também
    Teríeis de ser retribuído?
    Isso eu não consigo compreender.
    Ai, realmente, teríeis feito melhor,
    Se deixásseis educar a cristã
    Como cristã
    Por uma segunda mão:
    Mas assim também
    Não teríeis amado
    A filha de vosso amigo.
    E crianças precisam de amor,
    Ainda que seja o amor

Apenas de um animal selvagem,
Em tais anos mais,
Do que da cristandade.
Para a cristandade
Ela ainda tem tempo.
Se apenas a menina
De resto cresceu,
Saudável e devota
Diante de vossos olhos,
O que de fato aconteceu.
E por acaso toda a cristandade
Não se edificou
Sobre a base do judaísmo?
Muitas vezes me incomodei,
Me custou lágrimas suficientes,
Que cristãos
Pudessem esquecer tanto,
Que nosso senhor
Foi ele mesmo um judeu.

NATHAN:
Vós, bom irmão,
Tendes de depor a meu favor,
Se ódio e hipocrisia
Se levantarem contra mim,
Por causa de um ato, ah, um ato!
Só vós, só vós deveríeis saber dele!
Mas levai-o convosco ao túmulo!
Jamais, ainda,
A vaidade me tentou,
A ponto de contá-lo
A mais alguém.
Apenas a ela eu o contei.
Apenas por conta

>   Da ingenuidade devota
>   Eu o contei.
>   Por que só ela compreende,
>   De que atos é capaz
>   Um homem temente a Deus.
> MONGE:
>   Vós estais tocado,
>   E vossos olhos rasos d'água?
> NATHAN:
>   Vós me encontrastes
>   Com a criança em Darun.
>   Mas não sabeis por certo
>   Que poucos dias antes,
>   Em Gath,
>   Os cristãos haviam matado
>   Todos os judeus,
>   Com mulheres e filhos;
>   Por certo também não sabeis,
>   Que entre eles se encontrava
>   A minha mulher,
>   Com sete filhos promissores,
>   Que tiveram de queimar todos
>   Na casa do meu irmão,
>   Para a qual ela havia fugido.
> MONGE:
>   Deus todo-poderoso!
> NATHAN:
>   Quando viestes, eu estava deitado
>   Três dias e três noites
>   Na cinza e no pó
>   Diante de Deus, chorando.
>   Chorando?
>   Por certo também xingando,

Esbravejando, gritando,
Amaldiçoando
A mim e ao mundo;
Ódio inconciliável jurando
A toda a cristandade.
MONGE:
Ah! Eu acredito em vós!
NATHAN:
Mas aos poucos
A razão me voltou de novo.
E com voz suave me falou:
"E Deus é ainda assim!
E também isso
Foi de acordo com sua vontade!
Pois bem! Vem! Exercita
O que há tempo compreendeste;
O que por certo
É mais difícil exercitar
Do que compreender,
Se apenas for do teu querer.
Levanta-te!" E eu me levantei!
E a Deus gritei: eu quero!
Queira apenas que eu queira!
E nesse momento
Do cavalo apeastes!
E a criança me entregastes,
Enrolada em vosso manto.
O que na época me dissestes,
O que eu a vós disse,
Eu esqueci.
Sei apenas que peguei a criança,
Que a levei ao meu leito,
Que a beijei,

>Que caí de joelhos e solucei:
>Deus! Por sete
>Uma de novo já me deste!

MONGE:
>Nathan! Nathan!
>Vós sois um cristão!
>Por Deus, sois um cristão!
>Melhor cristão jamais houve!

NATHAN:
>Assim seja!
>Pois o que faz de mim
>Um cristão para vós,
>Faz de vós um judeu para mim!
>Mas não deixai que continuemos
>Nos amolecendo mutuamente.
>Aqui é preciso ação!
>E ainda que o amor setuplicado
>Já me vinculasse logo
>A essa única menina estranha;
>Ainda que tão só a ideia
>De voltar a perder
>Meus sete filhos
>De novo nela já me mate:
>Se dos meus braços a providência
>A exigir de novo, eu obedeço!

MONGE:
>Exatamente, em cheio!
>Era isso que eu pensava
>Em vos aconselhar!
>E isso também
>Vosso bom espírito já aconselhou!

NATHAN:
>Só que nem por isso

> O primeiro a se apresentar
> Precisa querer
> Dos meus braços a arrancar!

MONGE:
> Não, com certeza não!

NATHAN:
> Quem não tiver sobre ela,
> Mais direitos que eu;
> Pelo menos tem
> De tê-los mais remotos...

MONGE:
> Por certo!

NATHAN:
> Que lhe deram natureza e sangue.

MONGE:
> É o que também eu penso!

NATHAN:
> Por isso dizei logo
> Quem é o homem,
> Que é parente dela,
> Da mesma estirpe,
> Tio ou irmão,
> Talvez primo ou algo assim:
> A ele não privarei dela
> Ela que foi gerada e educada
> Para ser a coroa
> De qualquer casa,
> De qualquer crença.
> Espero que saibais
> Desse vosso senhor
> E de sua estirpe
> Mais do que eu.

MONGE:
>Isso, bom Nathan,
>É bem difícil!
>Pois vós já ouvistes
>A contento
>Que fiquei com ele
>Apenas por pouco tempo.

NATHAN:
>Não sabeis pelo menos,
>De que família era a mãe?
>Ela não era uma Stauffen?

MONGE:
>É bem possível!
>Sim, acho que sim...

NATHAN:
>Seu irmão não se chamava
>Conrad von Stauffen?
>E era templário?

MONGE:
>Se não me engano, sim.
>Mas esperai! Agora me ocorre,
>Que ainda tenho
>Um livrinho do saudoso senhor.
>Eu o arranquei de seu seio,
>Quando o enterramos
>Am Ascalão.

NATHAN:
>E então?

MONGE:
>Há orações dentro dele.
>Nós o chamamos de breviário.
>Isso, pensei,
>Um cristão ainda poderá usar.

  Eu por certo não...
  Já que não sei ler...
NATHAN:
  Pouco importa! Vamos à questão!
MONGE:
  Nesse livrinho,
  Na parte da frente e de trás,
  Conforme pedi que me dissessem,
  Estão registrados,
  E na escrita de sua própria mão,
  Os parentes dela e do meu senhor.
NATHAN:
  Oh, que bom! Mas ide! Correi!
  Buscai o livrinho. E rápido!
  Estou pronto a pagar
  Seu peso em ouro;
  E mil obrigados por isso!
  Rápido! Correi!
MONGE:
  Com prazer!
  Mas foi em árabe,
  Que meu senhor o escreveu. *(Sai.)*
NATHAN:
  Coisa única! Para cá com ela!
  Deus! Se eu pudesse
  Ficar com a menina ainda assim,
  E aquilatar
  Um genro assim com ela!
  Mas é difícil, por certo!
  Deixa estar,
  Aconteça o que acontecer!
  Mas quem será que foi
  Que ao patriarca tudo contou?

Não posso me esquecer
De perguntá-lo.
E se tivesse sido Daja?

OITAVA CENA
Daja. Nathan.

DAJA (*apressada e embaraçada*):
Pensai um pouco, Nathan!
NATHAN:
Sim?
DAJA:
A pobre criança
Com razão se assustou com isso!
Eis que...
NATHAN:
O patriarca?
DAJA:
A irmã do sultão, princesa Sittah...
NATHAN:
Não o patriarca?
DAJA:
Não, Sittah!
Vós não estais ouvindo?
Foi a princesa Sittah
Que chamou.
NATHAN:
Chamou Recha?
Sittah mandou chamá-la?
Pois bem, se Sittah
Mandou chamá-la,
E não o patriarca...

DAJA:
>Mas por que chegais
>A essa ideia agora?

NATHAN:
>Então não ouviste
>Nada dele há pouco?
>Com certeza não?
>E também não lhe contaste nada?

DAJA:
>Eu? A ele?

NATHAN:
>Onde estão os mensageiros?

DAJA:
>Em frente à casa.

NATHAN:
>A cautela me pede
>Para falar eu mesmo com eles!
>Vem!
>Tomara que não haja
>Nada do patriarca
>Por trás disso tudo. *(Sai.)*

DAJA:
>E eu...
>Eu ainda temo bem outra coisa.
>Mas que importa?
>A única suposta filha
>De um judeu assim tão rico
>Por certo também não seria
>Ruim para um muçulmano?
>Ai, o templário perdeu.
>Perdeu:
>Se eu não ousar
>Ainda o segundo passo;

E não contar
Também a ela, quem ela é!
Consolo!
Vou aproveitar
O primeiro momento
Em que estiver a sós com ela!
E ele haverá de ser...
Talvez agora,
Se eu acompanhá-la.
Um primeiro aceno,
Já a caminho,
Pelo menos
Não poderá prejudicar nada.
Sim, sim! Vamos lá!
Agora ou nunca! Vamos lá! *(Segue-o.)*

Fim do quarto ato.

QUINTO ATO

❦

PRIMEIRA CENA

Cenário: o aposento no palácio de Saladino, ao qual foram carregados os sacos de dinheiro, que ainda podem ser vistos.
Saladino, e logo depois diversos mamelucos.

SALADINO (*ao entrar*):
    Aí ainda está o dinheiro!
    E ninguém sabe
    Por onde anda o dervixe,
    Que, assim suponho,
    Se encontra algures
    Junto à tabua de xadrez,
    Que o faz se esquecer
    Inclusive de si mesmo;
    Por que a mim não?
    Mas, paciência! O que há?
UM MAMELUCO:
    Notícia desejada, sultão!
    Alegria, sultão!...
    A caravana do Cairo
    Está chegando;
    E chega afortunada!
    Com o tributo de sete anos
    Do rico Nilo.

SALADINO:
> Bravo, Ibrahim!
> Tu és de fato
> Um mensageiro bem-vindo!
> Ah! Finalmente! Finalmente!
> Obrigado pela boa nova.

O MAMELUCO (*esperando*):
> (E então? Vamos lá com isso!)

SALADINO:
> O que estás esperando?
> Pode ir de novo.

O MAMELUCO:
> E aos bem-vindos nada mais?

SALADINO:
> E o que mais haveria de ser?

O MAMELUCO:
> Ao bom mensageiro
> Nenhuma ração de mensageiro?
> Nesse caso eu seria o primeiro
> Que Saladino enfim aprendeu
> A pagar apenas com palavras!
> Também isso é uma fama!
> Ser o primeiro com quem ele
> Sovina se mostrou.

SALADINO:
> Pois bem,
> Pega para ti um dos sacos.

O MAMELUCO:
> Não, por certo não!
> Poderias até mesmo
> Me dar todos de presente.

SALADINO:
> Ainda assim! Vem aqui!

>   Aí tens dois! A sério?
>   Ele vai?
>   Se antecipa a mim
>   Em coragem nobre?
>   Pois por certo
>   Deve ser mais amargo
>   Para ele gastar
>   Do que para mim dar.
>   Ibrahim!
>   Mas também como me ocorre,
>   Tão pouco antes de me despedir,
>   Querer ser de todo
>   Diferente do que sou?
>   Saladino não quer morrer
>   Como Saladino?
>   Se é assim,
>   Também não precisa viver
>   Como Saladino.

UM SEGUNDO MAMELUCO:
>   Pois bem, sultão!...

SALADINO:
>   Se vens me anunciar...

SEGUNDO MAMELUCO:
>   Que o transporte do Egito
>   Já chegou!

SALADINO:
>   Eu sei disso.

SEGUNDO MAMELUCO:
>   Acabei por chegar
>   Tarde demais!

SALADINO:
>   Por que tarde demais?
>   Aqui, toma,

Por tua boa vontade,
Um saco ou dois.
SEGUNDO MAMELUCO:
Fazei deles três!
SALADINO:
Sim, se calcular sabeis!
Toma, podeis levar.
SEGUNDO MAMELUCO:
Por certo ainda
Um terceiro chegará,
Se puder vir de algum jeito.
SALADINO:
Como assim?
SEGUNDO MAMELUCO:
Pois é, depende;
Mas também pode ter
Quebrado o pescoço!
Pois assim que nós três
Tínhamos certeza
Da chegada do transporte,
Cada um dos três se mandou.
O que estava na frente, caiu;
E assim, agora,
Eu chego em primeiro,
E fico em primeiro,
Até dentro da cidade;
Onde Ibrahim, o esperto,
Conhece melhor as ruelas.
SALADINO:
Oh, o que caiu!
Amigo, o que caiu!
Cavalga ao encontro dele.

SEGUNDO MAMELUCO:
> É o que vou fazer, por certo!
> E se ele estiver vivo:
> A metade deste saco é dele. *(Sai.)*

SALADINO:
> Vê só, que sujeito bom e nobre
> Também é ele!
> Quem pode se orgulhar
> De mamelucos assim?
> E por acaso
> Não me seria permitido pensar,
> Que eles ajudam a formar
> Meu exemplo?
> Para longe com o pensamento,
> De acostumá-los,
> Ao fim, à outra coisa!

UM TERCEIRO MAMELUCO:
> Sultão...

SALADINO:
> Foste tu o que caiu!

TERCEIRO MAMELUCO:
> Não, eu anuncio apenas
> Que o emir Mansor,
> Que conduziu a caravana,
> Apeia do cavalo...

SALADINO:
> Faz com que venha até aqui!
> Rápido!
> Mas aí já está ele!

SEGUNDA CENA
Emir Mansor. Saladino.

SALADINO:
    Bem-vindo, emir!
    E então, como foi?
    Mansor, Mansor,
    Como nos fizeste esperar!

MANSOR:
    Esta carta dá notícias,
    De que revoltas
    Teu Aulkassem teve de conter
    Em Tebaida
    Antes que pudéssemos
    Ousar partir.
    E o cortejo, em seguida,
    Eu tentei acelerar
    Tanto quanto possível.

SALADINO:
    Acredito em ti!
    E toma logo, toma logo,
    Bom Mansor...
    Por certo também o fazes
    Com gosto?
    Toma logo uma escolta renovada.
    Precisas seguir adiante logo;
    Levar a maior parte do dinheiro
    Ao Líbano, até meu pai.

MANSOR:
    Com gosto! Muito gosto!

SALADINO:
    E que tua escolta
    Não seja fraca demais.

No Líbano as coisas
Não estão mais tão seguras.
Não ouviste?
Os templários
Estão ativos de novo.
Fica atento! Mas vamos!
Onde está o cortejo?
Quero vê-lo:
E fazer tudo eu mesmo.
Vós! E agora vou a Sittah.

TERCEIRA CENA

*Cenário: as palmeiras diante da casa de Nathan,
onde o templário caminha de um lado a outro.*

TEMPLÁRIO:
Na casa eu não quero entrar.
Ele haverá de se mostrar,
Enfim, em algum momento!
De resto sempre
Tão logo me percebiam,
Com tanto gosto!
Ainda quero ver
Como ele irá proibir
De me encontrar
Diante de sua casa
Com tanta diligência.
Hum! Mas eu também
Estou incomodado.
O que foi que me deixou
Tão amargurado
Contra ele?

Ele disse bem:
Que ainda não me recusava nada.
E Saladino tomou
Por sua conta convencê-lo.
Como? Será que realmente o cristão
Tem seu ninho mais fundo em mim
Do que o judeu nele?
Quem se conhece bem?
Como de resto eu não iria querer
Admitir o pequeno roubo
Que ele fez,
Arrancando de um cristão?
Realmente;
Não é um roubo pequeno,
Uma criatura assim! Criatura?
E de quem? Não do escravo,
Que na praia deserta da vida,
Pegou o tronco da corrente
E se foi?
Muito antes do artista,
Que no tronco lançado ao chão
Pensou a imagem divina
Que ele representa?
Ah! O verdadeiro pai de Recha
Fica sendo,
Apesar do cristão que a gerou...
Para sempre o judeu.
Se eu apenas a penso
Como rapariga cristã,
Se penso além disso em tudo
Que um judeu desses
Poderia lhe dar:
Fala, coração, o que nela haveria

Que ainda poderia te agradar?
Nada! Pouco! Mesmo seu sorriso,
Se não fosse nada mais
Que o belo tremor
De seus músculos;
Seria o que a faz sorrir,
Indigno de encanto,
Só por vestir seus lábios?
Não; nem mesmo seu sorriso!
Eu já o vi mais belo
Ainda ser perdido
Em parvoíce, em bobagem,
Em zombaria,
Em adulador e cortejador!
E neles também me cativou?
Também neles
O desejo me despertou,
De ver minha vida
Se debater no clarão de seu sol?
Eu não saberia dizer.
E ainda assim me mostro hostil
Com o único que lhe deu
Esse valor maior?
Como assim? Por quê?
Se eu merecesse a troça,
Com que Saladino
Me dispensou?
Já basta que Saladino
Nisso acreditou!
Como por certo
Lhe pareci pequeno!
Quão desprezível!
E tudo isso por uma moça?

Curd! Curd! Assim não dá. Cede!
E se Daja apenas tivesse
Algo me inventado,
Que seria bem difícil de provar?
Mas ali vem ele, enfim,
Na conversa mergulhado,
Saindo de sua casa!
Ah! Com quem! Com ele?
Com meu monge? Ah!
Então ele já sabe de tudo!
Por certo ao patriarca
Já foi denunciado!
Ah! O que foi que eu, tonto, fiz!
Que uma única centelha
Dessa paixão,
Consegue queimar
Tanto da nossa cabeça!
Decide-te rápido,
Sobre o que vais agora fazer!
Quero esperar por eles
Aqui do lado;
Para ver se o monge
Talvez não o deixe.

QUARTA CENA
Nathan. O monge.

NATHAN *(aproximando-se)*:
 Mais uma vez, bom irmão,
 Muito obrigado!
MONGE:
 E a vós o mesmo!

NATHAN:
>Eu? De vós? E por quê?
>Por minha teimosia,
>Por vos impingir,
>O que não precisais?
>Sim, se vós também
>Tivesses cedido a ela;
>Se não quisésseis à força
>Ser mais rico do que eu.

MONGE:
>O livro ademais
>Não pertence a mim;
>Pertence, sim, a vossa filha;
>É, por assim dizer,
>A herança paterna.
>Pois bem, ela tem a vós.
>Deus queira apenas
>Que jamais tenhais
>De vos arrepender
>Por ter feito tanto por ela!

NATHAN:
>E eu poderia?
>Não poderia nunca.
>Ficai tranquilo!

MONGE:
>Pois é!
>Os patriarcas e os templários...

NATHAN:
>Não conseguirão
>Fazer tanto mal a mim,
>A ponto de eu poder
>De algo me arrepender!
>A não ser isso!

    E tendes mesmo certeza
    De que é um templário
    Que açula vosso patriarca?
MONGE:
    Na verdade
    Quase não pode ser outrem.
    Um templário falou com ele
    Pouco antes;
    E o que ouvi,
    Soava a isso muito bem.
NATHAN:
    Mas há apenas um por agora
    Em Jerusalém.
    E esse eu conheço bem.
    Esse é meu amigo.
    Um homem jovem,
    Nobre, aberto!
MONGE:
    Exatamente; esse mesmo!
    Mas o que se é,
    E o que se deveria
    Ser no mundo,
    Isso nem sempre combina.
NATHAN:
    Lamentavelmente não.
    Mas que faça, quem quer seja,
    Seu pior ou melhor!
    Com vosso livro, irmão,
    Desafio a todos;
    E vou direto com ele ao sultão.
MONGE:
    Muita sorte!
    Mas agora
    Vos deixarei aqui mesmo.

NATHAN:
    E nem sequer a vistes?
    Mas vinde logo,
    Me visitar diligente outra vez.
    Se o patriarca pelo menos
    Não souber de nada hoje!
    Mas o quê?
    Podeis lhe dizer hoje mesmo
    O que bem entenderdes.

MONGE:
    Eu não. Adeus! *(Sai.)*

NATHAN:
    Não vos esqueçais de mim, irmão!
    Deus! Que eu não possa cair
    Logo aqui,
    A céu aberto, sobre meus joelhos!
    Como o nó,
    Que me fez temer tantas vezes,
    Agora se desata por si mesmo!
    Deus! Como me sinto bem,
    Por não ter mais
    O que esconder no mundo!
    Por poder agora
    Passear tão livre
    Em meio aos homens,
    Quanto diante de ti,
    Que não precisas julgar
    Os mesmo homens
    Apenas por seus atos,
    Que tão poucas vezes
    São atos seus, ó Deus!

QUINTA CENA

Nathan e o templário, que vem ao encontro dele pelo lado.

TEMPLÁRIO:
>Ei! Esperai, Nathan;
>Levai-me convosco!

NATHAN:
>Quem chama?
>Sois vós, cavaleiro?
>Mas por onde estivestes,
>Que não vos deixastes
>Encontrar junto ao sultão?

TEMPLÁRIO:
>Nós acabamos
>Nos desencontrando.
>Não levai isso a mal.

NATHAN:
>Eu não; mas Saladino...

TEMPLÁRIO:
>É que vós havíeis
>Acabado de sair...

NATHAN:
>E mesmo assim falastes com ele?
>Então tudo bem.

TEMPLÁRIO:
>Mas ele quer falar
>Com nós dois, juntos.

NATHAN:
>Tanto melhor.
>Vinde comigo.
>Meu caminho
>De qualquer modo levava a ele.

TEMPLÁRIO:
>   Mas eu por certo
>   Posso perguntar,
>   Nathan, quem foi
>   Que acabou de vos deixar?

NATHAN:
>   Então não o conheceis?

TEMPLÁRIO:
>   Por acaso não era
>   O bom sujeito, o monge,
>   Que o patriarca
>   Gosta tanto de usar,
>   Como seu cão farejador?

NATHAN:
>   Pode ser!
>   De qualquer modo
>   Está com o patriarca.

TEMPLÁRIO:
>   A tacada não deixa de ser boa:
>   Mandar a ingenuidade
>   Se adiantar à patifaria.

NATHAN:
>   Sim, a tola; não a devota.

TEMPLÁRIO:
>   Na devota
>   Nenhum patriarca acredita.

NATHAN:
>   Mas por ele eu agora respondo.
>   Não quer ajudar seu patriarca
>   A executar nada impróprio.

TEMPLÁRIO:
>   Pelo menos é assim
>   Que ele se comporta.

    Mas ele não vos disse
    Nada a meu respeito?
NATHAN:
    A vosso respeito?
    Na verdade não, nominalmente.
    Mas ele por certo também
    Não sabe vosso nome?
TEMPLÁRIO:
    Dificilmente.
NATHAN:
    Mas me falou, sim,
    De um templário...
TEMPLÁRIO:
    E o quê?
NATHAN:
    Mas com isso também não pode
    De jeito nenhum
    Estar se referindo a vós!
TEMPLÁRIO:
    Quem sabe? Deixai-me ouvir.
NATHAN:
    Que um me acusou
    Junto ao patriarca...
TEMPLÁRIO:
    Acusou-vos?
    Isso é, com seu favor,
    Uma mentira...
    Ouvi-me, Nathan!
    Não sou o homem
    Que seria capaz
    De negar uma coisa.
    O que eu fiz, eu fiz!
    Mas também não sou alguém

Que gostaria
De defender tudo que fez
Como bem feito.
Por que eu de um erro
Me envergonharia?
Não tenho a séria intenção
De melhorá-lo?
E por acaso não sei
Quão longe os homens
Podem ir nisso?
Ouvi-me, Nathan!
Eu sou o templário
Referido pelo monge,
Que teria vos denunciado,
Por certo sou.
Vós sabeis bem
O que me incomodou!
O que fez meu sangue ferver
Em todas as veias!
Eu, tolo!
Vim para me jogar
De corpo e alma
Em vossos braços.
E como vós me recebestes
– Que frio, que morno –
Pois morno
É ainda pior do que frio;
Como fostes rápidos
E medidos em me escapar;
Com que perguntas
Ao léu buscadas
Parecíeis querer me responder:
Isso eu agora mal posso cogitar,

Se quiser ainda
Continuar tranquilo.
Ouvi-me, Nathan!
E nessa fermentação toda,
Daja ainda se esgueirou
Atrás de mim,
E jogou ao meu rosto
Seu segredo,
Que logo me pareceu explicar
Vosso misterioso comportamento
Para comigo.

NATHAN:

Como assim?

TEMPLÁRIO:

Deixai-me terminar!
Eu imaginei que não queríeis,
Perder de novo para um cristão,
Aquilo que aos cristãos
Um dia arrancastes.
E assim me ocorreu,
Botar logo e bem de uma vez
A faca em vosso pescoço.

NATHAN:

Logo? E bem de uma vez?
Onde está o bom nisso?

TEMPLÁRIO:

Ouvi-me, Nathan!
De todo modo, não fiz o certo!
Vós por certo não sois culpado.
A tola Daja não sabe o que fala
Vos odeia e tenta apenas
Vos envolver
Em uma ação das piores...

Pode ser! Pode ser!
Eu sou um jovem janota,
Que sempre e apenas se empolga
No começo e no fim;
E faz ora demais, ora de menos...
Também isso pode ser!
Perdoai-me, Nathan.

NATHAN:
Se vós me compreendeis assim...

TEMPLÁRIO:
Em resumo, eu fui ao patriarca!
Mas não mencionei vosso nome!
Isso é mentira, como eu já disse!
Apenas lhe contei o caso,
Generalizando,
Para conhecer sua opinião.
Também isso
Poderia não ter sido dito:
Sim, por certo!
Pois eu já não sabia
Que o patriarca
Era um patife?
Por certo eu não poderia
Questionar logo a vós?
Por certo deveria
Sacrificar a moça
Ao perigo de perder
Um pai como vós?
Mas que importa!
A patifaria do patriarca,
Que sempre se mostra
Tão parecida,
Me levou a mim mesmo de novo

Pelo caminho mais curto.
Pois ouvi-me, Nathan;
Ouvi o que tenho a dizer!
Supondo que ele soubesse
Também vosso nome;
O que poderia fazer, o quê?
Ele só poderia vos tomar a moça,
Se ela não for de ninguém,
E apenas vossa.
Só assim ele poderá
Arrastá-la para fora
De vossa casa
E levá-la ao mosteiro.
Pois bem, dai-a a mim!
Dai-a apenas a mim;
E deixai-o vir.
Ahá! Vou bem fazer
Com que ele queira desistir
De tomar minha mulher.
Dai-a a mim, rápido!
Seja ela vossa filha,
Ou não seja!
Seja cristã, ou judia,
Ou nenhuma das duas!
Pouco importa! Pouco importa!
Eu não vos perguntarei a respeito,
Nem agora
Nem nunca em minha vida!
Seja como for.

NATHAN:
Vós imaginais por certo,
Que tenho grande necessidade
De esconder a verdade?

TEMPLÁRIO:
>Seja como for!

NATHAN:
>Eu jamais vos escondi,
>Nem a quem quisesse saber,
>Que ela é uma cristã
>E nada mais
>Que minha filha adotiva.
>Mas por que ainda
>Não o revelei a ela mesma?
>Por isso preciso
>Me desculpar apenas com ela.

TEMPLÁRIO:
>Nem isso precisareis fazer.
>Permiti a ela mesma, que jamais
>Vos precise ver com outros olhos!
>Poupai-a da descoberta!
>Ainda tendes, apenas vós,
>O direito sobre ela.
>Dai-a a mim!
>Eu vos peço, Nathan:
>Dai-a a mim!
>Sou eu apenas, que posso –
>E quero –
>Salvá-la para vós,
>Pela segunda vez.

NATHAN:
>Sim, poderia! Poderia!
>Mas agora não mais.
>É tarde demais.

TEMPLÁRIO:
>Como assim? Tarde demais?

NATHAN:
> Graças ao patriarca...

TEMPLÁRIO:
> Ao patriarca? Graças?
> Graças a ele? Por quê?
> E ele mereceria
> Graças da nossa parte?
> Por quê? Por quê?

NATHAN:
> Por agora sabermos,
> De quem ela é aparentada;
> Por sabermos, a que mãos
> Ela pode ser entregada
> Com toda a segurança.

TEMPLÁRIO:
> Que isso lhe agradeça
> Quem por mais ainda
> Haverá de lhe agradecer!

NATHAN:
> E é por aquelas mãos
> Que vós a recebereis;
> E não pelas minhas.

TEMPLÁRIO:
> Pobre Recha!
> Tudo que te assola,
> Pobre Recha!
> A fortuna de outros órfãos,
> Será teu infortúnio! Nathan!
> E onde estão eles,
> Esses parentes?

NATHAN:
> Onde eles estão?

TEMPLÁRIO:
E quem são?
NATHAN:
Foi encontrado sobretudo um irmão,
Junto ao qual tereis de pedir sua mão.
TEMPLÁRIO:
Um irmão? E o que ele é,
Esse irmão?
Um soldado? Um sacerdote?
Deixai-me ouvir,
O que posso prometer a mim.
NATHAN:
Eu acho,
Que ele não é nenhum dos dois
Ou então os dois ao mesmo tempo.
Ainda não o conheço bem.
TEMPLÁRIO:
E de resto?
NATHAN:
Um grande homem!
Com quem Recha
De modo nenhum estará mal.
TEMPLÁRIO:
Um cristão, então!
E por ora nem sequer sei
O que devo pensar de vós.
Não o leveis a mal, Nathan.
Ela não terá de se fazer
Entre cristãos cristã?
E não se tornará enfim
O que fez de conta ser
Por tempo suficiente?
E será que o trigo limpo

    Que vós semeastes
    Não será sufocado enfim
    Pelo joio?
    E isso vos preocupa
    Tão pouco?
    E, além disso, podeis dizer,
    Que ela não se sentirá mal
    Com seu irmão?

NATHAN:
    É o que penso! E espero!
    Se ela por acaso sentisse
    Que falta algo nele,
    Ela por acaso não continuaria
    Tendo a vós e a mim?

TEMPLÁRIO:
    Oh! O que poderia
    Faltar nele a ela!
    Por acaso o irmãozinho
    Não dará o suficiente
    Em comida e em roupa,
    Em delícias e enfeites,
    A sua irmãzinha?
    E do que uma irmãzinha
    Precisa mais?
    Ah, é claro:
    Também precisa de um homem!
    Pois bem;
    Também ele o irmãozinho
    Haverá de arranjar com o tempo;
    E encontrar a contento!
    O mais cristão, o melhor!
    Nathan, Nathan, enfim,
    Que anjo que vós formastes!

    E que agora outros
    Vos estragarão assim!
NATHAN:
    Não é necessário!
    O anjo continuará
    Achando o nosso amor
    Bem digno de valor.
TEMPLÁRIO:
    Não dizei isso!
    Não do meu amor!
    Pois ele não se deixa
    Desfalcar em nada, nada.
    Por menos que seja!
    Nem mesmo do nome!
    Mas basta! Ela já suspeita
    Do que acontece com ela?
NATHAN:
    É possível;
    Como se eu já não soubesse
    Por onde?
TEMPLÁRIO:
    Também pouco importa;
    Ela deve, precisa,
    Em ambos os casos
    Saber por mim primeiro
    O que ameaça seu destino.
    Minha ideia de não vê-la antes,
    De não falar com ela,
    Antes de poder
    Chamá-la de minha,
    Cai por terra.
    Eu me apresso...

NATHAN:
   Ficai! Para onde?
TEMPLÁRIO:
   Até ela!
   A ver se essa alma de menina
   Teria hombridade suficiente
   Para tomar a única decisão
   Digna dela!
NATHAN:
   Qual?
TEMPLÁRIO:
   Essa: não perguntar por vós
   E por seu irmão...
NATHAN:
   E?
TEMPLÁRIO:
   E me seguir.
   Ainda que além disso
   Tivesse de se tornar ainda
   A mulher de um muçulmano.
NATHAN:
   Ficai! Vós não a encontrareis aí, não.
   Ela está com Sittah, a irmã do Sultão.
TEMPLÁRIO:
   Desde quando? Por quê?
NATHAN:
   E se também queres encontrar
   Com elas o irmão;
   Vinde apenas junto comigo.
TEMPLÁRIO:
   O irmão? Que irmão?
   O de Sittah ou o de Recha?

NATHAN:
>Por certo os dois.
>Vinde apenas comigo!
>Eu vos peço, vinde comigo! *(Ele o leva consigo.)*

SEXTA CENA
Cenário: no harém de Sittah
Sittah e Recha conversando.

SITTAH:
>Como me alegro por ti,
>Doce moça!
>Mas não sê tão embaraçada!
>Tão tímida!
>Conversa! Animada!
>Confia em mim!

RECHA:
>Princesa...

SITTAH:
>Não! Princesa não!
>Me chama de Sittah,
>Tua amiga... Tua irmã.
>Me chama de tua mãe!
>Eu também quase poderia sê-la.
>Tão jovem! Tão inteligente!
>Tão devota!
>As coisas que não sabes!
>Que não leste!

RECHA:
>Eu, li? Sittah, zombas
>De tua pobre e tola irmã
>Eu mal sei ler.

SITTAH:
    Mal sabes ler, mentirosa!
RECHA:
    Um pouco a mão do meu pai!
    Mas achei que falasses de livros.
SITTAH:
    Mas é claro! De livros.
RECHA:
    Pois, livros realmente são
    Difíceis de ler pra mim.
SITTAH:
    A sério?
RECHA:
    Bem a sério.
    Meu pai ama pouco demais
    A erudição fria dos livros tortos
    Que apenas entra
    Com seus sinais mortos
    Dentro da cabeça.
SITTAH:
    Ei, o que estás dizendo!
    Ele não está por certo
    Muito errado nisso!
    E tudo isso que sabes?
RECHA:
    Sei apenas por sua boca.
    E na maior parte
    Ainda poderia te dizer
    Como, onde e por que
    Ele me ensinou.
SITTAH:
    Assim faz mais sentido, tudo.
    Pois sendo assim
    A alma inteira aprende junto.

RECHA:
>Com certeza Sittah também
>Leu pouco ou então nada!

SITTAH:
>Como assim?
>Não tenho orgulho do contrário.
>Mas como assim?
>Teu motivo! Fala. Teu motivo?

RECHA:
>Ela é tão direta;
>Tão pouco artificial;
>Completamente igual,
>Apenas a si mesma...

SITTAH:
>E então?

RECHA:
>Isso os livros
>Raramente permitem:
>Diz o meu pai.

SITTAH:
>Oh, que homem que é o teu pai!

RECHA:
>Não é verdade?

SITTAH:
>Como ele sempre acerta
>Perto do alvo!

RECHA:
>Não é verdade? E esse pai...

SITTAH:
>O que acontece contigo, querida?

RECHA:
>Esse pai...

SITTAH!
    Deus! Tu choras?
RECHA:
    E esse pai...
    Ah! Preciso dizer!
    Meu coração quer ar, quer ar...
    (Se joga, dominada pelas lágrimas, aos pés de Sittah.)
SITTAH:
    O que está acontecendo contigo?
    Recha?
RECHA:
    Esse pai teria...
    Eu teria de perder!
SITTAH:
    Tu? Perder? A ele?
    Como assim? Fica calma!
    Jamais! Levanta-te!
RECHA:
    E tu terás te oferecido em vão
    Como minha amiga,
    Como minha irmã!
SITTAH!
    Mas eu sou! Eu sou!
    Levanta-te!
    Do contrário
    Terei de chamar por ajuda.
RECHA *(que, censurada, se levanta)*:
    Ah! Perdoa! Escusa!
    Minha dor me fez
    Quem tu és esquecer.
    Diante de Sittah
    Nenhuma lamúria vale,
    Nenhum desespero.

A razão fria e tranquila,
Quer dar conta de tudo sozinha.
Quem leva sua causa até ela,
Vence!

SITTAH:
Pois bem, e então?

RECHA:
Não; minha amiga, minha irmã,
Não permiti!
Não permiti jamais,
Que me seja imposto
Um outro pai!

SITTAH:
Um outro pai? Imposto? A ti?
Quem poderia fazer isso?
E quem poderia apenas querê-lo,
Querida?

RECHA:
Quem? Minha boa e má Daja
Poderia querê-lo,
Quer podê-lo.
Sim, tu por certo não conheces,
Essa boa e má Daja?
Pois, Deus o perdoe a ela!
Recompense-a!
Ela me provou tanto bem...
Tanto mal!

SITTAH:
Mal a ti?
Então de bom
Ela deve ter bem pouco.

RECHA:
Não! Tem muito, muito mesmo!

SITTAH:
>Quem é ela?

RECHA:
>Uma cristã,
>Que cuidou de mim em criança;
>Cuidou tanto de mim!
>Tu não acreditas!
>Que me fez sentir tão pouco
>A falta de uma mãe!
>Deus a recompense!
>Mas que também me causou
>Tanto medo!
>Tanto me torturou!

SITTAH:
>E com o quê? Por quê? Como?

RECHA:
>Ah! A pobre mulher, é,
>Como te disse,
>Uma cristã;
>Precisa torturar por amor;
>É um desses exaltados
>Que imaginam conhecer
>O único caminho
>Verdadeiro a Deus
>Para todos.

SITTAH:
>Agora entendo!

RECHA:
>E se sentem instados
>A conduzir até ele
>Todo aquele
>Que pegou outro caminho.
>E mal conseguem

Fazer outra coisa.
Pois se é verdade
Que esse é o único caminho certo,
Como podem ver tranquilamente
Que seus amigos
Andem por outros,
Que levam à perdição
À perdição eterna?
Teria de ser possível
Ao mesmo tempo
Amar e odiar essa pessoa.
Mas também não é isso
Que por fim me obriga
A lançar altas queixas contra ela.
Seus suspiros, seus alertas,
Suas rezas, suas ameaças
Eu até teria aguentado
Por mais tempo;
E até com gosto!
Tudo sempre me levou
A pensamentos ao final
Bons e úteis.
E quem não se sente lisonjeado,
No fundo,
De se sentir valioso e caro,
A quem quer que seja,
A ponto de não conseguir
Suportar a ideia
De que um dia terá de abrir mão
De nós para sempre!

SITTAH:
É verdade!

RECHA:
>Só que... só que...
>Isso vai longe demais!
>Não consigo mais
>Opor nada a isso:
>Nem paciência,
>Nem reflexão; nada!

SITTAH:
>O quê? A quem?

RECHA:
>Àquilo que ela agora pretende
>Ter me revelado.

SITTAH:
>Revelado? E justo agora?

RECHA:
>Só justo agora!
>Nós nos aproximávamos,
>No caminho que traz para cá,
>De um templo cristão decadente.
>De repente, ela estacou;
>E pareceu lutar consigo mesma;
>Olhava ora para o céu
>De olhos molhados,
>Ora para mim, a seu lado.
>Vem, disse ela enfim,
>Vamos atravessar esse templo
>E seguir em frente!
>Ela vai; eu a sigo,
>E meu olhar passeia
>Cheio de horror
>Pela ruína vacilante.
>Então ela para de novo;
>E eu me vejo com ela

>   Nos degraus caídos
>   De um altar combalido.
>   O que eu sentia?
>   Foi quando ela se jogou,
>   Com lágrimas quentes
>   E mãos unidas aos meus pés...

SITTAH:
>   Boa criança!

RECHA:
>   E me jurou pelo divino,
>   Que tantas outras orações
>   Naquele lugar deve ter ouvido,
>   Tantos milagres deve ter feito.
>   Com um olhar
>   De verdadeira compaixão invocou,
>   Que ele tivesse piedade de mim!
>   Pelo menos perdoando a ela, sim,
>   Pelo fato de ter de me revelar
>   Que direitos a igreja dela
>   Tinha sobre mim.

SITTAH:
>   (Infeliz! Eu já imaginava!)

RECHA:
>   Eu seria de descendência cristã;
>   Batizada;
>   Não seria filha de Nathan;
>   E ele não meu pai!
>   Deus! Deus! Ele não meu pai!
>   Sittah! Sittah!
>   Vê-me de novo a teus pés...

SITTAH:
>   Recha! Não, por favor!
>   Levanta-te!

Meu irmão vem!
Levanta-te!

SÉTIMA CENA
Saladino. Os anteriores

SALADINO:
O que está acontecendo aqui,
Sittah!
SITTAH:
Ela está fora de si! Deus!
SALADINO:
Quem é ela?
SITTAH:
Ora, tu sabes...
SALADINO:
A filha de nosso Nathan?
O que lhe falta?
SITTAH:
Volta a ti, criança! O sultão...
RECHA *(que se arrasta de joelhos até os pés de Saladino, o rosto baixado para a terra)*:
Não vou me levantar! Não antes!
Prefiro não ver
O semblante do sultão!
Não ver o reflexo
Da bondade e da justiça eterna
Em seus olhos,
Não admirar em sua testa...
SALADINO:
Levanta... levanta-te!

RECHA:
>Não antes de ele me prometer...

SALADINO:
>Vem! Eu prometo, seja o que for!

RECHA:
>Não mais, nem menos do que
>Me deixar meu pai;
>E a mim a ele! Ainda não sei
>Quem mais quer
>Meu pai como seu;
>Quem pode querer.
>Também não quero saber.
>Mas é só o sangue que faz o pai?
>Só o sangue?

SALADINO *(que a levanta)*:
>Percebo bem!
>Quem foi tão cruel,
>Tão cruel a ponto de meter
>Algo assim em tua cabeça?
>Por acaso já está tudo certo?
>E comprovado?

RECHA:
>Deve estar!
>Pois Daja diz
>Sabê-lo de minha ama.

SALADINO:
>Tua ama!

RECHA:
>Que ao morrer
>Se sentiu obrigada,
>A lhe contar tudo.

SALADINO:
>E morrendo! Não delirando, já?

E mesmo que fosse verdade!
Sim, claro:
O sangue, apenas o sangue
Nem de longe faz o pai!
Mal faz o pai de um animal!
No máximo dá o primeiro direito,
De conseguir seu nome!
Mas deixa de sentir medo!
E, sabe de uma coisa?
Assim que dois pais brigam por ti:
Deixa que briguem;
Escolhe o terceiro!
Toma a mim como teu pai!

SITTAH:
Oh, faz isso! Faz isso!

SALADINO:
Quero ser um pai bom,
Muito bom!
Mas para!
Ocorre-me algo ainda melhor.
Por que precisarias de pais, aliás?
Se eles terminarão por morrer?
Há tempo, ainda,
Para procurar por outro,
Que pode contigo apostar
A corrida da longevidade!
Ainda não conheces nenhum?...

SITTAH:
Não a faz enrubescer!

SALADINO:
Mas é exatamente isso
O que eu pretendo.
O rubor torna os feios tão belos:
Por acaso não tornaria

Os belos ainda mais belos?
Mandei vir teu pai Nathan;
E mais alguém até aqui.
Adivinhas quem é? Aqui!
Tu permitirás que eu o faça,
Sittah?

SITTAH:
Irmão!

SALADINO:
Que tu enrubesças muito
Diante dele,
Querida moça!

RECHA:
Diante de quem?
Enrubescer?

SALADINO:
Pequena hipócrita!
Então empalidece logo de uma vez!
Como quiseres!
E puderes! *(Uma escrava entra, e se aproxima de Sittah.)*
Mas eles já não haverão
De estar aqui?

SITTAH *(à escrava)*:
Pois bem! Deixa-os entrar.
São eles, irmão!

ÚLTIMA CENA
Nathan. O Templário. Os anteriores.

SALADINO
Ah, meus queridos
E bons amigos!

A ti, Nathan, a ti,
Preciso dizer antes de tudo,
Que agora,
Assim que quiseres,
Podes levar
Teu dinheiro de novo!...

NATHAN:
Sultão!...

SALADINO:
Agora eu também me encontro
A teus serviços...

NATHAN:
Sultão!

SALADINO:
A caravana chegou.
Estou tão rico de novo,
Como há tempo não estive mais.
Vamos, me diz do que precisas,
Para fazer algo bem grande!
Pois também vós,
Vós, os comerciantes,
Jamais tereis
Dinheiro vivo demais!

NATHAN:
E por que tratar antes
Dessa pequeneza?
Eu vejo lá um olho em lágrimas,
Que me preocupo
Muito mais em secar. *(Vai até Recha.)*
Tu choraste?
O que há de te faltar?
Ainda és a minha filha, afinal?

RECHA:
    Meu pai!
NATHAN:
    Nós nos entendemos. Basta!
    Fica tranquila! Controla-te!
    Que teu coração
    De resto continue teu!
    Que a teu coração
    Nenhuma perda ameace!
    Teu pai não se perderá para ti!
RECHA:
    Nenhum, nenhum outro!
TEMPLÁRIO:
    Nenhum mesmo! Pois bem!
    Se é assim, eu me enganei.
    O que não se teme perder,
    Jamais se possuir acreditou,
    E jamais se desejou.
    Pois muito bem! Muito bem!
    Isso muda tudo,
    Nathan, muda tudo!
    Saladino, viemos a teu chamado.
    Mas eu havia ao erro te induzido
    Agora não te esforça apenas
    E deixa de seguir adiante!
SALADINO:
    De novo tão intempestivo,
    Meu jovem!
    Tudo então
    Tem de ir ao teu encontro,
    Adivinhar o que pretendes?
TEMPLÁRIO:
    Ora, mas estás ouvindo!
    E vendo, sultão!

SALADINO:
> É, realmente!
> Já basta não teres certeza
> Sobre o que disseste!

TEMPLÁRIO:
> Mas agora tenho.

SALADINO:
> Quem insiste tanto
> Em uma boa ação,
> Também a retira.
> O que tu salvaste,
> Nem por isso é tua propriedade.
> Do contrário o ladrão,
> Que a avareza lança ao fogo,
> É tão herói quanto tu!
> *(Se aproximando de Recha, para conduzi-la ao templário.)*
> Vem, querida menina, vem!
> Não sê tão rigorosa com ele.
> Pois se ele fosse diferente,
> Não seria
> Menos orgulhoso e quente:
> Ele teria desistido de te salvar.
> Deves creditar a ele
> Uma coisa pela outra.
> Vem! Envergonha-o!
> Faz a ele o que ele merece!
> Reconhece a ele teu amor!
> Propõe-te a ele!
> E se ele te desprezar; se esquecer,
> Quanto mais nesse passo
> Por ele fizeste,
> Do que ele por ti...

Mas o que foi que ele fez por ti?
Se deixar defumar um pouco!
Mas é certo!
Assim ele nada tem
Do meu irmão,
Do meu Assad!
Assim ele não usa
Sua máscara, não,
Não carrega seu coração.
Vem, querida...

SITTAH:
Vai! Vai, querida, vai!
Para a tua gratidão
Continua sendo pouco;
Continua sendo nada.

NATHAN:
Um momento, Saladino!
Um momento, Sittah!

SALADINO:
Também tu?

NATHAN:
Aqui mais alguém tem de falar...

SALADINO:
E quem o nega?
Sem dúvida, Nathan,
Um pai adotivo
Assim teria o direito de falar!
Por primeiro, se quiseres.
Como vês, já sei de tudo.

NATHAN:
Não de todo!
Não falo de mim. É de outro.
Outro, bem outro,

Que eu, Saladino,
Ainda assim
Peço para ouvires primeiro.
SALADINO:
Quem?
NATHAN:
O irmão dela!
SALADINO:
O irmão de Recha?
NATHAN:
Sim!
RECHA:
Meu irmão?
Tenho um irmão, então?
TEMPLÁRIO *(saindo de sua distração silenciosa e estranhada)*:
Onde? Onde está ele,
Esse irmão?
Ainda não aqui?
Mas eu aqui o encontraria.
NATHAN:
Paciência, apenas!
TEMPLÁRIO *(extremamente amargurado)*:
Ele impingiu um pai a ela:
Por acaso não lhe encontrará
Também um irmão?
SALADINO:
Era o que faltava! Cristão!
Uma suspeita tão baixa
Não tocaria os lábios de Assad.
Pois bem, mas continua!
NATHAN:
Perdoa-o!

Eu o perdoo com gosto.
Quem sabe
O que pensaríamos em seu lugar,
Em sua idade! *(Se aproximando dele amistosamente.)*
Mas é claro, cavaleiro!
O incômodo se segue
À desconfiança!
Se vós me tivestes
Concedido logo
A honra de me dizer
Vosso verdadeiro nome...

TEMPLÁRIO:
Como?

NATHAN:
Vós não sois um Stauffen!

TEMPLÁRIO:
Quem sou então?

NATHAN:
Vós não vos chamais
Curd von Stauffen!

TEMPLÁRIO:
Como me chamo então?

NATHAN:
Vós vos chamais Leu von Filnek.

TEMPLÁRIO:
Como?

NATHAN:
Vós titubeais?

TEMPLÁRIO:
Com razão! Quem diz isso?

NATHAN:
Eu, que ainda posso
Vos dizer mais,

Bem mais.
E sem vos acusar
De mentiras demais.
TEMPLÁRIO:
Não?
NATHAN:
Mas pode ser por certo,
Que aquele nome também
Seja digno de vós.
TEMPLÁRIO:
É o que eu deveria pensar!
(Foi Deus quem o mandou dizer!)
NATHAN:
Pois vossa mãe,
Ela era uma Stauffen.
Vosso irmão,
Vosso tio, que vos criou,
A quem vossos pais
Vos deixaram na Alemanha,
Quando foram expulsos de lá
Pelo céu rude,
Voltaram a vir para cá:
Ele se chamava Curd von Stauffen;
E talvez vos tenha assumido
Ainda menino!
Já faz tempo
Que viestes com ele para cá?
E ele ainda vive?
TEMPLÁRIO:
O que posso dizer? Nathan!
Com certeza!
Assim é! Ele mesmo está morto.
Eu vim apenas

Com os últimos reforços
Da nossa ordem.
Mas, mas... O que o irmão de Recha
Tem a ver com isso tudo?
NATHAN:
Vosso pai...
TEMPLÁRIO:
Como?
Também a ele vós conhecestes?
Também a ele?
NATHAN:
Ele foi meu amigo.
TEMPLÁRIO:
Foi vosso amigo?
Será possível, Nathan!...
NATHAN:
Se chamava Wolf von Filnek;
Mas não era alemão...
TEMPLÁRIO:
Também isso sabeis?
NATHAN:
Apenas se casou com uma alemã;
Apenas seguiu vossa mãe
Por pouco tempo,
Até a Alemanha...
TEMPLÁRIO:
Basta! Eu vos peço!
Mas e o irmão de Recha?
O irmão de Recha...
NATHAN:
Sois vós!
TEMPLÁRIO:
Eu? Eu, irmão dela?

RECHA:
    Ele, meu irmão?
SITTAH:
    Irmãos, os dois!
SALADINO:
    Os dois irmãos!
RECHA *(quer correr até ele)*:
    Ah! Meu irmão!
TEMPLÁRIO *(recua)*:
    Irmão dela!
RECHA *(estaca, e se volta para Nathan)*:
    Não pode ser! Não pode ser!
    Seu coração nada sabe disso!
    Nós somos impostores! Deus!
SALADINO *(ao templário)*:
    Impostores? Como?
    Pensas isso?
    Podes pensar!
    Impostor és tu mesmo!
    Pois tudo em ti é mentiroso:
    Tua voz, teu andar, teu rosto!
    Nada é teu!
    Não querer reconhecer
    Uma irmã assim!
    Vai!
TEMPLÁRIO *(se aproximando dele humilhado)*:
    Não interpreta mal também tu
    A minha surpresa, sultão!
    Não deixa de reconhecer em mim
    O teu Assad,
    Por um instante
    Em que jamais o viste! *(Se apressando em direção a Nathan.)*

Vós tomais de mim,
Depois me dais, Nathan!
De mãos cheias
As duas coisas! Não!
Vós me dais mais
Do que me tirais!
Infinitamente mais, Nathan! *(Caindo ao pescoço de Recha.)*
Ah, minha irmã! Minha irmã!

NATHAN:
Blanda von Filnek.

TEMPLÁRIO:
Blanda? Blanda?
Não Recha?
Não é mais vossa Recha?
Deus!
Vós a rechaçais!
O nome cristão
Outra vez lhe dais!
E a rechaçais
Por minha causa!
Nathan! Nathan!
Por que deixá-la pagar?
Ela!

NATHAN:
E o quê? Oh, meus filhos!
Meus filhos!
Pois o irmão de minha filha
Não seria meu filho também,
Assim que quisesse?
(Enquanto ele se entrega aos abraços dos dois, Saladino se aproxima em pasmo impaciente de sua irmã.)

SALADINO:
> O que dizes, irmã?

SITTAH:
> Estou comovida...

SALADINO:
> E eu, eu quase recuo
> Horrorizado
> Diante de uma comoção
> Ainda maior!
> Prepara-te para ela
> Tão bem quanto puderes.

SITTAH:
> Como?

SALADINO:
> Nathan, uma palavra!
> Só uma palavrinha!
> *(Enquanto Nathan se aproxima dele,*
> *Sittah se aproxima dos irmãos para lhes*
> *mostrar como participa de sua emoção;*
> *e Nathan e Saladino falam em voz mais baixa.)*
> Ouve! Ouve só, Nathan!
> Não disseste há pouco...?

NATHAN:
> O quê?

SALADINO:
> Que o pai dela não seria
> Da Alemanha;
> Não teria nascido alemão.
> O que ele era, então?
> De onde vinha, nesse caso?

NATHAN:
> Ele mesmo isso
> Jamais quis me confiar.

Nada sei de sua boca
A respeito disso.
SALADINO:
E de resto não era
Também francônio,
Nem ocidental?
NATHAN:
Oh! Que não era
Ele por certo confessou.
A língua que ele preferia falar
Era o persa...
SALADINO:
Persa? Persa?
O que quero mais?
É ele! Era ele!
NATHAN:
Quem?
SALADINO:
Meu irmão? Com certeza!
Meu Assad!
Com certeza!
NATHAN:
Pois bem,
Se tu mesmo chegas a isso:
Toma aqui, nesse livro,
A confirmação! *(Estendendo-lhe o breviário.)*
SALADINO *(abrindo-o avidamente)*:
Ah! Sua mão!
Também ela
Eu reconheço de novo!
NATHAN:
Eles ainda não sabem de nada!
Ainda és o único a saber
O que eles devem saber também!

SALADINO *(enquanto folheia)*:
>Eu, não reconhecer
>Os filhos do meu irmão?
>Não reconhecer meus sobrinhos,
>Meus filhos?
>Não reconhecê-los? Eu?
>Deixá-los contigo? *(Outra vez em voz alta.)*
>São eles!
>São eles, Sittah, são eles!
>Os dois são filhos do meu...
>Do teu irmão!
>*(Ele corre para os abraços deles.)*

SITTAH *(seguindo-o)*:
>O que estou ouvindo!
>Mas não poderia,
>Não poderia ser diferente!

SALADINO *(ao templário)*:
>Agora serás obrigado,
>Homem obstinado,
>A me amar! *(A Recha.)*
>E agora sou de qualquer modo
>Aquilo para o que
>Me ofereci então?
>Quer queiras, quer não!

SITTAH:
>Eu também! Eu também!

SALADINO *(voltando para o templário)*:
>Meu filho! Meu Assad!
>Filho de meu Assad!

TEMPLÁRIO:
>Eu do teu sangue!
>De modo que os sonhos
>Com que embalaram

>   Minha infância,
>   Eram mais,
>   Bem mais que sonhos! *(Caindo aos pés dele.)*
> SALADINO *(levantando-o)*:
>   Vede o malvado!
>   Ele sabia algo disso
>   E poderia ter feito de mim
>   Seu assassino!
>   Esperai!
>   *(Sob a repetição muda dos abraços trocados*
>   *por todos, caem os panos.)*

FIM

POSFÁCIO

Marcelo Backes

Gotthold Ephraim Lessing (1729-1781) foi o primeiro na Alemanha em vários âmbitos. Primeiro grande escritor alemão, primeiro a alcançar fama significativa já em vida, autor da primeira comédia, da primeira tragédia burguesa e da primeira tragédia realista alemã. Além disso, o maior, mais produtivo e mais agressivo crítico de sua época, sendo ao mesmo tempo um dos maiores educadores de sua pátria e um dos grandes sábios que o mundo já conheceu.

Lessing foi, desde cedo, a sede de saber que encontrou pote. Descendente de uma família instruída, já na infância esteve rodeado de sabedoria – livros e ensinamentos – e aos 12 anos concluía, com pleno êxito, um curso avançado de latim. Era tão diferenciado de seus colegas que o reitor da universidade em que entrou, aos 17 anos, disse que Lessing era "um cavalo que necessitava do dobro de pasto", e que em pouco já não saberiam mais o que fazer com ele.[72] Esse, o estofo do autor.

Agora, a época...

No começo do século XVIII a Alemanha começava a ressurgir econômica e socialmente das ruínas deixadas pela Guerra dos Trinta Anos. Politicamente, continuava atrasada – até em consequência da referida guer-

---

[72] LESSING, Gotthold Ephraim. Werke. *Vorrede* von Dr. Theodor Matthias. Leipzig: Max Hesse Verlag, p. 01.

ra –, permanecendo um conglomerado de Estados quase independentes (a absurda quantidade de 269 estava representada na Dieta Imperial, mas sabia-se que existiam mais de 300). Nessa situação, com o atraso da burguesia e o avanço privilegiado de uma classe nobre dominante, inclusive na ocupação de cargos militares e políticos, somente as Cidades Livres de Hamburgo e da Saxônia conheceram um desenvolvimento econômico, social e cultural superior ao restante da Alemanha. E foi justamente na Saxônia que Lessing nasceu.

Vinculado à literatura desde cedo, Lessing conheceu e estudou as comédias clássicas no original, tanto as gregas quanto as latinas, já na infância e na adolescência. Influenciado principalmente pelas de Plauto e Terêncio, fez profissão de fé de dramaturgo, e, em uma carta ao amigo Wilhelm Gleim, declarou o propósito – irônico, mas revelador – de escrever pelo menos o triplo de comédias que Lope de Vega escreveu.[73]

Junto com Friedrich Gottlieb Klopstock e Christoph Martin Wieland – dois outros importantes autores da época –, Lessing também postula, pela vez primeira na Alemanha, uma literatura de caráter próprio, livre das influências francesas, de Corneille e Racine, em particular, dos quais Johann Christoph Gottsched era partidário e defensor. Gottsched achava, inclusive, que esses dois autores é que deveriam servir de modelo a toda tentativa de teatro alemã. Lessing mostrou-se inclemente: atacou Gottsched com violência em suas *Cartas relativas à nova literatura* (Briefen, die neueste Literatur betreffend, 1759-65), negando a contribuição que se dizia que o grande professor e teórico dera ao teatro alemão e angariando, por tabela, a fama de maior e mais agressivo crítico literário alemão. Lessing assegurava, nas mesmas *Cartas*, que o caminho – se é que havia algum – era Shakespeare, e já pensava que, a partir de um teatro genuinamente nacional, poderia levar a cabo sua missão, uma vez que julgava o palco um instrumento propício a desencavar uma opinião pública favorável à unidade nacional do povo alemão. Críticas diretas não eram permitidas – e

---

[73] Carta a Wilhelm Gleim, de 8 de julho de 1758, em *G. E. Lessing Werke und Briefe*, vol. 11/1, p. 293.

Lessing sabia disso –, pois se qualquer um podia dizer em Berlim o que quisesse contra a Igreja, bastava abrir a boca para falar sobre o despotismo para logo ficar claro qual era a nação mais atrasada da Europa. O grande embate fez com que ainda décadas depois Karl Marx chamasse Gottsched de escritor "autorizado", erudito de ofício e por privilégio, em seu ensaio "Debates sobre a liberdade de imprensa", opondo-o a Lessing, que caracterizou como escritor "não autorizado" e também por isso grandioso.[74]

Espírito moderno, imbuído de uma sensatez realista a qualquer prova e ansioso por criar uma sociedade fundamentada na razão humanista, Lessing viu desde logo – e isso veio a se tornar uma das bases de sua atividade literária – que a arte, em geral, e o teatro, em particular, tinham a finalidade absoluta de elevar o nível cultural e a formação social do homem, ilustrá-lo sobre si mesmo e sobre a realidade a sua volta. Sendo assim, e sabendo disso, o maior autor do Iluminismo alemão dedicou sua vida à literatura. Trabalhou no jornalismo, fez traduções, adaptações, críticas e outros trabalhos literários que tornaram possível sua vida de escritor livre, sem depender de cargos oficiais nem donativos de mecenas – caso da imensa maioria dos literatos de sua época –, que acabariam sendo, inevitavelmente, limites à sua tão prezada liberdade.

A OBRA

Já aos 19 anos Lessing daria uma prova definitiva de seu talento com a publicação e encenação de *O jovem erudito* (Der junge Gelehrte, 1748).

---

[74] Marx escreve, na verdade, no pequeno texto intitulado "Lessing": "Se o alemão volta o olhar à sua história, encontra *um* motivo principal para seu moroso desenvolvimento político, assim como para a miserável literatura antes de *Lessing*... nos *escritores autorizados*. Os eruditos de ofício, de corporação, de privilégio, os doutorzinhos e outrozinhos, os escritores de universidade, faltos de caráter, dos séculos dezessete e dezoito, com suas perucas duras, sua pedanteria elegante e suas teses miúdo-micrológicas... eles se colocaram entre o povo e o espírito, entre a vida e a ciência, entre a liberdade e o homem. Os escritores *não autorizados* fizeram a nossa literatura. *Gottsched* e *Lessing*, é preciso escolher entre um autor 'autorizado' e um autor 'não autorizado'!"

Com uma ironia finíssima e grande noção da cena teatral, o autor mistura nessa comédia, a única que mostra tintas mais carregadamente autobiográficas, recordações pessoais do internato com elementos da comediografia tradicional e experiências vividas à época de sua chegada a Leipzig. A comédia fez sucesso e inscreveu o nome de Lessing na cena literária alemã.

Com *O livre-pensador* (Der Freigeist, 1749) e *Os judeus* (Die Juden, 1949), duas das peças seguintes, Lessing assinala algumas das peculiaridades que passariam a ser características de sua obra: os personagens deixam de ser indivíduos inteiriços, protótipos do bem ou do mal, e adquirem feição mais realista, e os temas passam a versar sobre o dogmatismo e a tolerância religiosa e racial, mesmo que de maneira ainda incipiente.

Com a publicação de *Miss Sara Sampson*, em 1755, Lessing dá à Alemanha sua primeira tragédia burguesa, lançando os fundamentos do gênero na época e se tornando o escritor alemão que mais fama alcançou em vida. Mais uma vez pela primeira vez em terras germânicas, Lessing abria mão dos heróis históricos ou mitológicos e dos versos alexandrinos. Os personagens são próximos à realidade dos espectadores e compartilham emoções semelhantes, contraditórias como as deles. Os problemas que conduzem a tragédia, por sua vez, passam a ser de âmbito familiar, e não estatal, e os personagens representam os vícios próprios da corte.

Polemista, interessado em questões gerais de estética, Lessing chegou a abrir caminho, com sua obra, para o neoclassicismo de Goethe e Schiller. E usou também os gêneros breves, didáticos e combativos como a fábula para divulgar suas ideias. Numa dessas fábulas, "O macaco e a raposa", Lessing escreve, mostrando de cara como o gênero era adequado a seus propósitos:

> "— Diga-me o nome de um só animal jeitoso que eu não seja capaz de imitar! —, fanfarronou o macaco, dirigindo-se à raposa. A raposa, porém, limitou-se a responder: — E tu, diga-me o nome de um só animal desprezível ao qual ocorra a bobagem de te imitar.

Escritores do meu país... Será que eu terei de ser ainda mais claro?"

Durante o humanismo e o renascimento a fábula foi muito apreciada e exerceu à perfeição seu papel pedagógico. Sua peculiaridade reside, aliás, na apresentação direta das virtudes e defeitos do caráter humano, ilustrados pelo comportamento antropomórfico dos animais. O espírito é realista e irônico, e a temática é variada. No barroco, a fábula quase desapareceu, e há razões sociais e histórico-espirituais para explicar o fato: afinal de contas ela quer ensinar e pressupõe uma visão de mundo de base otimista, que acredite na possibilidade de êxito por meio do ensino; frente a *vanitas* típica da mentalidade barroca é perfeitamente compreensível que um gênero tão pragmático tenha sido jogado ao esquecimento. Lessing, um iluminista em todos os sentidos, sabia também disso e se ocupou da fábula das mais diferentes formas: na condição de crítico, de filólogo e por fim de autor, cultivando a fina arte do diálogo, quase com a concisão do epigrama e exercendo seu ímpeto original de crítico, e, por extensão, o papel de educador.

Nos epigramas, aliás, o tema de Lessing não muda muito e o combate iluminista continua. Em um deles, chamado "À bela filha de um mau poeta", diz:

>"O pai faz rimas, e sua maior aspiração,
>É agradar aos críticos, sem exceção.
>A filha namorica, oh, não a condenem!
>A boa moça quer apenas, num ai,
>Agradar a todos, como as rimas do pai."

Lessing ainda escreveu várias peças de sucesso, revolvendo o mundo literário e político de sua época. E seria assim até a publicação de *Nathan, o sábio* (Nathan, der Weise, 1779), mescla de comédia e de tragédia, a derradeira obra dramática de Lessing.

AS TRÊS PEÇAS FUNDAMENTAIS

Nathan, o sábio estreou apenas dois anos após a morte de Lessing e gozou de grande fama durante o século XIX, época em que o poder secular do papa dava seus últimos suspiros, desaparecendo de cena com a ascensão do nazismo ao poder. Como, ademais, a ideologia nazista conseguiria lidar com um judeu humanista, justo e modelar como Nathan? Também por isso foi na época imediatamente posterior à a II Guerra Mundial que a mensagem de humanidade e tolerância entre as raças e os credos pregada na peça alcançou sua maior popularidade. *Nathan* representou a realização, em forma de parábola, do ideal humanitário da *Aufklärung*, a vitória da virtude sobre todas as barreiras sociais e religiosas e a consumação de Lessing como um dos maiores educadores e formadores de sua pátria.

Minna von Barnhelm (1763) e *Emilia Galotti* (1772) também são dois momentos importantes, e dos mais fundamentais, na trajetória de Lessing como pensador e dramaturgo. *Minna von Barnhelm* foi a primeira – e a única – comédia alemã, segundo a declaração, feita em 1927, do escritor Arnold Zweig em um estudo sobre Lessing.[75] Depois viria Brecht, sem contar que Zweig não valorizou a peculiaridade de uma comédia como *A moringa quebrada*, de Heinrich von Kleist... Já *Emilia Galotti* significou, para Roberto Schwarz, sintética e acuradamente, o nascimento do realismo,[76] e foi a primeira tragédia política alemã.

MINNA VON BARNHELM

Minna von Barnhelm ou A felicidade do soldado tem pé fincado na realidade alemã da época em que foi escrita. Aquele "pouquinho de paz" do qual

---

[75] ZWEIG, Arnold. *Versuch über Lessing*, 1927.
[76] SCHWARZ, Roberto. "Emilia Galotti e o nascimento do realismo". *In: A sereia e o desconfiado*. 2ª edição. Rio de Janeiro: Paz e Terra, 1981, p. 109-131.

fala o cômico personagem Just no primeiro ato e mais alguns detalhes que vão aparecendo pouco a pouco indicam claramente que a ação se situa seis meses após o término da Guerra dos Sete Anos (1756-1763), em que Áustria e Prússia disputaram a hegemonia sobre as terras germânicas. Goethe chega a escrever no sétimo livro de *Poesia e verdade* que a peça é o "rebento mais verdadeiro da Guerra dos Sete Anos" e que exibe "um conteúdo nacionalista norte-alemão perfeito", deixando claro que louvava Lessing por trazer material histórico e temas contemporâneos aos palcos alemães.

Biograficamente, Lessing se mudara em 1760 para Breslau, a fim de ocupar o cargo de secretário do general von Tauentzien. Seu propósito era melhorar sua situação econômica. O general participa da referida guerra e Lessing conhece de perto o ambiente que viria a ser a antessala de sua grande comédia. E não seria esse o único aspecto de sua vida reelaborado na ficção. Von Tellheim é oficial prussiano como o general a quem Lessing secretariou, e tudo se desenrola em uma estalagem de Berlim, o centro do mundo prussiano. Minna é da Saxônia – que se aliou à Áustria –, assim como Lessing é da Saxônia, e não é debalde que o tio saxão da moça proclama certa aversão às cores prussianas do major no final da peça, mas cede à sua honra, assinalando, ao mesmo tempo, o valor dado à tolerância, característica da obra de Lessing, tematizada de modo central em *Nathan, o sábio* e propagandeada por toda a *Aufklärung*.

Comédia de situações primorosamente encadeadas, *Minna von Barnhelm* se caracteriza pela precisão formal e linguística, tem personagens secundários engraçadíssimos como a aia de língua afiada, o estalajadeiro curioso, o criado fiel e traz ainda alguns acréscimos significativos de psicologia nas figuras bem talhadas, representativas de comportamentos humanos tipificados. Na questão da honra, em virtude da qual o major von Tellheim vai às últimas consequências, Lessing chega a debater o paladino do assunto, o patologicamente desconfiado e fatalmente ciumento Otelo, evidenciando, por tabela, o respeito que tinha ao dramaturgo inglês, a quem achava que o teatro alemão tinha de seguir, abandonando um caminho até então fundamentalmente francês.

O mouro de Veneza é citado quando Minna diz, numa fala bem longa: "E fui unicamente por vós. Fui com o firme propósito de vos amar – porém já vos amava! – com o firme propósito de vos possuir, mesmo que vos encontrasse tão feio e negro como o mouro de Veneza. E vós não sois tão negro e feio, e tampouco sereis tão zeloso." Ao que o sempre correto e honrado major von Tellheim, capaz de um desprendimento quase suicida – que recusa inclusive a ajuda dos amigos na maior necessidade – e de uma sabedoria e uma consciência que já antecipam a de Nathan, responde perguntando, entre outras coisas: "Como foi que entrou o mouro a serviço de Veneza? Não tinha pátria, o mouro? Por que alugou seu braço e seu sangue a um Estado estrangeiro?"

A astúcia aforística de Lessing se manifesta em várias falas, como aquela em que Franciska, a perspicaz criada de Minna, diz: "O coração, senhorita? Não se deve confiar em demasia no coração. O coração gosta de falar o que vai bem à língua. Se a língua tivesse a mesma inclinação de falar o que deseja o coração, há tempo existiria a moda de trazê-la trancada com um cadeado." Os dotes aforísticos de Lessing chegam a uma consciência bem moderna de ficcionalidade em outro diálogo. Franciska diz: "Não, senhorita, mas bem que gostaria de sê-lo mais. Raramente se fala da virtude que se tem; mas amiúde se fala da que nos falta." Ao que Minna responde: "Vês, Franciska? Acabaste de fazer uma observação muito interessante." E Franciska retruca: "Acabei de fazer? Por acaso se faz o que nos ocorre espontaneamente?"

A tensão da peça vai aumentando pouco a pouco até o quinto ato e a incerteza sobre a solução que se dará à injustiça da qual von Tellheim é vítima apenas cresce, ao mesmo tempo em que as queixas deste ao sistema vão avultando a ponto de fazê-lo dizer que não responderá a esse mesmo sistema mais do que com seu desprezo, entabulando o embate entre indivíduo e instituição, entre sujeito e sistema, que Heinrich von Kleist mais tarde levaria a cabo em sua genial novela *Michael Kohlhaas*. Antecipando o herói de Kleist, o que von Tellheim no fundo deseja é uma vida cidadã em que sobretudo a integridade de seus direitos individuais seja preservada, um mundo que lhe conceda a possibilidade de uma existência privada. Mas antes que o espectador creia que a injustiça será vitoriosa, vem o mensageiro que põe o mundo em ordem, restabelecendo a justiça em relação ao velho major e unindo-o à Minna, sua amada. Após tantas brincadeiras apaixonadas por parte da moça, e tantas esquivas plenas de honra por parte do major, com o domínio da situação passando de um a outro e a corda da paixão se esticando até soltar fiapos de separação, os dois apaixonados enfim se unem, como se houvessem nascido um para o outro. E o final feliz típico da comédia fica garantido. Lessing, ao contrário de Kleist, ainda precisa ver ordem no mundo...

De resto, *Minna von Barnhelm* é uma comédia até bem séria, de humor sóbrio – *heiter*, se diria em alemão: serena, mas também alegre –, que permite apenas o riso discreto, longe do escracho moderno e mesmo do humor escancarado de um Molière. Além do propósito de educar, presente à nitidez, Lessing mostra na peça seu pouco entusiasmo com a guerra, seu pacifismo avançadíssimo, e é um dos poucos autores da época que se distancia da belicosidade que ainda alimentaria vários de seus conterrâneos bem mais de um século depois, quando começaria a I Guerra Mundial. Em outra carta ao amigo Wilhelm Gleim, Lessing chegaria a abdicar de qualquer pensamento nacionalista ao declarar que não compreendia em absoluto o "amor pela pátria", que este lhe parecia "uma tacanhice heroica da qual faço gosto em abrir mão".[77]

Lessing também não submete à crítica do riso deslavado os erros e vícios humanos, como ainda fazia a comédia de costumes. Por outro lado não invoca a compaixão barata como faz a *comédie larmoyante*. Conceitos vazios como o da "honra", eternamente invocada por von Tellheim, também são dessacralizados, e Minna chega a dizer: "A honra é... a honra", assinalando a inexistência de conteúdo embutida na altissonância da palavra. Para Lessing, tudo se localiza num âmbito bem mais perene e filosófico e é possível perceber, inclusive, que o fundamento metafísico da peça é uma visão de mundo semelhante à de Leibniz. Ou seja, tudo acontece em um universo que, se não é perfeito, talvez esteja em vias de

---

[77] Carta de 14.2.1759.

sê-lo, apesar das injustiças localizadas e isoladas, logo ajustadas segundo a ordem que necessariamente precisa vigorar para que a desordem não tome conta de tudo. Do mesmo modo, a tese inicial do plenamente reabilitado major von Tellheim sobre sua amada Minna precisa ser confirmada no final: "Ah! Aquele que pode amar outra depois de ter vos amado, nunca vos amou, minha senhorita."

EMILIA GALOTTI

Emilia Galotti, a obra-prima trágica de Lessing, foi inspirada na história de Virgínia, contada pelo historiador Lívio. De larga tradição literária, a narrativa é usada à perfeição por Lessing para referenciar a realidade alemã da época. Virgínia, a filha de um plebeu romano, imolada por seu pai em praça pública para impedir que fosse violada pelo decênviro Ápio Claudio, que aliás acabou por motivar um levantamento da plebe, se transforma na Emilia Galotti de Lessing, imolada por seu pai, a fim de que não fosse violada pelo príncipe Hettore Gonzaga. A peça é o mais duro ataque de Lessing ao despotismo das cortes feudais alemãs, o resultado mais claro de uma oposição em que as virtudes burguesas são louvadas e o vício cortesão, desancado.

É verdade que a ação se passa na Itália. Para preservar a realidade dos fatos, Lessing desloca a realidade do espaço e assim evita a censura. Mas o ambiente é, nitidamente, o das cortes da Alemanha fragmentada, e Emilia e seus pais representam, também claramente, a ideologia da nascente burguesia alemã ao defender seus valores, embora ainda apareçam na obra como aristocratas.

A rivalidade entre as duas grandes casas rivais da peça aliás já é antiga. Muita coisa fermentou, antes de a caldeira ferver no início da obra para ao final entornar, mostrando como Lessing conhece o momento em que uma tragédia deve começar. As ações sucedem em apenas um dia, tudo principia pela manhã e termina ao anoitecer, em três cenários fundamentais: a residência do príncipe, depois a casa dos pais de Emilia, e por fim o palácio de verão do mesmo príncipe. A peça é tão bem pensada no espaço e no tempo que Friedrich Schlegel chegou a acusá-la de ser "um exemplo de álgebra dramática".

Fato é que nunca o teatro alemão havia sido tão corrosivo na crítica, nunca tão contundente, na forma e no conteúdo, quanto em *Emilia Galotti*. Na peça, a intensidade e a seriedade da arte de Shakespeare enfim seriam alcançadas e o próprio Lessing executaria na prática o que já elaborara na teoria. No final, mais uma vez, o espectador é educado um tanto ingenuamente segundo a *Teodicéia* de Leibniz, que aliás chega a ser citada diretamente quando a condessa Orsina diz: "Nada sob o sol é obra do acaso e muito menos aquilo cuja intenção se mostra tão clara ante os olhos." Odoardo, mesmo estando diante da filha que matou com suas próprias mãos, reconhece a autoridade do príncipe – que é, ao mesmo tempo, a causa de seu ato –, mas recorda a ele que há uma justiça superior a ambos, que haverá de julgá-los. A injustiça sofrida neste mundo, seguindo o "melhor dos mundos" leibniziano, será remediada no outro e a hierarquia e a ordem das mônadas permanecerá perfeita. Em vez de voltar o punhal contra si mesmo depois de ter sacrificado a filha, o pai reconhece a última palavra da autoridade divina, a quem dá o poder de redimir sua filha depois de lhe tirar a vida. Lessing sabe, ademais, que na história original de Lívio a morte de Virgínia originou um levante da plebe. E é esse viés crítico, ainda que disfarçado às vezes, que inspiraria o movimento literário *Sturm und Drang* (Tempestade e Ímpeto), liderado pelos ainda jovens Schiller e Goethe, ambos admiradores de Lessing, que talvez tenha assinalado no patriarcalismo conservador do pai Odoardo mais uma crítica à incapacidade política da burguesia alemã.

De sobra, na peça inteira, os fulgores do instante, como a bem elaborada "teoria da pintura" do início, e a ideia do quanto se perde no caminho que vai daquilo que os olhos do pintor veem, passa pelo seu braço e chega às cerdas elaboradoras do pincel.[78] É o momento em que o

---

[78] A discussão sobre arte era outro dos temas preferidos de Lessing. Uma teoria da arte é mais especificamente desenvolvida em *Laocoonte ou os limites entre a literatura e a poesia*, obra da fase inicial de Lessing.

príncipe diz: "Por Deus! Como se roubada do espelho! *(Com os olhos ainda grudados sobre o quadro.)* Oh, sabeis muito bem, Conti, que só se louva o artista convenientemente quando, ao ver sua obra, esquece-se de louvar o artista." Ao que Conti responde, cheio de astúcia e firula: "Não obstante ela me deixou ainda bastante insatisfeito. Mas, por outro lado, muito satisfeito pela insatisfação que sinto comigo mesmo. Ah! Pena que não possamos pintar diretamente com os olhos! Quanto não se perde no longo caminho desde os olhos pelo braço até o pincel! Mas, é como digo, sei o que foi perdido aqui, como isso foi perdido, e por que isso se perdeu. Estou orgulhoso disso, e mais orgulhoso inclusive do que por tudo aquilo que não deixei se perder. Pois naquilo eu reconheço, mais do que nisto, que eu sou verdadeiramente um grande pintor, mesmo que minha mão não o seja sempre. Ou pensais, príncipe, que Rafael não teria sido o maior gênio da pintura, se ele desafortunadamente tivesse nascido sem mãos? Vós o pensais, príncipe?" Em vários momentos, aliás, a peça toca questões importantes da arte, como quando o príncipe pergunta a Conti: "Como anda a vida? O que faz a arte?" E Conti responde: "Príncipe, a arte anda em busca de pão."

Há ainda uma visão muito moderna, e adiantada inclusive, da questão fáustica, das nossas duas almas que o Fausto de Goethe diria que vivem em seu seio mais tarde. Lessing aliás chegou a escrever um drama sobre o Fausto, mas este permaneceu fragmentário. Segundo uma carta enviada a uma amiga, o autor teria cogitado a ideia de criar um drama burguês, no qual Mefistófeles seria substituído "por um mau amigo e conselheiro". Um dos aspectos inusitados dos fragmentos que sobraram é um concurso de velocidade entre sete diabos, que é vencido por dois, dos quais um tinha a velocidade do pensamento humano e outro a velocidade com que o homem passa do bem ao mal. A certa altura, e continuando no mesmo tema, um criado da tragédia *Emilia Galotti*, Pirro, chega a dizer, cheio de alertas: "Ah! Deixe o diabo te agarrar por um fio de cabelo apenas; e tu serás dele para sempre! Desgraçado que sou!" O Marinelli de *Emilia Galotti* é, ademais, o legítimo Mefistófeles do Príncipe de Guastala, é verdade que em um nível mais privado e como instrumento vil que o ajuda a conquistar sua amada.[79] Sem contar a grande percepção de Lessing, que vê como a situação se inverte, podendo fazer, inclusive, com que um príncipe vire arma nas mãos de um lacaio; um príncipe até bondoso, mas ingênuo, que acredita tudo poder comprar e submeter a seu poder, um senhor absoluto cujo papel não será jamais maculado por suas ações.

No final, em uma observação crítica à religião, vista mais como meio a ser eliminado do que como fim em si, Emilia diz: "A religião! E que religião!... Para evitar algo que não era pior, milhares correram ao mar, e eram santos! Dai-me, meu pai, dai-me este punhal." Desde o início, a mãe de Emilia já dizia que ela sempre gostou mais de pérolas do que de pedras, e pérolas são lágrimas. E, assim, a rosa é quebrada antes de a tempestade desfolhá-la. A família sucumbe ante o príncipe absoluto e, se o conde Appiani, noivo de Emilia, já havia se retirado do mundo da corte, desiludido, o pai de Emilia completa o movimento e passa a buscar, com sua família, a utopia em uma vida mais tranquila no campo, bem além de toda a balbúrdia e de todo o reconhecimento cortesão, movimento que aliás já fora encaminhado pelo major von Tellheim em *Minna Barnhelm*. No liberalismo de Lessing, o indivíduo mais uma vez mostra seu desgosto com o fato de se ver limitado demais pelas ordens da instituição, com a necessidade de se submeter ao sistema, o mesmo assunto que mais uma vez inspiraria, com um resultado igualmente trágico, a já citada novela de Kleist, *Michael Kohlhaas*, o ancestral literário de Franz Kafka, seu "parente consanguíneo", conforme o próprio Kafka diria.

O pensamento de Lessing – de tantos escritos teológicos – via a religião apenas como uma fase de transição. Para o grande representante da *Aufklärung* alemã ela era apenas necessária até que o homem, orientado pela razão, passasse a fazer o bem pelo bem, sem visar à recompensa. Quando chegasse a esse ponto, o homem já teria alcançado o verdadei-

---

[79] É uma figura de larga tradição na literatura universal, e aparece por exemplo também em *Os possessos* de Dostoiévski. Vierkhovienski (Piotr Stiepanovitch) – aparentado de Marinelli e uma das criaturas mais inteligentemente insidiosas da literatura universal – desempenha o papel de Mefisto para Stavróguin, só que em nível social mais amplo, como na segunda parte do *Fausto* de Goethe (a conquista do poder).

ro sentido da existência, o bem e a verdade, e não necessitaria mais do apoio da religião. E boa parte desse pensamento está refletida em seu drama tardio, *Nathan, o sábio*. Na obra, é clara a tese de que a prática do ideal humanitário, e não um dogma qualquer, deve ser o verdadeiro guia dos homens; a essência interior do humano, portanto, e não a aparência exterior das religiões.

NATHAN, O SÁBIO

Drama de ideias, *Nathan, o sábio* tem todos os elementos de um drama clássico no gênero, e bem além dos cinco atos. Os personagens vão se manifestando e se desmascarando aos poucos, o enredo tem ação mínima e poucas e breves indicações cênicas, a ação corteja o retardamento preparando uma revelação tanto maior ao final, no instante em que todos os protagonistas se encontram reunidos no mesmo cenário.

A peça é também a elaboração ficcional do debate de Lessing com o pastor de Hamburgo Johann Melchior Goeze, sua retaliação a uma ordem estatal que impediu a publicação das obras de Samuel Reimarus, um professor que questionava os dogmas e criticava acidamente a religião, e uma grande homenagem a Moses Mendelssohn, fundador do iluminismo judeu e seu amigo.

A peça é composta em verso branco no original. A tradução, por sua vez, foi obrigada a optar pelo verso livre em razão da dificuldade extrema, se não da impossibilidade, de traduzir os pentâmetros jâmbicos do alemão ao equivalente português, abdicando no entanto da simplificação da prosa inclusive para fazer jus ao subtítulo da peça: "Poema Dramático em Cinco Atos".[80]

A ação se passa em Jerusalém, na época da Terceira Cruzada (1189-1192), durante uma trégua. Lessing apresenta uma moça judia que deve

---

[80] O pentâmetro jâmbico seria o grande verso do drama alemão: do *Dom Carlos* de Schiller, passando à *Ifigênia* de Goethe para chegar ao *Wallenstein*, também de Schiller.

a vida a um templário cristão, que por sua vez deve sua própria vida ao sultão muçulmano. Ao final se descobre, no entanto, que a moça judia, que já fora tida por cristã, na verdade é filha de Assad, irmão do sultão, e portanto irmã do intempestivo e no princípio até preconceituoso e intolerante templário, que também é filho de Assad e já fora salvo da morte por Saladino pela semelhança que este vira entre ele e o irmão morto. Desnudando pessoas de diferentes religiões como membros da mesma família, Lessing abre o caminho à solidariedade universal e aponta um caminho humanitário a um mundo eternamente em conflito. O metafórico, mas estreito parentesco entre as três religiões é assinalado de modo definitivo pelo autor, que na célebre Parábola do Anel, centro de *Nathan, o sábio*, já solucionara humanisticamente a questão, ao ser interrogado sobre qual seria a verdadeira entre as três grandes religiões ditas monoteístas: a cristã, a judaica e a muçulmana.

Inspirada na 73ª história no *Il Novellino*, a coletânea de narrativas italianas do século XIII, e sobretudo no *Decamerão* de Boccaccio, no qual é narrada já no primeiro dia, como terceira história, contada por Filomena, a conhecida narrativa do anel dividido entre três irmãos ganha um alcance bem mais amplo em Lessing, que lhe dá o estofo de parábola da tolerância e a transforma em síntese de um humanismo que vai muito além da disputa religiosa.[81]

Há espaço ainda para grandes figuras paralelas como a do monge que, apesar da suposta ingenuidade, é quase o *deus ex machina* da peça, aquele que por seu passado tudo sabe e tudo soluciona, além da criada Daja, viúva de um cruzado que serviu sob o comando de Barbarossa, cuja fé simples e limitada quase põe tudo a perder, e de Sittah, a irmã do sultão, inteligente, sagaz e leal, que empresta ao irmão sem que ele saiba, impedindo a falência do Estado, uma verdadeira mulher emancipada em pleno século XVIII (ou então XII, se levarmos em conta não a época em

---

[81] Também serviram de inspiração a Lessing as narrativas do século XIII de Jans der Enikel sobre Saladino e alguns dos trechos das *Gesta Romanorum*. A parábola dos três anéis impossíveis de serem diferenciados provavelmente foi inventada por judeus sefardis da Península Ibérica.

que a história é narrada, mas sim aquela em que acontece), sem contar o dervixe Al-Hafi, elevado à categoria de tesoureiro do sultão, da qual logo abdica ao constatar o descalabro das finanças, e que representa uma quarta religião no drama, a dos seguidores de Zaratustra ou Zoroastro.

Na peça não faltam frases que se tornaram universalmente conhecidas, ainda que muitos leitores fora da Alemanha já não saibam que sua origem é o *Nathan* de Lessing. É ali que se diz, por exemplo:

> "Nem todos que zombam de suas correntes
> São livres."

Também outros trechos conhecidos e vigorosos, como aquele que diz que Recha, depois de ser salva em meio ao fogo, é ora menos que animal, ora mais que anjo, aparecem na peça mais conhecida de Lessing:

> "O susto ainda treme nos nervos dela,
> Em sua fantasia o fogo ainda põe tinta
> Em tudo que ela pinta.
> No sono vigia,
> Na vigília lhe dorme o espírito:
> Ora menos que animal, ora mais que anjo."

A sabedoria de tom fabular também dá as caras em vários momentos:

> "Orgulho! Nada mais que orgulho!
> O pote de ferro
> Bem gosta de ser tirado das brasas
> Com uma tenaz de prata,
> A fim de pensar
> Que é ele mesmo um pote de prata."

Nathan, aliás, sempre vence os embates pela argumentação racional, a mesma que usa para dizer que é bem mais fácil "delirar em fervor do que agir bem". A proclamada tolerância de Nathan tem, portanto, um viés ativo e até combativo.

O mesmo tom se torna humanamente abrangente, bem crítico e atual em vários versos, como por exemplo os ditos pelo dervixe Al-Hafi:

> "É que de nada adianta, decerto,
> Se príncipes são abutres entre a carniça.
> Mas se são a carniça entre abutres
> É ainda dez vezes pior."

Em outra passagem, Lessing parece estar reestudando a impotência de Hamlet diante da ação:

> "Quem reflete, procura motivos
> Para não se mexer.
> Quem em um zás-trás
> Não consegue se decidir
> A viver só por si, viverá para sempre
> Como escravo dos outros."

Há ainda sabedorias, inclusive psicológicas, que merecem lugar nas melhores e mais diletas cabeceiras:

> "O que não se teme perder,
> Jamais se acreditou possuir,
> E jamais se desejou."

Na visão questionadora de Lessing, o patriarca de Jerusalém não passa de um cristão fanático, ambicioso e traiçoeiro, exibicionista e dado a luxos, tacanho na fé e radical na intolerância, um homem que com suas atitudes quer apenas escravizar os humanos à dependência infantil e à incapacidade. Ele é o oponente legítimo e corrupto de Nathan, o negociante judeu mais honesto que o mundo já viu, que se recusa inclusive a auferir lucro com os juros de empréstimos, e do sultão muçulmano Saladino, um perdulário de bom coração, bem liberal não apenas com o dinheiro, mas também em questões religiosas.

O próprio Lessing, filho de pastor protestante, ousa se identificar, em vários momentos isso fica claro, com o judeu Nathan, que no entanto se mostra distanciado da ortodoxia inclusive ritual de sua religião já desde o princípio. Para Nathan o importante é ser "humano", o "ser humano", independentemente de sua religião, e é assim que ele educa Recha, a filha adotiva, supostamente cristã, que o acaso faz cair em suas mãos, depois de sua família (sua mulher e seus sete filhos) ter sido dizimada em um ataque cristão. Possivelmente Lessing também reelabore na ficção uma tragédia ocorrida em sua própria vida, a da perda de seu filho dois anos antes, em 1777. Nascido simbolicamente no Natal, o filho morre um dia depois e o fato é registrado em carta dolorosa ao amigo Joachim Eschenburg, na qual Lessing lamenta, chorando, a perda, e diz ter visto que o filho, apesar das poucas horas que conviveu com ele, tinha muito "intelecto", muito "entendimento", muito "juízo" (*Verstand*, em alemão), que teve de ser puxado para a vida com o fórceps e logo a abandonou, vendo que essa mesma vida era tão insensata... Lessing diz que, morrendo, o filho foge à vida. O episódio é tão significativo que chega a ser mencionado por Nietzsche em seu ensaio "Sobre a verdade e a mentira no sentido extramoral". Alguns dias depois, morre também a mulher de Lessing, e o trabalho em *Nathan* evidencia como o autor superou humanamente a perda que tanto lhe doeu. O judeu Nathan também não se vinga do massacre cristão a sua família, mas aceita o que lhe acontece e ainda educa a filha de um cristão muito além de qualquer conceito religioso, observando a razão e relativizando definitivamente o absolutismo da religião.

ARREMATE

Em *A educação do gênero humano*, derradeiro escrito de Gotthold Ephraim Lessing, e da mesma época em que foi lavrado *Nathan, o sábio*, a mensagem de humanidade e entendimento é idêntica. Nos cem itens dessa obra sintética e abrangente, Lessing resume seus conceitos filosóficos e teológicos, todos eles inspirados na tolerância, dizendo, inclusive, que a educação do gênero humano se dá como a transformação de "verdades reveladas" em "verdades da razão", pois apenas estas poderão trazer ao presente a "época da completude", na qual o homem "fará o bem tão só por ser o bem".

Logo depois de publicar *A educação do gênero humano*, Lessing morreria, precoce e repentinamente, aos 52 anos, durante uma visita a amigos, em Brunswick. A Alemanha perdia seu primeiro grande escritor, aquele que talvez tenha sido o maior formador e educador da nação alemã, com sua palavra "livre e brilhante, superobjetiva",[82] conforme disse Thomas Mann.

Segundo Friedrich Schiller, por sua vez, Lessing foi, dentre os alemães de seu tempo, "o mais claro, o mais agudo, e simultaneamente o que com mais liberdade pensou sobre a arte (...)".[83] Já Heinrich Heine disse que é fato raro e digno de nota que o homem mais chistoso da Alemanha em seu tempo fosse, simultaneamente, o mais sério, o mais honrado. "Seu amor à verdade não tem igual. Lessing não fez a menor concessão à mentira, mesmo quando com isso, seguindo a conduta habitual dos mundanos inteligentes, teria podido facilitar a vitória da verdade. Era capaz de fazer tudo pela verdade, exceto mentir... O belo pensamento de Buffon, 'o estilo é o homem', é aplicável a Lessing mais que a qualquer outro. Seu estilo é do princípio ao fim o das obras romanas: a maior solidez com a máxima sensibilidade", termina dizendo Heine,[84] outro que também fez de si o seu estilo. Assim é sintetizada a vida e a obra de um dos maiores, mais perspicazes, mais adiantados e mais importantes autores alemães de todos os tempos.

---

[82] MANN, Thomas. *Zu Lessing Gedächtnis. In: Schriften und Reden zur Literatur, Kunst und Philosophie*. Frankfurt am Main: Fischer Bücherei, 1968, Erster Band.
[83] SCHILLER, Friedrich. *Carta a Goethe* (04.06.1797) Cit. por Inter Nationes, Gotthold Ephraim Lessing (1739-1979). Bonn-Bad Godesberg, 1978, p. 36.
[84] HEINE, Heinrich. *Zur Geschichte der Religion und Philosophie in Deutschland. Werke*. Berlin: Bibliographische Anstalt. Achter Band, s/d/.

A Parábola do Anel de *Nathan, o sábio* é tão importante e atual que foi reestudada recentemente por Peter Sloterdijk, um dos grandes filósofos contemporâneos, em sua obra *O zelo de Deus: da batalha entre os três monoteísmos*, de 2007.[85] Se *Minna von Barnhelm*, por sua vez, foi um "meteoro resplandecente" na situação literária da Alemanha da época conforme o maior dos clássicos alemães, *Emilia Galotti* restou aberta sobre a escrivaninha do maior dos seus suicidas, compondo o último detalhe de uma cena macabra. O clássico, é Goethe. O suicida, seu Werther. E a importância de Lessing, definitiva...

---

[85] *Gottes Eifer: Vom Kampf der drei Monotheismen*. Suhrkamp. 2007.

CRONOLOGIA BIOGRÁFICA RESUMIDA DE LESSING

1729 (22.01) – Gotthold Ephraim Lessing nasce em Kamenz, na Saxônia. É o segundo dos doze filhos do Pastor Lessing e de Justine Salome, também filha de um pastor.

1746-48 – Estuda teologia, filosofia e medicina na Universidade de Leipzig. Faz os primeiros contatos com a Companhia de Teatro de Madame Neuber.

1747 – Publica suas primeiras peças, caracterizadas pela ironia, e também poesia, que são editadas por seu primo Christob Mylius.

1748 – Muda-se para Wittenberg e continua seus estudos de medicina, seguindo os conselhos de seu pai, mas decide dedicar-se à literatura.

1748-51 – Trabalha em Berlim como jornalista e crítico literário.

1751-52 – Volta a Wittenberg. Continua seus estudos de teologia e filosofia e obtém o grau de mestre.

1752-55 – Vive em Berlim, voltando a dedicar-se ao jornalismo e à crítica literária. Faz amizade com todos os grandes escritores alemães da época.

1755 – A publicação e estreia de *Miss Sara Sampson* faz dele o dramaturgo alemão que mais fama alcançou em vida.

1756 – Primeiro contato com o dramaturgo Friedrich Gottlieb Klopstock, um dos grandes autores da Alemanha da época.

1760 – É nomeado membro da Academia das Ciências de Berlim, cofundada pelo filósofo Gottfried Wilhelm Leibniz em 1700.

1762 – Acompanha o general Tauentzien, de quem se tornou secretário em 1760, a uma campanha militar.

1765-67 – Passa por dificuldades econômicas e adoece.

1770-81 – É diretor da Biblioteca de Wolfenbüttel.

1770 – Conhece Johann Gottffried von Herder e discute com ele, em várias reuniões.

1775 – Viaja à Itália na companhia do filho do duque de Brunswick.

1776 – Casa-se com Eva König, viúva de um amigo seu, em Hamburgo.

1777 – No dia do Natal, nasce seu filho, que morre já no dia seguinte.

1781 (15.01) – Lessing morre em Brunswick.

OUTRAS OBRAS DE LESSING

O jovem erudito (*Der junge Gelehrte*, 1747) – Comédia em três atos.
O misógino (*Der Misogyn*, 1747) – Comédia em três atos.
Damon ou A verdadeira amizade (*Damon oder Die wahre Freundschaft*, 1747) – Comédia em um ato.
Os judeus (*Die Juden*, 1749) – Comédia em um ato.
O livre-pensador (*Der Freigeist*, 1749) – Comédia em cinco atos.
Bagatelas (*Kleinigkeiten*, 1751) – Primeira compilação de poemas.
Miss Sara Sampson (1755) – Tragédia em cinco atos.
Cartas relativas à nova literatura (*Briefen, die neueste Literatur betreffend*, 1759-65) – Escritos de crítica literária.
Dramaturgia hamburguesa (*Haumburgische Dramaturgie*, 1767) – Crítica dramática.
Cartas referentes à Antiguidade (*Briefe antiquarischen Inhalts*, 1768) – Notas críticas sobre arte, escritas sob forma de carta.
Sobre a História e a Literatura (*Beiträge zur Geschichte und Literatur*, 1773-81) – Notas críticas sobre história e literatura.
Anti-Goeze (1778) – Escrito polêmico acerca da teologia.
Nathan, o sábio (*Nathan der Weise*, 1779) – Drama em cinco atos.
A educação do gênero humano (*Die Erziehung des Menschengeschlechts*, 1780) – Cem recomendações à educação do gênero humano.

SOBRE O AUTOR

"Lessing é o crítico de arte cheio de poesia, que sente que ele mesmo é poeta e busca tudo no fundo de sua alma. (...) Que torrente que arrasta, quanta leitura, quanto conhecimento da antiguidade, que perspicácia!"
    HERDER em *Betrachtungen über die Wissenschaft und Kunst des Schönen*.

"Lessing permanecerá para sempre o orgulho de nossa literatura."
    J. J. ENGEL em "Ideen zur Mimik"

"Lessing cresceu no meio de toda essa baixeza. Foi o primeiro a sacudir o jugo do pescoço, se voltou ousadamente contra a baixeza imperante, mostrou o nada do fantasma francês do bom gosto e lançou as primeiras sementes da melhor literatura alemã. Ele pode ser tomado na condição de modelo de como se deve sempre seguir adiante, ficar cada vez mais severo e perseguir de modo cada vez mais implacável o que é ruim."

"Todos os escritos teológicos, as obras e fragmentos, os esboços, ideias e escritos combativos de Lessing respiram, tanto na forma quando no conteúdo, sempre nesse mesmo espírito do pensamento livre e da liberdade pensante, e é isso que eu chamo de seu protestantismo."
    FRIEDRICH SCHLEGEL

"Com Lessing a poesia alemã chegou à sua maioridade completa: ele deu justificativa e segurança ao bom gosto através de uma crítica máscula e concedeu tanto à comédia quanto a tragédia as primeiras obras-primas livres da imitação nacional e estrangeira."

        ❧ JOHANN GOTTFRIED EICHHORN em "Gechichte der Literatur von ihrem Anfange bis auf die neuesten Zeiten"

"Lessing é um homem alemão, um homem de primeira grandeza, esplêndido no espírito e capaz no caráter."

        ❧ SCHELLING em "Denkmal der Schrift von den göttlichen Dingen des Herrn Friedrich Heinrich Jacobi"

"Pode ser bem útil chamar de novo a atenção de nossa juventude vazia em fantasias ao Lessing poeta, à perspicácia e profundidade de suas composições, à minúcia de seus motivos, à nobreza dos personagens e à graça filosófica de sua língua. Quem quer estudar o teatro, precisa dedicar uma atenção repetida aos esforços de Lessing, e a suas peças."

        ❧ LUDWIG TIECK em "Ueber Emilia Galotti, aufgeführt auf dem Wiener Burgtheater"

"Lessing foi um homem completo que, enquanto lutava encarniçadamente contra o velho em sua polêmica, criava ao mesmo tempo algo novo e melhor; ele se parecia com aqueles judeus devotos que na segunda construção do templo eram perturbados pelos ataques do inimigo, e com uma das mãos lutavam contra estes para com a outra continuar construindo a casa de Deus. Ele foi o Armínio literário, que libertou nosso teatro do domínio estrangeiro. Ele mostrou a nulidade, o ridículo, a falta de gosto daquelas imitações do teatro francês, que por sua vez imitavam apenas o grego."

        ❧ HEINRICH HEINE em "Die romantische Schule"

"Gotthold Ephraim Lessing: gênio da pesquisa e da crítica alemãs, armeiro da língua alemã; vencedor triunfante e aniquilador nas guerras literárias."

        ❧ GUSTAV SCHWAB em "Die Deutsche Poesie von Mosheim bis auf unsere Tage"

"O senhor pode muito bem imaginar como essa peça [*Nathan*] agiu sobre nossa juventude quando surgiu em meio àquela época sombria. Foi de fato como um meteoro refulgente."

"Lessing queria recusar o alto título de gênio, mas a permanência de seus efeitos testemunha contra ele mesmo, nesse sentido."

"Lessing era o mais alto entendimento, o mais alto juízo e apenas alguém igual a ele em tamanho poderia aprender de verdade com ele."

❧ Goethe em "Gespräche mit Eckermann"

"Se o alemão volta o olhar à sua história, encontra *um* motivo principal para seu moroso desenvolvimento político, assim como para a miserável literatura antes de *Lessing*... nos *escritores autorizados*. Os eruditos de ofício, de corporação, de privilégio, os doutorzinhos e outrozinhos, os escritores de universidade, faltos de caráter, dos séculos dezessete e dezoito, com suas perucas duras, sua pedantaria elegante e suas teses miúdo-micrológicas... eles se colocaram entre o povo e o espírito, entre a vida e a ciência, entre a liberdade e o homem. Os escritores *não autorizados* fizeram a nossa literatura. *Gottsched* e *Lessing*, é preciso escolher entre um autor 'autorizado' e um autor 'não autorizado'!"

❧ Karl Marx em "Lessing"

"Lessing tem uma virtude genuinamente francesa e como escritor foi aquele que frequentou de modo mais diligente a escola dos franceses: ele sabe ordenar e expor muito bem suas coisas na vitrine."

❧ Nietzsche em *Humano, demasiado humano*

"Ele é aquilo que o mundo de hábitos modernos, sem mitologia nem suscetibilidades, chama de um escritor. Lessing encarna pela primeira vez na Alemanha o tipo europeu do grande escritor, que, sendo um homem da palavra livre e brilhante, objetiva e superobjetiva, uma personalidade envolvida em espírito e luz, se torna um formador e um educador de sua nação. Sim, ele é definitivamente um artista."

❧ Thomas Mann em "À memória de Lessing", 1929

"É fora de questão que Lessing, entre todos os alemães de seu tempo, foi o que viu mais clara e mais agudamente tudo aquilo que tinha a ver com arte, e ao mesmo tempo pensou de modo mais liberal acerca do assunto, focando o essencial, aquilo que verdadeiramente importa, do modo mais preciso."
           ❧ SCHILLER em "Carta a Goethe, 4 de junho de 1799"

"Quando ainda eras vivo, te honramos como um dos deuses; Agora que estás morto, teu espírito impera sobre os espíritos."
           ❧ GOETHE nas *Xênias*

"Li *Minna von Barnhelm* pela segunda vez. Que peça extraordinária! Evidentemente a melhor comédia alemã."
           ❧ FRANZ GRILLPARZER em *Diários*, 1822

"Quando vejo esse grande poema, tenho a sagrada impressão: aqui há um punhado de homens decentes; e em torno deles, o dilúvio. G. E. Lessing é um precursor inacreditável."
           ❧ ALFRED KERR na crítica "Nathan, o sábio", 1911

Este livro foi impresso na Edigráfica.
Rua Nova Jerusalém, 345 Bonsucesso, Rio Janeiro, RJ.